Die Trapp-Familie

Gerhard Jelinek · Birgit Mosser-Schuöcker

Die
Trapp-Familie

Die wahre Geschichte
hinter dem Welterfolg

MOLDEN

Inhalt

VORWORT 9

1_ EIN KRIEGSHELD TAUCHT AUF 13
Georg von Trapp versenkt den französischen Panzerkreuzer
„Léon Gambetta"

2_ TU FELIX AUSTRIA NUBE 31
Die Hochzeit mit der jungen Millionenerbin
Agathe Whitehead

3_ EIN KAPITÄN VERLIERT SEIN MEER 49
Mit dem Kriegsende geht 1918 die k. u. k. Marine unter

4_ DER FRÜHE TOD IM MARTINSCHLÖSSEL 57
Agathe von Trapp stirbt an Scharlach

5_ VOM SCHLÖSSEL ZUR VILLA 71
Witwer Georg von Trapp zieht es zu Kriegskameraden
nach Salzburg

6_ WER IST FRÄULEIN KUTSCHERA? 77
Eine junge Lehrerin der Benediktinerinnen kommt ins Haus

7_ DIE PLEITE MIT LEONARDO DA VINCI 97
Durch den Konkurs der Lammer-Bank verliert die Familie
ihr Geldvermögen

8_ **SIEG IM GAUWETTSINGEN** 111
Die Sangeskarriere des Trappchors beginnt im „Gasthaus zum elektrischen Aufzug"

9_ **EINE ÖSTERREICHISCHE FAMILIE** 145
Die Trapps werden Propagandisten des klerikalen „Ständestaats"

10_ **BEGEGNUNG MIT ADOLF HITLER** 179
Mit dem deutschen Reichskanzler in der Museumskantine

11_ **FLUCHT ODER DER BEGINN EINER TOURNEE** 191
Im Herbst 1938 verlässt die Familie ihr Haus in Salzburg

12_ **AUF DEM WEG ZUM WELTRUHM** 209
Zwischen 1939 und 1956 singt der Familienchor für drei Millionen Menschen

13_ **THE SOUND OF MUSIC** 221
Ein Musical und drei Kinofilme begründen einen Mythos – größer als die Wirklichkeit

14_ **DER IN DER HEIMAT IGNORIERTE HEIMATFILM** 239
„The Sound of Music" prägt seit fünf Jahrzehnten Österreichs Bild in der Welt

WAS WURDE AUS 247

RECHERCHE 252
VERWENDETE LITERATUR 253
BILD- UND QUELLENNACHWEIS 255

„The Sound of Music" vereinfacht alles. Vielleicht ist die Wirklichkeit weniger glamourös, aber **sicher viel interessanter als der Mythos.**

Johannes von Trapp, 1998

Vorwort

Es könnte das Skript eines Films sein: In der Hauptrolle eine junge Lehrerin, die in ein strenges Frauenkloster eintreten will. In der Nebenrolle, die aber eigentlich die zentrale Figur verkörpert, ein attraktiver Mittvierziger, der seinen Beruf als Kapitän mangels eines Meeres und der daher fehlenden Schiffe nicht mehr ausüben kann. Er gilt als Held des Ersten Weltkriegs, weil er zwei Torpedos, die der Großvater seiner englischen Frau erfunden und gebaut hat, gegen einen französischen Panzerkreuzer lenkt, der mit mehr als 600 Mann Besatzung im Mittelmeer untergeht. Der pensionierte Kriegsheld ist wohlhabend, eigentlich sogar reich. Er verwaltet die Erbschaft seiner verstorbenen jungen Frau, die ihm sieben Kinder geschenkt hat. Die kinderreiche Familie lebt mit einem Dutzend Dienstboten in einem Schlösschen im Schatten des mächtigen Stiftes Klosterneuburg bei Wien, ehe der Kapitän nach Salzburg übersiedelt und dort eine Villa im Ortsteil Aigen kauft. Der Marineoffizier beteiligt sich an einer Reederei, versucht sich im Holzhandel, übersteht die Inflationszeit, weil er sein Vermögen in England investiert hat. Mit einer 22-jährigen Wiener Lehrerin tritt eine resolute Person in das Leben seiner Kinder, die den Haushalt umkrempelt und die Kinder nach ihrer Fasson erzieht. Es wird gesungen und gewandert. Der gebürtige Triestiner, ein Ritter von, ehelicht die Junglehrerin alsbald, kaum aus großer Liebe, aber sicher aus praktischen Erwägungen. Eine falsche Investitionsentscheidung führt zum Verlust des Vermögens, eine Bankpleite verändert die Familiensituation, ein Gemälde des italienischen Renaissancemalers Leonardo da Vinci kann die Lage nicht retten. Die betont katholische Familie muss sich von zehn Dienstboten trennen und vermietet Zimmer in der Villa mit ihrem stattlichen Park an Theologiestudenten. Täglich wird die heilige Messe gelesen, die Familie singt dazu.

In Österreich regiert eine katholisch-konservative Regierung mit diktatorischen Methoden und versucht den Abwehrkampf gegen die in Deutschland seit 1933 an der Macht befindlichen Nationalsozialisten. Konservativ, monarchistisch, traditionell, kinderreich und aus religiösen Erwägungen gegen Hitler. So passt die Familie ins Rollenbild des österreichischen „Ständestaats" und seiner Elite. Von einem Theologen musikalisch geformt, tritt die Familie bei diversen Sängerwettbewerben auf und wird über Auftritte in Radio Salzburg bis nach Wien bekannt. Dort singt der Familienchor für und vor Konzertagenten und wird vom Bundeskanzler der kleinen Alpenrepublik protegiert. In München treffen sie Adolf Hitler im „Haus der Deutschen Kunst" und zeigen sich wenig beeindruckt. Nach dem militärisch erzwungenen „Anschluss" Österreichs an Nazideutschland nützt die Familie eine Tournee-Einladung in die Vereinigten Staaten, um „Großdeutschland" zu verlassen. Der Chor tourt durch Amerika, muss wieder ins kriegerische Europa zurück, bleibt aber im noch friedvollen Norwegen, ehe ein zweites Visum die Auswanderung nach New York ermöglicht. Bei einer großen amerikanischen Konzertagentur unter Vertrag zieht der „Family-Choir" durch die amerikanische Provinz und wird so bekannt, dass das renommierte *Life*-Magazin auf die Emigrantenfamilie, die bei ihren Auftritten eher seltsame Tracht trägt, aufmerksam wird. Das Familienoberhaupt knüpft vorsichtige Kontakte zu monarchistischen Exilösterreichern, die Ehefrau organisiert nach Kriegsende eine Hilfsaktion für die Landsleute jenseits des Atlantiks. Am Höhepunkt der Gesangskarriere, die „Kinder" sind längst erwachsen, kauft die Familie 1942 ein idyllisch gelegenes Gut in den Hügeln von Vermont, organisiert Chorwochen und betreibt eine Landwirtschaft und einen Hotelbetrieb. Die Ehefrau schreibt ihre Lebenserinnerungen, die in einem New Yorker Verlag erscheinen und ein Erfolg werden. Das Buch wird auch in Deutschland gedruckt und wird tatsächlich zu einem Drehbuch umgeschrieben. Der romantische Heimatfilm in bester Besetzung begründet einen Mythos, der bis nach New York an den Broadway reicht, wo das Erfolgsduo Rodger & Hammerstein aus dem Leben der Salzburger ein Musical machen, das mit großem Erfolg im Londoner Westend und in New York bejubelt wird. Es ist die Zeit der beginnenden Jugendrevolte in der westlichen Welt, im New Yorker Stadtteil Greenwich Village singt Robert Allen Zimmermann alias Bob Dylan zur

VORWORT

Gitarre *Blowin' in the Wind* und in Liverpool musizieren vier junge Kunststudenten, die sich „The Beatles" nennen, im Cavern Club.

Das Fernsehen wird zum bestimmenden Medium, das Kino taumelt in eine schwere Krise, die Zuschauerzahlen halbieren sich innerhalb weniger Jahre. Selbst so große Hollywood-Studios wie „20th Century Fox" sind de facto pleite und produzieren nur noch TV-Shows. Die Verfilmung eines altmodischen Broadway-Musicals gilt als eher absurde Idee, als Wagnis. Doch das Projekt wird mit vielen Pannen und Fehlschlägen umgesetzt. Die professionellen Kritiker sind vom mehr als dreistündigen Epos wenig begeistert. „Klebrig" sei der Film, total verkitscht. Und er wird ein Erfolg. Beim Publikum, schließlich auch bei der Oscar-Jury. Bis heute haben fast zwei Milliarden Menschen diesen Musikfilm gesehen, nach Einspielergebnissen berechnet, ist es einer der zehn erfolgreichsten Filme der Geschichte. Als Basis dient ein Film-Skript: Es ist das Leben einer Familie, deren wahre Geschichte vor dem Weltruhm durch ebendiesen Ruhm überlagert, stellenweise ausgelöscht wird.

In diesem Buch wird die Geschichte der Familie Trapp neu erzählt. Eine Geschichte vom Leben einer aristokratischen Militärelite nach dem Untergang der Habsburgermonarchie im Schatten des Ersten Weltkriegs, der Wirtschaftskrise, der Hyperinflation, eine Geschichte der politischen Instrumentalisierung im „Ständestaat" und der Emigration vor dem Nationalsozialismus. Es ist die Geschichte einer Frau, die eine Familie zu einem Wirtschaftsunternehmen formt, die in Amerika Erfolg hat, die ihre eigene Geschichte verfälscht und das Leben ihrer Kinder dominiert. Diese Geschichte wird durch drei Filme und ein Broadway-Musical auf Breitwandgröße ausgewalzt und hat längst über die Wahrheit triumphiert. Hunderttausende suchen Jahr für Jahr diesen Mythos in Salzburg. Sie wollen Teil eines Märchens sein. Österreichs wunderbare Landschaft wird zur Kulisse, Salzburg ist es heute noch. Die wahre Geschichte der Familie von Trapp: viel mehr als nur „The Sound of Music".

KAPITEL 1

Die Versenkung des französischen Panzerkreuzers „Léon Gambetta" durch das k. u. k. U-Boot „SM U-5". Von den 821 Mann an Bord sterben 684. Auch Admiral Victor-Baptistin Senès ertrinkt mit allen seinen Offizieren.

1_Ein Kriegsheld taucht auf

Georg von Trapp versenkt den französischen Panzerkreuzer „Léon Gambetta"

„Achtern, steuerbord Rauch!" Die Meldung verbreitet sich in Windeseile durch das U-Boot. Wer kann, stürzt an Deck. Ein feindliches Schiff? „Volle Kraft voraus!", lautet das Kommando. Dem feindlichen Kreuzer soll der Weg abgeschnitten werden. Das Kriegsschiff nähert sich schnell, zu schnell. Jeden Moment wird seine Brücke am Horizont auftauchen. Wer sieht, kann auch gesehen werden. Höchste Zeit auf Tauchposition zu gehen. Die Männer verschwinden in Windeseile im Inneren von U-5, der Kommandant schließt die Turmluke. Das laute Geräusch des Benzinmotors wird durch das leise Surren des Elektromotors ersetzt. Alle Mann sind auf Gefechtsstation, die Torpedos werden klargemacht. Danach herrscht absolute Stille. Nur hin und wieder wagt Georg von Trapp einen Blick durch das Sehrohr. Die See ist spiegelglatt. Die Bugwelle, die das Periskop durch die Fahrt erzeugt, kann den Jäger leicht verraten. Endlich hat sich U-5 nah genug an den feindlichen Kreuzer angeschlichen. Der Franzose wendet, das österreichische Boot zieht nach. Wieder ändert der Kreuzer den Kurs. Jetzt ist es klar: U-5 ist entdeckt. Bei Nacht müsste man angreifen, da fühlen sich die Kriegsschiffe sicher. Man müsste es wagen, denkt Kaptiän Georg von Trapp.

KAPITEL 1

Und dann heißt es Geduld haben. Tatsächlich: In der nächsten Nacht taucht der französische Kreuzer wieder auf. Im Mondlicht ist er gut auszunehmen. U-5 ist schussbereit, da wendet der Franzose und läuft mit ganzer Kraft ab. Wieder nichts! Die Enttäuschung ist groß. Der nächste Tag bricht an und vergeht qualvoll langsam. Eine Chance hat U-5 noch, die folgende Nacht. Dann muss das U-Boot wieder in den Hafen zurück, länger reicht der Dieselvorrat nicht.

Der Alarm kommt um Mitternacht. Der Kommandant sieht den Schatten des Kreuzers im Fernglas. Das feindliche Schiff ist völlig dunkel. Lautlos verfolgt Georg von Trapp den Gegner, bis er mit freiem Auge erkennbar ist, dann gibt er Befehl zum Abtauchen. Seine Männer sind enttäuscht. Wieder nichts, auch in der letzten Nacht auf Feindfahrt. An einen nächtlichen Unterwasserangriff denkt niemand, das hat es noch nie gegeben. Georg von Trapp blickt stumm und verbissen durch das Sehrohr: Wo ist der Feind? Ein weiteres Mal darf er nicht entkommen. Da – der gegnerische Kreuzer ist ein winziger Punkt am Horizont. Georg von Trapp lässt seine Männer kurz durch das Periskop blicken. Jetzt begreifen sie: Der Alte will bei Nacht angreifen. Verflogen sind Enttäuschung und Lethargie. Diesmal kommt der Kreuzer auf seinen Verfolger zu, immer größer wird sein Bild im Sehrohr.

„*Beide Torpedos fertig!" Die letzte Sicherung des Projektils wird gelöst.*

„*Sind fertig!"*

Georg von Trapp sieht die Kommandobrücke des feindlichen Schiffes im Periskop.

„*Steuerbord-Torpedo — los!"*

Schnell nachgedreht. „Backbord-Torpedo — los!"

Mit vierzig Knoten rasen die Geschosse auf ihr Ziel zu, für den Kreuzer gibt es kein Entkommen mehr. Ein harter, metallischer Ton, nach zehn Sekunden ein zweiter, dann eine Rauchwolke. Volltreffer. Die Männer sind nicht mehr zu halten.

„*Hurra!", tönt es durch das Boot. Die Anspannung der letzten*

Tage und Nächte muss sich entladen. Georg von Trapp beobachtet sein Opfer durch das Sehrohr: Der Kreuzer liegt auf der Backbordseite und versucht Rettungsboote klarzumachen. Die Panik muss entsetzlich sein. Kein Licht, Wassereinbruch, Schräglage. Alles geht sehr schnell. Die Silhouette des sinkenden Schiffes wird immer kleiner.

„Auftauchen!", kommandiert Georg von Trapp. Fünf kleine Boote treiben im Wasser. Die Gedanken des Kommandanten rasen. Kann er die Schiffbrüchigen an Bord nehmen? Das kleine U-Boot verträgt keine zusätzliche Belastung, die Männer müssten an Deck stehen und bei einem Tauchmanöver ins Wasser springen. Unmöglich also. Georg von Trapp lässt abdrehen.

„Unsere Leute haben sie auch absaufen lassen!", murmelt einer der Männer. Er hat recht, aber der Kommandant will dieses Gerede nicht hören. Er lehnt am Turm und starrt in die Ferne. Die Boote, denen er nicht helfen kann, sind nur noch kleine Punkte. Georg von Trapp ist übel.

Die erfolgreiche Feindfahrt des Unterseeboots Nummer 5 seiner Majestät des Kaisers von Österreich und Königs von Ungarn hat drei Tage zuvor wenig spektakulär begonnen: Das knapp über 32 Meter lange Unterwassergefährt „SM U-5" dümpelt in der Straße von Otranto zwischen dem Absatz des italienischen Stiefels und der ionischen Insel Korfu dahin. Kein feindliches Schiff ist zu sehen. Es herrscht Krieg, doch die Flotten der Alliierten scheinen verschwunden. Italiens Marine wagt sich nicht aus den Adriahäfen, die Engländer überlassen das Mittelmeer den französischen Schiffen. Diese blockieren die Meeresstraße zwischen Griechenland und dem Süden Italiens. So soll die österreichisch-ungarische k. u. k. Marine in der Adria isoliert, Österreichs Handelswege und Nachschubrouten gesperrt werden. Die Franzosen nutzen die – eigentlich neutrale – griechische Bucht von Astakos als Stützpunkt.

Linienschiffsleutnant Georg Ritter von Trapp hat sich mit der „SM U-5" weit nach Süden gewagt. Er liegt mit seinem Boot kaum zwanzig Kilometer von der italienischen Küste entfernt und orientiert sich an den Leuchtfeuern des Feindeslandes. Der Leuchtturm von Santa Maria di Leuca sendet in

KAPITEL 1

regelmäßigen Abständen einen hellen Lichtblitz über das dunkle Wasser. Die Unterseeboote der österreichisch-ungarischen Marine, gebaut auf der Whitehead-Werft in Fiume, sind langsam und haben nur eine geringe Reichweite. Nach drei Tagen „Feindfahrt" müssen sie wieder in den Heimathafen zurück. Die alten Schiffsmotoren werden mit Benzin betrieben, die Leitungen sind undicht, können nur mühsam immer wieder geflickt werden. Abgase gelangen an Bord. Muss das Boot für eine Stunde unter Wasser tauchen, droht die Besatzung durch die Abgase ohnmächtig zu werden. Die Matrosen kennen diese Zustände, nennen sie „Benzinschwammer" („Benzinrausch"). Und sie lachen darüber. Die österreichischen Schiffe haben einen gefährlichen Feind an Bord.

Kapitän von Trapp will südlich von Korfu einen französischen Kreuzer jagen, der die Straße von Otranto blockiert. Der Wind hat sich gelegt, die See ist spiegelglatt. Das erschwert die Tarnung eines U-Boots. Auch unter Wasser muss das Sehrohr ausgefahren werden. Es erzeugt eine kleine Bugwelle, macht so das Boot sichtbar und ermöglicht dem Gejagten die Flucht. U-5 wartet auf die Nacht, dann wird der französische Kreuzer seine Position beziehen und auf feindliche Schiffe lauern. Die Dunkelheit ist Verbündeter eines U-Boots. Tatsächlich entdeckt die Mannschaft mit ihren Nachtsichtgläsern Rauch. Langsam schleicht sich U-5 an sein Opfer heran, immer wieder muss von Trapp auftauchen lassen, um das Ziel nicht aus den Augen zu verlieren. Schon ist der Schiffstyp erkennbar, bald befindet sich das österreichische U-Boot so nahe am feindlichen Kreuzer, dass seine Torpedos abgefeuert werden könnten. Doch der Franzose ist aufmerksam, er ändert den Kurs, läuft einen Kreis um das getauchte Boot und entkommt.

Kapitän Georg von Trapp am Turm von „SM U-5" in der Bucht von Kotor (Cattaro).

Die Matrosen von U-5 fühlen sich um ihre Beute betrogen, wieder muss ein Tag gewartet werden. Kommt der französische Kreuzer in der kommenden Nacht wieder? Hat er den Befehl, die Seesperre zu überwachen, dann wird er kurz vor Mitternacht wieder am Horizont auftauchen. In der nächsten Nacht beginnt eine neue Jagd, die letzte Chance. Der Mond wird zum Verbündeten der Österreicher.

Ein Unterwasserangriff bei Nacht auf ein dunkles Schiff wird in der Marineschule nicht gelehrt. Bisher ist eine solche Attacke weder im Frieden ausprobiert, noch im Kriege versucht worden. Aber Kapitän Georg von Trapp will den Nachtangriff wagen. Er muss mit dem Boot selbst zielen, muss möglichst nah und möglichst unbemerkt an den feindlichen Kreuzer herankommen, um dann die Torpedos abfeuern zu können. Sind sie einmal aus den Abschussrohren, können sie nicht mehr gelenkt werden. Die Pressluft treibt die Geschosse mit fast vierzig Knoten pro Stunde auf ihr Ziel zu. Von Trapp hofft, dass ihm der Mond ausreichend Licht für die Sicht durchs Periskop spendet. Die Nacht ist klar.

Unter Wasser ist ein U-Boot blind. Vorsichtig durchstößt das Sehrohr die ruhige Wasseroberfläche. Kein Schiff zu sehen. Kapitän von Trapp ist enttäuscht. Hat er die Chance auf einen Seesieg verpasst? Dann entdeckt er das Schiff wieder. Die Matrosen erfassen intuitiv: „Wir fahren einen Angriff!" Müdigkeit und Depression sind ein paar Minuten nach Mitternacht verflogen. Doch der französische Kreuzer beginnt zu wenden. Dreht er ab, haben die Österreicher keine Chance mehr. Aber diesmal schiebt sich das mächtige Kriegsschiff auf das winzige U-Boot zu. Von Trapp sieht seinen Gegner im Sehrohr größer werden. Er meint das Rauschen der Bugwelle zu hören. „Beide Torpedos fertig!" Im Periskop sieht der Kommandant den Bug des Kreuzers durch den Visierfaden des Okulars laufen. Die Bahn der Torpedos ist an den aufsteigenden Luftblasen zu erkennen, sie laufen direkt auf ihr Ziel zu. Der Kreuzer hat keine Chance mehr. Auf kurze Distanz kann er nicht mehr ausweichen.

Kapitän Georg von Trapp schreibt im offiziellen „Kreuzungsbericht" an das k. u. k. 5. Divisionskommando:

„Der Mond war voll, etwas umwölkt, die Kimm (= die Grenzlinie zwischen Himmel und Wasser) gegen Westen rein. Ich fuhr in Kriegstrimm ganze Kraft mit beiden Elektromotoren auf ihn zu, bis ich den Kreuzer mit freiem Auge erkennen konnte. Er zeigte mir seine Steuerbordseite im spitzen Winkel. Ich nahm Jagdkurs, den Feind 60 Grad backbord, tauchte und führte das Boot mittels Periskop zum Angriff. Im Kurs 180 Grad, bis auf 400–500 Meter nahegekommen, lancierte ich um 12 h 32 den Steuerbordtorpedo gegen die achter Schlottgruppe, 10 Sekunden später den Bachbordtorpedo gegen die vordere Schlottgruppe. Ich sah die Torpedobahnen ca. 150 Meter weit in guter Richtung, fiel nach Steuerbord ab und hörte nach 25 Sekunden die erste Detonation als kurzen dumpfen Knall. Kurz hierauf die zweite ebenso. Die Erschütterungen des Bootes waren unbedeutend. Die Mannschaft brachte ein spontanes ‚Hurrah!' aus."

Die Torpedos treffen den Panzerkreuzer unter der Wasserlinie. Zwei Explosionen in wenigen Sekunden Abstand lassen eine Wasserfontäne aufsteigen. Die Spannung löst sich. Routiniert werden die Ersatztorpedos in die Abschussvorrichtungen eingeführt. Sicher ist sicher.

An Bord des getroffenen Schiffes bleibt es finster. Die Maschinen müssen explodiert sein. Der U-Boot-Kapitän ist nur noch Beobachter der Katastrophe. Er notiert minutiös die letzten Minuten der „Léon Gambetta" und ihrer Besatzung. „Der Kreuzer lag fünf Minuten nach den Lancierungen ca. 35 Grad auf seiner Backbordseite. Eine dunkle Rauchwolke bei der achternen (hinteren) Schlottgruppe hob sich bis auf die Höhe der Masten gegen den Horizont ab. Auf Deck sah ich ein Licht, sich rasch bewegen, sonst blieb das Schiff dunkel, kurz darauf auf achter des sinkenden Schiffs zwei Boote mit Lichtern im Wasser."

Die „Léon Gambetta" neigt sich rasch auf die Backbordseite. Innerhalb von nur neun Minuten sinkt das Schiff. „Um 12 h 41 Minuten nach den Lancierungen war der Kreuzer gesunken. An der Sinkstelle sah ich zu dieser Zeit fünf Boote im Wasser, von welchen zwei Lichter schwenkten. Ich tauchte auf, setzte mit beiden Maschinen Kurs gegen die Spitze Outro."

Soll das kleine U-Boot seinen Opfern zu Hilfe kommen? Georg von Trapp überlässt die schiffbrüchigen Matrosen in den Booten ihrem Schicksal und rechtfertigt sich später: „An eine Rettung der Bemannung durfte ich nicht denken, da ich Zerstörer in der Nähe vermuten musste und mir das Mehrgewicht der aufgefischten Leute eine Unterwasserfahrt unmöglich gemacht hätte."

Das U-Boot startet die Maschinen, dreht ab, fährt Nordkurs, zurück in den Golf von Cattaro.

Für Kapitän von Trapp und die k. u. k. Marine ist die Versenkung des Kreuzers „Léon Gambetta" ein Triumph, für die Franzosen eine Tragödie: Von den 821 Mann an Bord sterben 684. Auch Admiral Victor Baptistin Sènès ertrinkt mit all seinen Offizieren. Nur 137 Matrosen überleben in den fünf kleinen Rettungsbooten die Katastrophe. Georg von Trapp stimmt nicht mit in den Jubel seiner kleinen Mannschaft ein. Er weiß, sein Angriff hat Hunderten Seeleuten das Leben gekostet. Es ist Krieg.

Georg von Trapp ist kein skrupelloser Kämpfer, sondern denkt durchaus differenziert über sein „Kriegshandwerk". So legt er sich selbst in seinen Kriegsmemoiren *Bis zum letzten Flaggenschuß* folgende Worte in den Mund: „... es ist grauslich unser Handwerk! Wie ein Wegelagerer muss man sich an so ein ahnungsloses Schiff anschleichen, feig aus dem Hinterhalt! Wenn man wenigstens im Schützengraben wäre oder auf einem Torpedoboot, das wäre was anderes! Da hörst du schießen, neben dir fallen Kameraden, Verwundete stöhnen, da kommst du selbst in Wut, aus reiner Abwehr kannst du Leute tot schießen oder aus Angst ... aber wir! Einfach kaltblütig aus dem Hinterhalt massenhaft Leute ersäufen!"

Im Buch widerspricht sein zweiter Offizier Hugo Freiherr von Seyffertitz (1885–1966) diesen Worten vehement. Sie selbst könnten ja auch jeden Moment auf eine Mine geraten oder von einem Torpedo getroffen werden. Sogar an „Horchapparaten" gegen U-Boote werde schon gearbeitet – von Hinterlist könne also keine Rede sein.

Die Versenkung der „Léon Gambetta" wird auch in der *New York Times* mit einer Meldung registriert. Das amerikanische Blatt berichtet am 1. Mai 1915 über den Erfolg des österreichischen U-Boot-Kommandanten und zitiert ihn: „Bedauerlicherweise konnte ich bei der Rettung der Schiffbrüchigen nicht helfen." Es ist Krieg. Helden fordern Opfer. Und Helden belobigen die eigene Mannschaft. „Die Haltung der Mannschaft, sowohl der Detailführer als auch der übrigen Unteroffiziere, war in jeder Hinsicht mustergültig und über jedes Lob erhaben. Der zweite Offizier Hugo Freiherr von Seyffertitz legte in allen Situationen große Kaltblütigkeit und besonnenes Wesen an den Tag."

KAPITEL 1

Das österr.-ungar. Unterseeboot 5 torpediert und versenkt im Jonischen Meere den französischen Panzerkreuzer „Gambetta".
Im Innern des Blattes:
Der Thronfolger bei den deutschen Husaren. — Feldarbeit unserer Soldaten in Feindesland. — Wie die Munition hergestellt wird. Mutige Tat eines Seeoffiziers. — Brand der Burg Kreuzenstein. — Schulen für Kriegsinvalide.

EIN KRIEGSHELD TAUCHT AUF

Zwei Jahre später wird Georg von Trapp Anerkennung für seine Tat verlangen. Er bewirbt sich um die Verleihung des Maria-Theresien-Ordens, die höchste Auszeichnung, die für außerordentliche Heldentaten im Krieg verliehen wird.

Schon am Tag der italienischen Kriegserklärung am 23. Mai 1915 greift die gesamte österreichisch-ungarische Marine italienische Adriahäfen an und beschießt Küstenstädte zwischen Venedig und Barletta. Das Feuer wird aus allen Rohren eröffnet. Hauptangriffsziel ist der Hafen von Ancona, aber auch die Häfen, Brücken und Eisenbahnanlagen in Rimini, Vieste, Manfredonia und Barletta gelten als militärische Ziele und werden von Seeseite aus angegriffen. In Venedig attackiert man nicht das historische Stadtzentrum, sondern das Arsenal, das mit Brandbomben aus der Luft angegriffen wird.

Italiens deutlich größere Kriegsflotte wird überrascht, die Schiffe bleiben in den Häfen. Es gibt so gut wie keine Gegenwehr. Der Einsatz der k. u. k. Marine hat vor allem etwas Symbolhaftes. Der Angriff wird als Strafaktion für den von den Österreichern und Deutschen als „Verrat" empfundenen Kriegseintritt des einstigen Bundesgenossen auf Seiten der Alliierten erlebt. Das Königreich Italien hat sich dafür von Frankreich und England eine fette Kriegsbeute versprechen lassen. Das Trentino, Südtirol, der österreichische Hafen Triest und weite Teile der dalmatinischen Küste sollen nach dem Krieg an Italien fallen.

Österreichs Marine fehlt es zwischen Bug und Heck an der nötigen Finanzierung und so erfolgt nur zum Teil eine weitere Modernisierung der Flotte. Thronfolger Franz Ferdinand hat zwar eine Neigung zur militärischen Seefahrt und setzt mit dem Bau von Großkampfschiffen, den „Dreadnoughts", auch beträchtliche Investitionen für die k. u. k. Flotte durch, im Vergleich zu den Rüstungsprogrammen Deutschlands oder Englands bleibt das jedoch bescheiden. Immerhin: Zu Kriegsbeginn verfügt man mit der „Viribus Unitis", der „Tegetthoff" und der „Prinz Eugen" über drei dieser schwer bewaffneten Stahlkolosse, das vierte Schlachtschiff, die „Szent

← *Im Kriegsjahr 1915 werden Helden gemacht: Die „Wiener Bilder" und andere Blätter berichten ausführlich über den „Erfolg" Kapitän Trapps. Er bewirbt sich später um den Maria-Theresien-Orden für diese außerordentliche Heldentat.*

KAPITEL 1

István", befindet sich noch im Bau. Die habsburgische Marine ist daher keine *quantité négligeable*. Sie wird als *fleet in being* während der gesamten Kriegsdauer die lange adriatische Küste sichern und eine Landung der Alliierten verhindern. Aber nicht die gewaltigen Dreadnoughts, sondern die kleinen Unterseeboote beweisen in einer Zeit, in der Unterwasser-Sonare und Radar noch nicht erfunden sind, tödliche Effizienz. Sie stören die Handelsrouten und den Nachschub der viel größeren französischen und italienischen Flotte im Mittelmeer. Die österreichische U-Boot-Flotte operiert fast nur in der Adria, dort aber erfolgreich. Von den 79 gezählten Torpedoattacken auf feindliche Schiffe sind mehr als 90 Prozent erfolgreich. Keine andere Marine erreicht eine solche Trefferquote. Kriegsentscheidend sind diese Flottenerfolge jedoch nicht.

Der Kampf gegen feindliche Handelsschiffe wird im Ersten Weltkrieg noch streng nach einer internationalen „Prisenordnung" geführt. Das feindliche Schiff muss zunächst durch einen „Schuss vor den Bug" gestoppt werden. Danach kann das Schiff durchsucht und die Ladepapiere kontrolliert werden. Vorher darf die Besatzung ihr Schiff in den Rettungsbooten verlassen. Schiffe, die einer feindlichen Nation angehören, werden durch Sprengsätze oder Schüsse aus einem Geschütz auf die Wasserlinie versenkt. Torpedos sind sehr teuer und kommen daher relativ selten zum Einsatz. Mit der Versenkung von Handelsschiffen sollen die jeweiligen Nachschubrouten der kriegsführenden Nationen unterbrochen bzw. gestört werden. Handelsschiffe aus „neutralen" Staaten müssen unbehelligt bleiben, obwohl sie sehr oft illegal kriegswichtige Materialien transportieren.

Georg von Trapp wird ein Leben lang mit Stolz an seine militärischen Erfolge denken. Seine Tochter Maria erinnert sich später in einem für das Fernsehen aufgezeichneten Gespräch an ein ganz besonderes Geschenk: eine silberne Zigarettendose, auf der die Adria dargestellt war. An jeder Stelle, an der der Kapitän einen feindlichen Kreuzer versenkt hatte, prangte ein Schiff.

Nach den ersten Erfolgen der österreichisch-ungarischen Marine versucht die italienische Flotte im Juli 1915 ihre angeknackste Ehre wiederherzustellen. Mit einem groß angelegten Landungsunternehmen wird die strategisch unbedeutende Insel Pelagosa (kroatisch: *Palagruza*) besetzt. Das Eiland liegt näher an der italienischen als an der dalmatinischen – heute kroatischen – Küste. Wenige Tage später versuchen die Italiener die

Bahnanlagen bei Ragusa, dem heutigen Dubrovnik, zu erobern, aber die k. u. k. Küstenverteidiger sind wachsam. Sie attackieren die vier italienischen Panzerkreuzer. Das U-Boot „SM U-4" versenkt die „Giuseppe Garibaldi", die nach zwei Volltreffern binnen weniger Minuten untergeht, 53 Besatzungsmitglieder ertrinken, 525 können gerettet werden.

Sechs Wochen nach der italienischen Eroberung von Pelagosa greifen österreichische Marineinfanteristen das Eiland an. In heftigen Kämpfen werden die italienischen Insel-Besatzer vertrieben. Am 5. August 1915 kann auch Linienschiffsleutnant Georg von Trapp wieder einen Erfolg verzeichnen: Im direkten Duell wird von seinem U-5 das italienische U-Boot „Nereide" versenkt. „5h 13 Position ‚unter Land'. Italienisches Unterseeboot unter Land gesichtet, zwei Torpedos nacheinander lanciert, feindliches U-Boot versenkt. Rechter Tiefenindikator havariert in 14 Meter Tiefe, Kurs 135. Sechs Seemeilen südlich von Pelagosa aufgetaucht." „Keiner gerettet", vermerkt lapidar der Heeresbericht.

Auch diesen „Seesieg" reicht Georg von Trapp beim Ordenskapitel des Maria-Theresien-Ordens ein. Die Verleihung lässt auf sich warten. Auch ohne Ritterkreuz zählt der Korvettenkapitän zu den bekanntesten Marineoffizieren des Krieges. Seine Heldentaten werden in den Zeitungen des Landes gebührend gefeiert. Auch die evangelische Kirche schmückt sich mit Georg von Trapp. Und feiert einen Glaubensbruder: „Uns Evangelischen bereitete es eine besondere Freude zu vernehmen, dass der ausgezeichnete Führer von U-5, Linienschiffsleutnant Georg von Trapp, einer treuen protestantischen Familie entstammt, die seinerzeit um des Glaubens Willen ihre Tiroler Heimat verließ."

Manchmal freilich gebietet es die Vernunft, einen aussichtslosen Kampf zu vermeiden. Tochter Maria erzählt von einer besonders geistesgegenwärtigen Reaktion ihres Vaters: Er ist mit seiner Besatzung auf einem erbeuteten U-Boot unterwegs, auf dem (noch) die französische Flagge aufgemalt ist. Der Kommandant lässt die Mannschaft ein Sonnenbad nehmen. Die Männer liegen mit nacktem Oberkörper an Deck, auch auf der feindlichen Fahne. Plötzlich nähert sich ein französisches Flugzeug. Was tun? Keine Zeit, um die Männer unter Deck zu bringen. Tauchen ist also ausgeschlossen. Wenn die Franzosen nahe genug sind, werden sie die österreichischen Uniformen erkennen und das Feuer eröffnen. Georg von Trapp scheucht die Männer von der feindlichen Flagge weg und lässt sie winken. Der Trick gelingt: Die Franzosen winken freundlich zurück und fliegen weiter. Hätte der Kommandant weniger geistesgegenwärtig reagiert, hätte es ein Blutbad gegeben.

Den Hang zur Seefahrt hat Georg von seinem Vater Johann August von Trapp (1836–1884) „geerbt". Auch er diente in der österreichischen Kriegsflotte als Fregattenkapitän, ihm wurde 1874 das Kommando über die „SMS Saida" übertragen. Der junge Kapitän geriet mit diesem Schiff im Mittelmeer in einen entsetzlichen Sturm und konnte die Mannschaft durch ein gewagtes Manöver auf eine Sandbank retten. Für diese Rettung wurde ihm das Eiserne Kreuz dritter Klasse verliehen. Außerdem wurde Johann August Trapp von Kaiser Franz Joseph 1876 in den erblichen Ritterstand erhoben und durfte sich fortan August Johann Ritter von Trapp nennen. Sein ältester Sohn Georg wird diesen Titel erben. Für einen tüchtigen Offizier der k. u. k. Marine war das anno dazumal eine übliche Auszeichnung. Ein höherer Sold war damit freilich nicht verbunden.

Georg wird vier Jahre nach der Adelserhebung seines Vaters am 4. April 1880 in der kroatischen Hafenstadt Zara, heute Zadar, geboren. Seine Mutter Hedwig stammt aus Luthers Geburtsstadt Eisenach und ist wie ihr Mann evangelisch. Georg ist der erstgeborene Sohn und wird – eher unüblich – erst Monate nach seiner Geburt im Oktober 1880 vom Pfarrer und Senior Medicus in der evangelischen Kirche zu Triest getauft. In seinem Geburtsort Zara, ehemals venezianische Provinzhauptstadt, ist wahrscheinlich kein evangelischer Pastor verfügbar. Zara war nach dem Fall der Dogenrepublik 1797 an die Habsburgermonarchie gelangt. Doch Österreich konnte sich nur acht Jahre in der dalmatinischen Stadt behaupten, denn Napoleons Truppen besetzten auch den Westbalkan, den der Kaiser der Franzosen nun zum „Königreich Illyrien" machte. Ruhm und Erfolg des großen Korsen waren jedoch endlich: 1813 eroberten die Österreicher Zara/Zadar nach einer fünftägigen Beschießung zurück und machten es zur Hauptstadt eines Königreichs Dalmatien. Tatsächlich aber blieb Zadar eine eher bescheidene Garnisonstadt, malerisch an der dalmatinischen Küste gelegen und über regelmäßige Schiffsverbindungen nach Triest auch bequem zu erreichen. Der Kaiser im fernen Wien war fortan auch König von Dalmatien und blieb es bis zum Zerfall der Monarchie im November 1918.

Als Georg vier Jahre alt ist, stirbt sein Vater Johann August an Typhus und Mutter Hedwig zieht mit den drei Kindern Hede, Georg und Werner nach Pola. Sie erhält eine kleine Witwenpension, die ihr ermöglicht, die Kinder auf eine evangelische Volksschule zu schicken. Georgs ältere Schwester Hede wird später als Dichterin, Malerin und Grafikerin selbst zu einiger Berühmtheit gelangen. Sie heiratet einen Freund und Kommilitonen ihres Bruders Georg, der mit diesem die Marineschule besuchte. Die Ehe wird früh geschieden. Hede stirbt im selben Jahr wie ihr Bruder, aber auf einem anderen Kontinent, im niederösterreichischen Korneuburg.

Johann August von Trapp bestimmt posthum die schulische und damit auch gleich die berufliche Karriere seines ältesten Sohns. Georg wird mit vierzehn Jahren in die Marineakademie in Fiume aufgenommen und dort zum Seeoffizier ausgebildet. Neben dem Unterricht in vier Sprachen lernen die jungen Seekadetten all das, was man zu einer Karriere in der Marine braucht: Meteorologie, Ozeanographie, Schiffsbau, Seemanöver, Signalsprachen und weil ein Offizier dem Kaiser keine Schande machen soll, auch „Etiquette". Die angehenden Seeleute sollen musisch gebildet sein. Zum Fächerkanon Georg von Trapps zählt auch das Erlernen eines Instruments. Georg spielt Geige. Vier Jahre später graduiert der Achtzehnjährige zum „Seekadetten 2. Klasse" und darf seine erlernten seemännischen Fähigkeiten gleich auf einem alten Segelschiff beweisen. Das Schiff trägt den gleichen Namen wie jenes, das sein Vater einst befehligte und ihm die Erhebung in den Ritterstand einbrachte: Auf der „SMS Saida II" befährt der Offiziersanwärter die Ozeane und umrundet einmal die Welt.

Georg von Trapp „erbt" den Hang zur Seefahrt von seinem Vater Johann August von Trapp (1836–1884). Auch er diente in der österreichischen Marine als Fregattenkapitän.

KAPITEL 1

In Kairo schnappt eine Wahrsagerin die Hand des jungen Ritters von Trapp, bevor er sie zurückziehen kann. Sie sagt ihm zwei Ehen und sieben Kinder voraus, womit sie fast richtig liegt. Es ist nicht überliefert, ob sich der junge Mann angesichts des bevorstehenden Kindersegens erfreut gezeigt hat.

Der Ausbruch des Boxeraufstands in China beendet die Weltreise der jungen Seekadetten. Mit Telegramm vom 9. Juni 1899 wird die „SMS Saida II" heimbefohlen. Der junge Georg schreibt an seine Mutter: „Hurra! Gerade haben wir ein Telegramm erhalten, dass es nach Hause geht. An Bord sieht man nur glückliche Gesichter ..."

Seekadett Georg von Trapp hat jedoch nicht viel Gelegenheit, in Pola seine Mutter zu sehen. Der erste militärische Einsatz kommt früher als gedacht. Er wird zum Dienst auf den Kleinen Kreuzer „Zenta" kommandiert, der Richtung Asien dampft. Dort gerät die Besatzung des Panzerkreuzers in den Strudel des Boxeraufstands. Die *Laibacher Zeitung* informiert ihre Leser: „Der österreichisch-ungarische Kreuzer ‚Zenta', der im verwichenen Herbste mit der Bestimmung zu einer 18 bis 20 monatlichen Expedition nach Ostasien aus unserem Kriegshafen Pola auslief, ist infolge der chinesischen Ereignisse bekanntlich ganz unerwartet in eine kriegerische Action geraten."

Dabei hatte die Seereise der „Zenta", die knapp 300 Mann Besatzung an Bord hat, durchaus friedlich begonnen. In japanischen Häfen zeigte das k. u. k. Schiff Flagge und besiegte die Engländer, jedenfalls in einem freundschaftlichen Ruderwettbewerb. In Nagasaki hatten die dalmatinischen Matrosen bei einer internationalen Ruderboots-Regatta „zum ganz besonderem Verdrusse der Engländer mit ihren Booten sämtliche Preise davongetragen".

Die friedlich begonnene Weltreise des Kreuzers wurde durch einen Hilferuf der internationalen Gesandtschaften in Peking unerwartet zum Kampfeinsatz. Die „Zenta" sollte den belagerten Diplomaten in Peking zu Hilfe kommen. Die Habsburgermonarchie hatte – anders als die Kolonialmächte England, Frankreich, Russland und auch Deutschland – keine territorialen Ambitionen im Chinesischen Kaiserreich, Kolonien besaß Österreich-Ungarn ohnehin nicht. Die Österreicher sahen im Aufstand der „Boxer" nur eine Bedrohung ihrer diplomatischen Vertretung und der eher bescheidenen Handelsbeziehungen mit dem großen „Reich der Mitte". So konnten die Österreicher als quasi „Neutrale" einschreiten, gerieten jedoch mitten in die Kampfhandlungen. Bei anderen Großmächten waren auch massive politische und wirtschaftliche Interessen bedroht.

Am 1. Juni legt die „Zenta" im „unwirtlichen Petschili-Golf bei Taku" an. 26 österreichische Matrosen, unter anderem der aus Böhmen gebürtige Anton Vierheilig, der über dieses militärische Abenteuer ein Tagebuch verfasst, werden für den ersten internationalen Vorstoß der Gruppe des britischen Admirals Edward Hobart Seymour abgestellt. Der Admiral und sein buntes Häufchen aus 2.000 Seeleuten und Marinesoldaten versuchen Peking per Eisenbahn zu erreichen. Auf knapp halber Strecke scheitert der Vorstoß. Chinesische Aufständische und reguläre kaiserliche Truppen verhindern die Weiterfahrt. Die Matrosen müssen zu Fuß nach Tientsin zurückmarschieren und erleiden unter den Angriffen der „Boxer" schwere Verluste. Mittlerweile ist die alliierte internationale Flotte vor Tientsin auf sechzig Schiffe angewachsen. Ein neuer Vorstoß zur Befreiung der belagerten Gesandtschaften wird unternommen. Die „Zenta" stellt dafür 30 Matrosen ab. Sie werden von *Fregattencapitain* Thomann von Montalmar befehligt. Der kleine Trupp gelangt tatsächlich nach Peking und kämpft sich bis zum von den Aufständischen belagerten Legationsviertel in der alten chinesischen Kaiserstadt durch. Dort halten rund 400 europäische Marinesoldaten ihre Stellungen in den Botschaften gegen etwa 10.000 Aufständische und Teile der kaiserlichen Armee. Die „Boxer" sind Teil einer Bewegung, die sich in Schulen zur Ertüchtigung des Körpers auf einen Kampf gegen die als Besatzer erlebten „Fremden Teufeln" vorbereitet haben. Ihr blutiger Aufstand gegen die europäische Hegemonie geht in die Geschichte als „Boxeraufstand" ein.

Kapitän Thomann von Montalmar wird zum Befehlshaber der kleinen internationalen Truppe ernannt. Er kämpft mit seiner zusammengewürfelten Mannschaft gegen die chinesischen „Boxer", die alle Ausländer aus Peking vertreiben wollen, an vorderster Front. Es ist ein Häuserkampf in der „verbotenen Stadt". Alle wichtigen ausländischen Mächte haben am Hofe des Kaisers ihre Gesandtschaften. Die österreichische Vertretung wird in Brand geschossen, die Diplomaten können sich aber in ein anderes Botschaftsgebäude retten, Thomann von Montalmar fällt jedoch am 8. Juli

1900 im Kampf. Die *Laibacher Nachrichten* schreiben: „Thomann von Montalmar fiel auf dem Felde der Ehre bei der Verteidigung der europäischen Gesandtschaften gegen die chinesischen ‚Boxer'. Er wurde ein Opfer der chinesischen List und Tücke." Weitere vier Seeleute der „Zenta" sterben im Kampf gegen die chinesischen Aufständischen.

Georg von Trapp war auf der „Zenta" geblieben. In der Bucht vor Tientsin beginnt inzwischen die beachtliche internationale Flottille mit 60 Kriegsschiffen die Erstürmung der Dagu-Forts, der chinesischen Hafenforts bei Tientsin. Die Hafenstadt, in der der nach Peking führende „Kaiserkanal" mündet, ist für die alliierten Großmächte das Tor nach Peking und ein wichtiger Stützpunkt für den Handel mit China. Mit der Eroberung der Forts können die Engländer, Russen, Japaner, Amerikaner und Deutschen schließlich die Verbindung nach Peking unter ihre Kontrolle bringen. Österreich-Ungarn unterhält in Tientsin zwar eine kleine Handelsvertretung, spielt aber im imperialistischen Konzert der Kolonialmächte nur eine untergeordnete Rolle. Dennoch kämpfen bei der Eroberung der Dagu-Forts dreißig k. u. k. Matrosen von der „Zenta" in vorderster Linie. Im acht Wochen nach dem Ereignis gedruckten „Originalbericht" der *Laibacher Zeitung* findet der junge Trapp keine Erwähnung, obwohl er bei der Erstürmung der Bastion dabei ist. Erst sechzig Jahre später, anlässlich seines achtzigsten Geburtstages, werden die Taten Georg von Trapps posthum in einem Bericht der *Neuen Illustrierten Wochenschau* vom 1. Mai 1960 gewürdigt.

Der tüchtige junge Seekadett wird 1903, nur zwei Jahre nach dem chinesischen Abenteuer, zum Linienschiffsfähnrich ernannt und nach seiner Ernennung zum Linienschiffsleutnant 1908 zur relativ jungen U-Boot-Waffe nach Fiume, dem heutigen kroatischen Rijeka, befohlen. Am 1. Juli 1910 wird er mit dem Kommando des Unterseeboots „SM U-6" betraut, das er bis zum 24. Juni 1913 befehligt.

EIN KRIEGSHELD TAUCHT AUF

Blick von der Festung Tersatto (Trsat) auf die Bucht von Fiume (dem heutigen Rijeka) und die ausgedehnten Hafenanlagen der „Freien Stadt".

2_Tu felix Austria nube

Die Hochzeit mit der jungen Millionenerbin Agathe Whitehead

Georg von Trapp zupft einen überflüssigen Faden von seiner dunkelblauen Marineuniform und fährt sich durch die welligen dunkelbraunen Haare. Der Bräutigam ist etwas nervös. Agathes Mutter hat keine Kosten und Mühen gescheut, um die Hochzeitsfeierlichkeiten für ihre älteste Tochter zu einem gesellschaftlichen Ereignis werden zu lassen. Schon heute sind Verwandte und Freunde aus England, Österreich und Deutschland in Fiume eingetroffen. Der Abend begann mit einem deliziösen Buffet, das im Speisezimmer der Villa Whitehead angerichtet war. In wenigen Minuten werden im Ballsaal zwölf Marinemusiker zum Tanz aufspielen. Die Luft in der herrschaftlichen Villa scheint vom Geplauder und Gelächter der Gäste zu vibrieren. Der Bräutigam hat sich in eine ruhigere Ecke zurückgezogen und beobachtet rauchend die noble Festgesellschaft. Fröhliche Gesichter, seidene Kleider, Galauniformen und exquisiter Schmuck. Kein Zweifel, er heiratet eine Tochter aus reichem Haus – aber nicht des Geldes wegen. Er sieht Agathe

← *Ein schönes Paar: der fesche Kapitän und die Millionenerbin. Georg von Trapp heiratet die Engländerin Agathe Whitehead.*

KAPITEL 2

noch vor sich, damals an ihrem ersten gemeinsamen Abend. Blutjung, bildhübsch und selbstsicher. Sie steht neben ihrer Mutter, spielt Violine und lächelt ihm zu. Zwei Jahre ist das jetzt her. Agathes Tante hat eine Feier organisiert, zu der auch er eingeladen war. Es wurde musiziert: Agathes Mutter spielte Klavier und sie selbst Violine. Später tanzten sie ihren ersten gemeinsamen Walzer. Als die Schwiegermutter ihn zur Jause in die Villa Whitehead einlud, wusste er, dass er Agathe den Hof machen durfte.

In diesem Moment setzt die Musik ein. Agathe kommt auf ihn zu und legt ihre schmale Hand auf seinen Unterarm. „Tanzen wir?", scheint ihr Blick zu sagen. Sie trägt ein hellblaues Brokatkleid mit Schleppe, ein Diamantdiadem im hochgesteckten Haar und eine schimmernde Perlenkette. Agathe sieht einfach entzückend aus. Georg von Trapp lächelt. Morgen ist dieses Mädchen seine Frau.

Das U-Boot wird Georg von Trapps Schicksal. Bei den Festivitäten zur Kiellegung des „S.M. U-5" am 9. April 1909 lernt der schneidige Korvettenkapitän die junge und – nach zeitgenössischen Augenzeugenberichten – ausnehmend hübsche Industriellentochter Agathe Gobertina Withehead kennen. Ihr Großvater gilt als Erfinder der Torpedowaffe und besitzt in Pola eine Werft, in der für die k. u. k. Marine U-Boote gebaut und repariert werden. Die Firma Whitehead baut in Lizenz Tauchboote, die – nach ihrem irisch-US-amerikanischen Entwickler John Philip Holland (1841–1914) benannt – als eigene U-Boot-Klasse typisiert sind. Die Teile werden von der 1899 gegründeten US-Firma „Electric Boat Company" in Newport, Connecticut, vorgefertigt und von Whitehead in Fiume zusammengeschweißt. Agathe Whitehead war das, was man in der voremanzipatorischen Zeit eine „gute Partie" nannte. Sie brachte ein beträchtliches ererbtes Vermögen in die Familie Trapp. Ihr Großvater Robert Whitehead konnte seinen zwei Söhnen und zwei Töchtern und diese wiederum den Enkeln ein beachtliches Vermögen vermachen. Der spätere Industrielle Robert Whitehead wurde 1823 in Bolton, einer Industriestadt im Nordwesten Englands, geboren, acht Jahre nach der Schlacht von Waterloo, in der Napoleon endgültig besiegt und eine Epoche zu Ende gegangen war. Es ist die Zeit der beginnenden industriellen Revolution, die im Nordwesten

Englands ihre Wiege stehen hat. 1823 stampften und schnauften in Bolton bereits 39 Dampfmaschinen, die mit großem Getöse und dunklem Rauch mit immerhin 913 Pferdestärken Mühlen antrieben.

Nach seiner Schulzeit heuert der technikaffine junge Whitehead bei der Ingenieurfirma Richard Ormerod & Son in Manchester an, die sein Onkel leitet. Dort lernt Whitehead das technische Handwerk in der Praxis. Ingenieure, Techniker und Planer sind die Helden des Industriezeitalters und international begehrte Fachkräfte. Robert begleitet kurz nach seiner Hochzeit den Onkel, der ein Angebot zur Leitung der „La Seyne-Werft" in Marseille annimmt, an die französische Mittelmeerküste. Dort lernt Robert die Geheimnisse des maritimen Schiffsbaus kennen, um schon nach zwei Jahren weiter ins damals österreichische Mailand zu ziehen.

Die norditalienische Metropole ist seit der Renaissance das Zentrum der Seidenproduktion. Mit der industriellen Revolution und den neuen mechanisch betriebenen Webstühlen, die aus England importiert werden, wird Mailand zur Textilmetropole, die die Stadt bis heute ist. Der findige Ingenieur aus England entwickelt die Technik der Spinn- und Webemaschinen weiter und sichert sich zahlreiche Patente. Sein wertvolles Kapital droht freilich in der Revolution des Jahres 1848 unterzugehen. Die aufständischen Italiener vertreiben Österreichs General Radetzky und etablieren eine provisorische Regierung in der Lombardei, die alle Rechtsakte der Österreicher für ungültig erklärt. Damit wären Whiteheads Patente wertlos geworden. Zum Glück für den Engländer währt Mailands Unabhängigkeit nicht sehr lange. General Radetzky besiegt mit 20.000 österreichischen Soldaten in

Er konstruierte die ersten Torpedos: Robert Whitehead wurde 1823 in Bolton, einer Industriestadt im Nordwesten Englands, geboren.

der Schlacht von Custozza die Piemonteser Truppen und marschiert wieder in Mailand ein. Whitehead erlebt als 25-jähriger Mann die Gräuel eines Krieges, der Mann gegen Mann geführt wird. Der junge Ingenieur wird traumatisiert, kann kein Blut mehr sehen und verzichtet folgerichtig auf den Genuss von Fleisch. Er wird zum Vegetarier. Seine Verachtung für den Krieg wird ihn allerdings nicht davon abhalten, eine tödliche Waffe zu konstruieren, deren Einsatz in zwei Weltkriegen den Tod von Zehntausenden Seeleuten zur Folge haben wird. Robert Whitehead erlebt allerdings die Wirkung seiner Waffe nicht mehr. Er selbst glaubt an eine abschreckende Wirkung des Torpedos. Aber wir greifen der Geschichte vor.

Kaum wieder im Besitz Mailands und des Herzogtums Piemont beginnt die österreichische Verwaltung ein großes Projekt zur Trockenlegung der Sümpfe. Der Techniker Whitehead erhält den Auftrag, das komplexe System der Drainage und der Pumpen zu planen.

Er ist erfolgreich, tüchtig und fleißig. Sein Ruf als Ingenieur ist längst über Mailand hinausgedrungen. Der Österreichische Lloyd in Triest macht Whitehead ein Angebot. Er soll für die im Aufbau begriffene Handels- und Kriegsmarine seine innovativen Konstruktionsfähigkeiten einbringen. Vom Triestiner Lloyd wechselt er bald als technischer Direktor zu „Strudthoffs", einem rasch wachsenden Werftunternehmen, das Schiffsmotoren für die Kriegsmarine fertigt.

Im Alter von 28 Jahren baut der Engländer die erste Antriebseinheit für eine Schiffsschraube, für die der Förster und Erfinder Josef Ressel 1827 das Patent auf „eine Schraube ohne Ende zur Fortbewegung von Schiffen" erhalten hatte. 1829 war diese Erfindung in einem Großversuch mit dem Dampfschiff „Civetta" im Hafen von Triest erprobt worden. Die amtlich organisierte Probefahrt scheiterte an einer schlampigen Lötstelle der Dampfmaschine, Ressels Idee wurde schließlich von Engländern industriell umgesetzt, die Schiffsschraube revolutionierte in der Folge die Seefahrt.

Robert Whitehead war keineswegs ein verschrobener Tüftler und Erfinder. Als technischer Direktor von „Strudthoffs" wird er von einer Investorengruppe „abgeworben" und pendelt von seinem Wohnort Triest ins österreichische Fiume, wo er die neue Firma „Fonderie Metalli" leitet. Der Mann aus Bolton im grauen Nordwest-Britannien hat es an der Adria zu etwas gebracht. Er bezieht eine kleine Villa auf dem Firmengelände, die „Casa

Rossa". Eine Trennung zwischen Arbeit und Familienleben gibt es nicht. Robert Whitehead ist kein Theoretiker, er hält viel von Handwerkstradition und macht sich auch selbst in den Fabrikhallen die Finger schmutzig. Die Geschäfte florieren.

Das Kaisertum Österreich rüstet gegen die italienischen Einheitsbestrebungen und investiert in seine Adriaflotte. Whiteheads Firma erhält den prestigeträchtigen Auftrag, die Antriebseinheiten für eine neue gepanzerte Fregatte, die „Erzherzog Ferdinand Maximilian" zu bauen. Das damals hochmoderne Schiff wird 1865 provisorisch in Dienst gestellt und spielt bereits ein Jahr später eine entscheidende Rolle. Als Flaggschiff von Konteradmiral Tegetthoff bewährt sich die „Ferdinand Max" in der Seeschlacht von Lissa, die Österreichs Marine am 20. Juli 1866 gegen die zahlenmäßig überlegene italienische Flotte gewinnt. Whiteheads Motor leistet 3.500 Pferdestärken und hat einen großen Anteil am Erfolg der schweren Panzerfregatte. Weil die Österreicher der italienischen Geschützmacht hoffnungslos unterlegen sind, entscheidet sich Tegetthoff zum Kampf Schiff gegen Schiff. Die Österreicher versuchen, die Italiener zu rammen und so zum Kentern zu bringen.

Die „Ferdinand Max" führt den entscheidenden Stoß. Kapitän von Sterneck gibt den Befehl „In die Höhe des Kamins!" und das kaiserliche Flaggschiff stößt der „Rè d'Italia" ihren Rammsporn zwei Meter tief in die Seite. Mit voller Maschinenkraft manövriert Sterneck sein Schiff nun wieder rückwärts, sodass sich ein großes Leck in der Bordwand der „Re d'Italia" öffnet. Das italienische Flaggschiff beginnt schlagartig zu sinken. Ein Augenzeuge, der Linienschiffsfähnrich Max von Rottauscher, beschreibt den Kampf der „Ferdinand Max": „Aus den Ginsterschäumen der Riffinseln vorbrechend, schüttete der ‚Ferdinand Max' das Wasser am Bug empor. Wie zur letzten Musterung stand Tegetthoff auf dem Hinterkassarett seines Panzers. So sauste der ‚Ferdinand Max' florschwarz, dem fliegenden Holländer ähnlich, von hinten nach vorne durch die Escadre. Plötzlich, ohne dass ein Befehl hie zu gefallen wäre, erbrachen alle Luken trappelndes Gewühl, aus den Tiefen eines jeden Schiffes heraus rannte die Mannschaft, stürmte die Masten, je höher, je besser, krabbelten hunderte Menschen empor, schienen jede Besinnung verloren zu haben, nur mehr Händeausstrecken und jauchzendes Geschrei zu sein. Tegetthoff zog die Mütze vom Kopf. Er schwenkte sie mit weiten Kreisen seiner Arme. Sieg bei Lissa."

KAPITEL 2

Wenige Jahre vor dieser Seeschlacht hat ein unbekannter Marineartillerist der k. k. Marine eine praktische Idee. Er will ein kleines Schiffchen mit Sprengstoff vollpacken und dieses mit einer Art Fernsteuerung gegen feindliche Schiffe dirigieren. Irgendwie kommt diese unausgegorene Erfindung über seinen Nachlass in die Hände eines pensionierten Fregattenkapitäns. Giovanni Luppis lebt in Fiume, dem heutigen Rijeka. Er entwickelt die Idee weiter und nennt das unbemannte Kampfboot „Küstenbrander". Luppis präsentiert seine Weiterentwicklung den Marinebehörden in Wien.

Die konservativen Offiziere sind – kaum verwunderlich – von der Idee nur mäßig begeistert, schicken den pensionierten Kapitän aber mit einem guten Tipp ins heimatliche Fiume. Giovanni Luppis möge sich doch um den technischen Rat eines Ingenieurs bemühen, vielleicht könne er die Konstruktion ja ein wenig weiter entwickeln. In Fiume gibt es einen Spezialisten: den englischen Techniker Robert Whitehead. Der lässt sich die Idee erklären und erkennt unschwer, dass es so nicht funktionieren kann. Aber er spürt: Es gibt einen spannenden Kern in der Erfindung. Und Whitehead beginnt zu konstruieren, zu zeichnen und zu bauen. Monatelang bastelt er an Luppis Idee herum. Die Waffe soll nicht über dem Wasser, sondern unter Wasser auf sein Ziel zusteuern. Als Antrieb sieht – und das ist neu –

Robert Whitehead einen durch Druckluft angetriebenen Propellermotor vor. Die Torpedo-Prototypen werden aus Stahlplatten für Heißwasser-Boiler zusammengeschweißt.

Nach dem Sieg in der Seeschlacht von Lissa fällt ein Teil des Ruhmes auch auf den Konstrukteur des Schiffsmotors. Robert Whitehead investiert sein gewonnenes Prestige und überredet die Marineführung, seine Waffe zu testen.

1868 kauft die k. u. k. Kriegsmarine schließlich das Patent für Whiteheads Unterwasserwaffe. Der geschäftstüchtige Techniker, vom Kaiser mittlerweile zum Baron geadelt, behält sich aber die internationalen Patentrechte vor – und macht damit das große Geschäft. In den kommenden Jahren produziert Whiteheads Fabrik in Fiume 1.800 Torpedos, die er an neun verschiedene Seestreitkräfte verkauft. Dabei baut die mittlerweile aufmerksam gewordene British Navy im „Royal Laboratory" in Eigenregie Luppis-Whitehead-Torpedos.

Robert Whitehead erweist sich als großzügig. Obwohl die von ihm entwickelte Marinewaffe praktisch nichts mit dem ursprünglichen „Küstenbrander" des Giovanni Luppis gemein hat, überweist er dem pensionierten Kapitän Lizenzgebühren für die erste Serie seiner Torpedos.

Robert Whitehead wird reich, von Königen und Fürsten umworben. Er zieht sich aus dem Alltagsgeschäft zurück und steigt ins Immobiliengeschäft ein. Obwohl er dort nicht annähernd so erfolgreich wie einst als Konstrukteur agiert, kann er es sich leisten, mit einem eigenen Pullman-Eisenbahnwaggon in opulentem Stil durch Europa zu reisen.

Sichtbarer Ausdruck seines gesellschaftlichen Aufstiegs ist die Heirat seiner Enkelin Marguerite Hoyos mit dem preußischen Grafen Herbert von Bismarck-Schönhausen. Der Sohn des „Eisernen Kanzlers" Otto von Bismarck gehört zur preußischen Top-Aristokratie. Whitehead zieht sich im Alter in seine englische Heimat zurück. Das Unternehmen aber bleibt in Fiume. Unter der Leitung seines Schwiegersohns Graf Georg von Hoyos produziert die „Torpedo-Fabrik von Robert Whitehead" bis zum Beginn

← *Whiteheads Fabrik in Fiume, in der er die neu entwickelte Waffe baut und an neun verschiedene Seestreitkräfte verkauft.*

des Ersten Weltkriegs 13.168 Torpedos. Die verheerende Wirkung der von ihm erfundenen Waffe wird Whitehead ebenso wenig erleben wie die Eheschließung seiner Enkelin Agathe mit dem U-Boot-Kapitän Georg von Trapp. Robert Whitehead stirbt im November 1905. Im selben Jahr kommt in Wien ein Mädchen zur Welt: Maria Kutschera. Zweiundzwanzig Jahre später werden sich die so unterschiedlichen Lebenskreise schneiden.

Am Abend der Kiellegung des U-Boots seiner Majestät U-5 findet in der Marinebasis ein Ball statt. Kapitän Georg von Trapp ist eingeladen und wagt mit der Industriellentochter Agathe Whitehead ein Tänzchen. So beginnt eine Liebesgeschichte, die alsbald vor dem Altar ihren kirchlichen Segen erhält.

Der Ablauf der dreitägigen Feierlichkeiten ist in einer Beschreibung überliefert, die den Hochzeitsgästen als Erinnerung überreicht wurde. Die internationale Verwandtschaft traf bereits am Vorabend der Hochzeit in Fiume, dem heutigen Rijeka, ein. Der Hafen wimmelte von Barkassen, die die Gäste vom nahen Bahnhof in die Stadt brachten. Schlag vier Uhr nachmittags wurde – *very British* – in der elterlichen Villa der Braut Tee serviert. Die Gäste hatten Gelegenheit, die Mitgift und die exquisiten Hochzeitsgeschenke zu bewundern. Ein leitender Angestellter der großväterlichen Torpedo-Fabrik erschien, hielt eine Rede und überreichte der Braut eine silberne Blumenschale. Im Anschluss sprach ein Vorarbeiter und übergab ein Blumengesteck. Die Feierlichkeiten, mit Galabuffet und Tanz, dauerten bis Mitternacht, danach begab man sich zur Ruhe. Schließlich lag ein anstrengender Tag vor der Hochzeitsgesellschaft. Der 14. Jänner 1911 begann für Agathe Witehead mit einem opulenten Frühstück, aber vielleicht war sie zu angespannt, um es richtig genießen zu können. Während dieser Mahlzeit überbrachten einige Männer von Georgs U-Boot ein weiteres herrliches Blumenarrangement. Um elf Uhr versammelten sich alle Gäste in der k. u. k. Marineakademie. Der Leiter der Akademie, Kapitän Schubert, hatte die Kapelle sowie die Veranstaltungsräume für die Hochzeit zur Verfügung gestellt.

Agathes Religionslehrer vollzieht die Trauung, der Kaplan der Marineakademie liest die heilige Messe. Als das frisch getraute Paar aus der Kirche tritt, schreiten sie durch ein Spalier aus Fahnenmasten, die Georgs U-Boot-Männer und Arbeiter aus der Whitehead-Fabrik mit Blumen geschmückt haben. Österreichische und britische Flaggen wehen und die Wappen beider Familien sind auf Bannern zu sehen. Die Hochzeitsgesellschaft begibt sich zurück zum Familiensitz, um das Mittagessen einzunehmen. Die Arbeiter und Matrosen begleiten sie. Während des Essens werden Reden gehalten und dem Paar werden zwei Blumengestecke in Form von Segelschiffen überreicht. Unmittelbar nachdem zum Abschluss des Hochzeitsmahls schwarzer Kaffee gereicht wurde, begibt sich die Braut mit Mutter und Schwiegermutter in ihr Schlafzimmer, um sich für die Hochzeitsreise umzukleiden. Dann heißt es Abschied nehmen: Das junge Paar wird von Agathes Bruder John im Automobil zum Bahnhof begleitet, während die Gäste weiterfeiern. Für die Brautmutter ist es auch ein bedrückender Moment: Agathe wird nach der Reise zu Georg nach Pola ziehen. Niemand weiß, dass die junge Frau schon in drei Jahren als zweifache Mutter in den Schoß der Familie zurückkehren wird.

Ein verliebter Blick: das Hochzeitsbild von Georg und Agathe von Trapp.

Noch im gleichen Jahr bezieht das Ehepaar Trapp eine prachtvolle Villa auf der hügeligen Insel Veruda, einer für die k. u. k. Marine-Elite reservierten Villengegend, beinahe an der Südspitze Istriens. Die Familie Whitehead-Trapp setzt mit dem Bau der Villa ein mehr als standesgemäßes Statement. Unmittelbarer Nachbar des jungen aufstrebenden Kapitäns ist Miklos Horthy de Nagybánya, immerhin der jüngste Konteradmiral der Marine und im Rang weit über Georg Trapp stehend. Der ehemalige Flügeladjutant von Kaiser Franz Joseph kommandiert einige große Schiffe der Kriegsmarine, unter anderem den maritimen Stolz der Monarchie, die „Viribus Unitis", das Flaggschiff der österreichisch-ungarischen Marine.

KAPITEL 2

Bei Kriegsende im November 1918 werden die k. u. k. Kriegsschiffe im Hafen von Pola an den SHS-Staat, das spätere Jugoslawien, übergeben.

Im Februar 1918 wird der Ungar glückloser Oberbefehlshaber der k. u. k. Marine. Am letzten Kriegstag, tatsächlich schon nach Übergabe der österreichischen Flotte an den neuen Staat der Südslawen, wird sein Flaggschiff, die „Viribus Unitis", im Hafen von Pola von zwei italienischen Offizieren durch am Schiffsrumpf angebrachte Sprengladungen versenkt, während die dalmatische Mannschaft das Ende der Monarchie und das Ende des Kriegs feuchtfröhlich feiert. Die beiden Italiener werden sogar entdeckt und in einer Kabine der „Viribus Unitis" festgesetzt. Die Offiziere verraten auch die per Zeitzünder geplante Sprengung des Schiffes. Irgendwie aber geht die Warnung vor der Katastrophe im Chaos nach der Auflösung der militärischen Hierarchie und Disziplin unter – wie wenige Stunden später das Schiff.

Damit greifen wir aber der Geschichte um einige Jahre vor. Miklós Horthy, der letzte österreichisch-ungarische Marinekommandant, lässt sich auf Veruda ein Anwesen im wilden Mischstil aus deutscher Gotik und italienischer Renaissance, ergänzt mit alpinen Elementen, bauen. Er wird es noch weit bringen: 1920 putscht Horthy gegen die kommunistische Räterepublik in Ungarn und regiert in der Folge das Land als selbst ernannter „Reichsverweser" – gleichsam als Platzhalter für den ungarischen Habsburgerkönig Karl. Die beiden Versuche Karls, in Budapest wieder die – formalrechtlich nicht abgeschaffte – Monarchie zu installieren, scheitern an Horthy, der wenig Lust hat, seine Machtposition als De-facto-Alleinherrscher über Ungarn an den jungen Ex-Kaiser und König abzutreten. Der ehemalige k. u. k. Admiral regiert Ungarn, ein Land ohne Meereszugang, von 1920 bis 1944 autoritär. Im vorletzten Kriegsjahr wird er – obwohl Verbündeter des Nazi-Reichs – von der SS gestürzt.

Die Villa in bester Wohnlage gehört übrigens nicht dem Kapitän. Das Ansuchen um Baubewilligung wird von Agathe Trapp, geborene Whitehead, unterschrieben – ein Indiz dafür, woher das Geld für den schmucken Villenbau stammt. In Pula kommen denn auch vor Beginn des Krieges die ersten beiden Kinder, Rupert (1911) und Agathe (1913), zur Welt.

Das ehestiftende U-Boot ist hingegen zwei Jahre nach Kiellegung noch immer nicht einsatzbereit. Die Probefahrten mit U-5 verlaufen kaum zufriedenstellend. Die Benzinmotoren liefern zwar mehr als die erwartete Leistung, sind aber aus eher minderwertigem Material gefertigt und daher immer wieder defekt. Die Boote werden daher zum Umbau und schließlich zum Überholen der Motoren an die Firma Whitehead rücküberstellt. Erst nach einem Austausch der Zylinder arbeiten die Schiffsmaschinen einigermaßen zuverlässig. Dennoch bleibt die Konstruktion des Gefährts hinter der technologischen Entwicklung zurück. Das Boot der „Holland-Klasse" verfügt nur über ein starres Periskop und kann nur knapp unter der Meeresoberfläche fahren, weil der Kapitän sonst „blind" ist. So wird das Unterseeboot immer wieder sichtbar und damit leicht verwundbar.

Schließlich werden 1911 die beiden Schwesternboote U-5 und U-6 endgültig von der Kriegsmarine übernommen und in Dienst gestellt. Trapp befehligt in der Zwischenzeit ein Torpedoboot, ehe er im April 1915 das Kommando von „Seiner Majestät U-Boot 5" mit fünfzehn Mann Besatzung und vier Offizieren übernimmt. Das Schiff ist gerade einmal 32 Meter lang und kann unter Wasser mit maximal neun Knoten mäßig schnell fahren.

KAPITEL 2

Es ist nicht sicher, für wen ein U-Boot anno 1915 gefährlicher ist: für die Besatzung oder für feindliche Schiffe? Die Abgase des Schiffsmotors verursachen Ohnmachtsanfälle. Immer wieder muss das U-Boot an die frische Meeresluft, damit die Besatzung Sauerstoff zum Atmen bekommt.

Kapitän Trapps Frau Agathe muss bei Ausbruch des Krieges die Villa auf Veruda verlassen, Zivilisten dürfen nicht länger im militärischen Sperrgebiet leben. Die Familie übersiedelt ins Innere der Monarchie, ins salzburgische Zell am See. Dort gehört Agathes Mutter der „Erlhof", ein prächtiges Gut am Ufer des Sees mit Blick auf die Berge der Hohen Tauern. Hier ist genug Platz für eine wachsende Familie. Am „Erlhof" kommen die weiteren Kinder Maria Franziska, Hedwig, Werner und Johanna zur Welt, gezeugt offenbar bei den nicht seltenen Landgängen des Kapitäns. Die älteste Tochter des Kapitäns, Agathe, erinnert sich später an häufige Heimaturlaube des Vaters. Hier, am Erlhof, versucht der Offizier den Krieg für eine kurze Weile zu vergessen und an den Spielen der Kinder teilzunehmen. So muss sich der Marineoffizier auf dem Sofa wegen einer großen Kopfwunde verarzten lassen. Klein-Agathe legt ihm in ihrer Rolle als Krankenschwester einen riesigen Verband an, Sohn Rupert verordnet als Arzt, Gendergerechtigkeit ist noch kein Thema, strenge Bettruhe. Dem von der Front ausgelaugten Urlauber kann das gerade recht sein – wie sich seine Tochter Agathe in ihrer Autobiografie erinnert, schläft er sofort ein.

Der zum Weltkrieg entflammte Krieg gegen Serbien ist in der Landidylle von Zell am See anfangs nur ein fernes Echo. Die Kommunikation zwischen der Familie am Zeller See und dem Kriegshafen an der Adriaküste wird aber schwieriger. Die Telegrafendienste bleiben für militärische Meldungen reserviert. So wird die Meldung von der Geburt des jüngsten Trapp-Sprosses als chiffriertes Telegramm nach Pula gesendet. Maria Trapp, eine der am Erlhof geborenen Töchter, erinnert sich – wohl aus Erzählungen ihrer Mutter – an den Text der telegrafisch übermittelten Geburtsanzeige: „Seiner Majestät Schiff Maria ist sicher im Hafen eingelaufen."

Besitzerin des Erlhofs ist Agathes Mutter, die als Tochter des Grafen August von Breuner das Licht der Welt erblickt hat. Die Kinder nennen die ältere Dame „Gromi". Sohn Rupert hat diesen Ausdruck in die Familie gebracht, weil er das Wort „Großmutter" nicht aussprechen konnte. Gromi muss eine selbstbewusste junge Frau gewesen sein: Sie setzte die Ehe mit einem Bürgerlichen und Ausländer durch und heiratete den Engländer John Whitehead. Nach dem Tod ihres Mannes 1902 erwarb die erst Sechsundvierzigjährige ein großes Stück Land am Zeller See. Eine unbefestigte Straße um den See teilte den Besitz: es gab einen Bauernhof, der die Familie später mit Lebensmitteln versorgen würde, und ein unbebautes, steiniges Feld direkt am See. Hier, auf einem atemberaubenden Fleckchen Erde, erschuf die Witwe mithilfe eines Architekten ein ländliches Paradies, das ihren Kindern und Kindeskindern glückliche Jugend- und Kinderjahre ermöglichte.

Die 1856 geborene Großmutter „Gromi" Whitehead wurde immer als „Gräfin" angesprochen, obwohl sie eigentlich durch die Hochzeit mit dem Bürgerlichen John Whitehead keine Adelige war. Ihre Eltern Graf August Breuner und Gräfin Agathe Breuner – daher auch der Vorname Agathe Whitehead – lebten während des Winters im Palais Breuner in der Wiener Singerstraße 16. Das städtische Schlösschen gilt als eines der bedeutendsten Bauwerke des Wiener Barock und ist ein gutes Beispiel für den eklektizistischen Mischstil, wie er in den 20er- und 30er-Jahren des 18. Jahrhunderts häufig angewendet wurde. Die Familie Breuner kaufte das mehr als tausend Quadratmeter Grundfläche große Palais Ende des 19. Jahrhunderts. Stammsitz der Breuner war das ebenfalls nicht gerade bescheidene Schloss Grafenegg bei Krems.

„Gromi" kommandierte in Zell am See eine umfangreiche Dienerschaft: einen Koch „Tilli", dessen Spezialität Ribiseleis war (für die Eiszubereitung hatte der Erlhof einen eigenen Eiskeller, in dem das aus dem Zeller See geschnittene Eis gelagert wurde und so den Sommer über kühlende Wirkung entfalten konnte), Dienstmädchen, einen Gärtner und einen Butler. Die Kinder wurden von einer „Nanny" betreut und erzogen und hatten später auch eine eigene Hauslehrerin „Fräulein Zeiner", die nach ihrer Tätigkeit bei den Trapps „den Schleier nahm" und in ein Kloster eintrat. Fräulein Zeiner ging also den umgekehrten Weg, den schließlich Maria Kutschera gehen sollte: aus dem Kloster als Lehrerin zu den Trapps. Mama konnte sich ihrer liebsten Beschäftigung, der Gartenarbeit – natürlich mithilfe eines Gärtners und Personals – hingeben. Gelegentlich nahm sie sogar eine Gießkanne zur Hand und bewässerte die „Goldglocken" beim Stiegenaufgang zum Erlhof. Gäbe es so etwas wie ein alpenländisches Paradies, der Erlhof war es. Die Wirklichkeit des Krieges blieb vollständig ausgeblendet.

KAPITEL 2

Dabei forderte das Schlachten in Ostgalizien schon bald ein Opfer in der Familie. Georg von Trapps älterer Bruder Werner hatte noch Weihnachten 1914 am Erlhof verbracht, ehe er neuerlich zur Armee einrücken musste und am 2. Mai 1915 gleich zu Beginn der großen Durchbruchsschlacht von Gorlice-Tarnów fiel. Das *Salzburger Volksblatt* vom 21. Mai 1930 zitiert aus dem Kriegstagebuch eines Kameraden von Werner von Trapp – ein gewisser Karl Schoßleitner hält die Todesvorahnung des Hauptmanns für die Nachwelt fest:

„Wir begannen uns für den Tag einzugraben unter Infanterie- und Maschinengewehrfeuer, von beiden Seiten gleich lebhaft eröffnet. Bald setzte unsere Artillerie ein. Zahlreich einschlagende Granaten ganz schweren Kalibers bis zu 30.5 Zentimeter zwangen die feindliche Infanterie zu Feuerpausen. Indessen wurden die Verbände unserer Unterabteilungen nach Möglichkeit geordnet, die Stände festgestellt. Die Maschinengewehrabteilung, die sich im Raume der 12. Kompagnie eingebaut hatte, kommandierte Hauptmann von Trapp. Er schien mir an diesem Tage besonders mitteilsam oder wenigstens aufgeschlossen zu mir. Seine Frau hatte vor einigen Wochen die Geburt eines Mädchens angezeigt – er war erst jung verheiratet –, erzählte davon und wies die am Vorabend eingelangte Photographie vor. Zugleich war die Nachricht eingetroffen von der erfolgreichen Torpedierung des französischen Panzerkreuzers ‚Leon Gambetta' durch seinen Bruder, den Linienschiffsleutnant Georg von Trapp, den Kommandanten von ‚U 5', die am 27. April erfolgt war."

Kurze Zeit später fällt der junge Vater für Kaiser und Vaterland. Der Sohn seines Bruders Georg, der am 21. Dezember 1915 auf die Welt kommt, wird in Erinnerung an ihn „Werner" getauft.

Als Agathe mit den Kindern an den Zeller See zieht, ist der „Erlhof" ein beeindruckender Komplex: Mit dem Haupthaus ist ein kleineres Gebäude verbunden, in dem die Küche und die Zimmer der Bediensteten untergebracht sind. Ein langer Gang mit großen Glasfenstern und zwei Glastüren führt vom Familiensitz zum Anbau. Unterirdisch wird ein eigener Kühlraum für Lebensmittel angelegt. In einem kleinen Gebäude erledigen drei Frauen die Wäsche der Familie und der Bediensteten. Für den Gärtner und seine Familie wurde ein kleineres Haus errichtet. Es gibt nicht nur ein

Bootshaus für die beiden Ruderboote der Familie, die eigens aus England importiert wurden, sondern ein zweites Bootshaus für Zillen, die nur von den Bediensteten verwendet werden.

Neben Agathe und ihrer stetig wachsenden Kinderschar leben auch ihre irische Schwägerin Connie, die Frau von Georgs gefallenem Bruder Werner, und ihr Kind auf dem „Erlhof". Der Zufall will es, dass Connie wenig Deutsch spricht und sich die Familie daher meist auf Englisch unterhält. Die Trapp-Kinder werden also schon früh, ungewöhnlich für diese Zeit, mit dem Englischen vertraut. Eine Tatsache die ihnen zwanzig Jahre später gut zustattenkommen wird.

Um die Kleinkinder des „Erlhofes" kümmert sich ein Kinderfräulein, das von den kleinen Trapps liebevoll „Nenni" gerufen wird. Als der Älteste, Rupert, sechs Jahre alt und damit schulpflichtig wird, verstärkt eine Lehrerin das Personal. Die schulpflichtigen Trapp-Kinder müssen nicht in die öffentliche Volksschule gehen, dazu müssten sie jeden Tag per Schiff auf die andere Seite des Sees gebracht werden. Das Familiengut liegt zwar idyllisch, aber doch etwas abseits. Die Kinder lieben diese Abgeschiedenheit: „Nenni" oder Fräulein Zeiner führen sie täglich zu Spaziergängen rund um den See oder unternehmen kleine Wanderungen in die nahegelegen Berge. 1918 sind auch in diesem paradiesischen Landstrich die Boten des großen Krieges zu bemerken. Immer wieder tauchen Flugzeuge über dem See auf, ob Freund oder Feind ist für die Kinder nicht erkennbar. „Gromi" schickt die Kleinen hinters Haus, sie sollen sich dort flach an die Wand lehnen. Die Gräfin aus dem vergangenen Jahrhundert kennt die tödliche Wirkung von Fliegerbomben nicht.

Während es in dem – bis auf den Gärtner – ausschließlich aus Frauen und Kindern bestehenden begüterten Haushalt am Zeller See noch lange wie in Friedenszeiten zugeht, wird an der Front der Kampf immer blutiger. Nach der erfolgreichen „Lancierung" des französischen Kreuzers „Leon Gambetta" übernimmt der mittlerweile zu einem gewissen Ruhm gelangte Marineheld im Oktober 1915 ein neues Boot: Die „S.M. U-14" ist ein erbeutetes französisches Schiff, das unter dem Namen „Curie" im Mittelmeer operiert hat. Von Trapp steuert das moderne U-Boot bei zehn erfolgreichen Handelskriegsfahrten in das östliche und zentrale Mittelmeer. Die moralischen Bedenken verfliegen in den kommenden Jahren. „Der große Krieg" wird von allen Seiten mit erbarmungsloser Härte geführt, vorbei sind die Tage der kriegerischen Ritterlichkeit.

Nicht zuletzt die Verhältnisse in der Heimat, vor allem die hungernde Bevölkerung, lassen auch Männer wie Georg von Trapp skrupellos werden. In seinen Kriegserinnerungen schreibt er später: „Heute hätte ich keine Bedenken mehr, einen Kreuzer zu versenken. Seit meinem Urlaub weiß ich, was der Feind mit ‚Krieg' meint – Auslöschung. Und die ganze zukünftige Generation würde mit ausgelöscht sein. Wenn man das weiß, sollte man da nicht einen starken Wunsch nach Zerstörung haben? Ja, ich habe das Mitleid mit dem ertrinkenden Feind verloren; er hat auch keines ..."

Insgesamt versenkt Kapitän Trapp auf seinen 19 Feindfahrten 12 Handelsschiffe mit 45.669 Brutto-Registertonnen, darunter am 29. August 1917 250 Seemeilen östlich von Malta den italienischen Dampfer „SS Milazzo", das zu diesem Zeitpunkt mit 158 Meter Länge größte Frachtschiff der Welt. Damit zählt er zu den erfolgreicheren Kommandanten im Mittelmeer und zu einem der Besten der österreichischen U-Boot-Flotte.

Am Kriegsverlauf ändert das nichts. Österreich-Ungarn und die Entente unterzeichnen im November 1918 einen Waffenstillstand, der einer Kapitulation der Habsburgermonarchie gleichkommt. Die fünfzehn verbliebenen U-Boote der k. u. k. Kriegsmarine müssen den Siegermächten übergeben werden, aus „SM U-14" wird wieder die „Curie". Kapitän von Trapp wird zu Kriegsende noch zum Korvettenkapitän befördert, er muss aber bald darauf seine Uniform ausziehen. Die Monarchie hat keine Küste, keine Marine und keine Flotte mehr.

TU FELIX AUSTRIA NUBE

An Deck von „SM U-14". Georg von Trapp versenkt auf 19 „Feindfahrten" zwölf Handelsschiffe, darunter den damals größten Frachter der Welt, die „SS Milazzo".

KAPITEL 3

Ein Seeheld in voller Ordenspracht. Georg von Trapp wird am Ende des Krieges zum Korvettenkapitän befördert.

3_Ein Kapitän verliert sein Meer

Mit dem Kriegsende geht 1918 die k. u. k. Marine unter

Der Matrose starrt den Kapitän einen Moment lang schweigend an, dann dreht er sich um und verlässt das Deck. Das ist also das Ende, denkt Georg von Trapp. Befehlsverweigerung. Kein Wunder, seit Monaten hetzen Agitatoren die Mannschaften auf: Die Offiziere würden den Krieg künstlich verlängern, man könne ihnen nicht vertrauen. Die Offiziere seien an allem schuld. Jetzt, wo sich die Heimatländer vieler Soldaten von der Monarchie losgesagt haben, geht die Saat auf. Manche Männer gehorchen nicht mehr, vor allem jene aus den nicht deutschsprachigen Gebieten der Monarchie. Der Krieg der Habsburger interessiert sie nicht mehr, längst sehen sie sich als Angehörige anderer Staaten: als Tschechen, Slowenen, Kroaten, Dalmatiner, Ungarn, Polen, Italiener. Wer will noch Österreicher sein? Der junge Kaiser hat befohlen, dass gegen Befehlsverweigerer nicht mehr mit Waffengewalt vorgegangen werden darf. Man kann also mit den enttäuschten, aufgebrachten im nationalistischen Überschwang feiernden Besatzungen nur verhandeln.

30. Oktober 1918, Befehl des Kaisers: Alle Schiffe der Marine und alle Anlagen an Land sind dem neuen SHS-Staat zu übergeben. Die Männer wollen heim, nichts als heim.

KAPITEL 3

Ein Gerücht jagt das nächste. Zweihundert Mann eines deutschen Truppentransporters sollen in Bosnien von Partisanen niedergemetzelt worden sein. Angeblich wollen die Jugoslawen die österreichischen Soldaten als Kriegsgefangene an die Alliierten ausliefern. Ein Waffenstillstand soll geschlossen worden sein. Nein, er wurde noch nicht geschlossen. Niemand weiß, was man noch glauben kann. Überall herrschen Verwirrung und Misstrauen.

Die Bedingungen des Waffenstillstandes sehen vor, dass die sechs modernen Kriegsschiffe des Kaisers, alle neuen Zerstörer und Torpedoboote, in Venedig einlaufen sollen, um sich zu ergeben. Offiziere und Mannschaften weigern sich.

2. November 1918, acht Uhr früh. Der Moment des Abschieds ist gekommen. Alle Augen sind auf Georg von Trapp gerichtet. Langsam und feierlich hisst der Kommandant der U-Boot-Basis die rot-weiß-rote Flagge, zum letzten Mal. Der Blick des Achtunddreißigjährigen ist ernst und in sich gekehrt. Sein Vater und die Generationen vor ihm haben unter diesen Farben gedient und gekämpft. Siege wurden unter dieser Flagge errungen. Die Salutschüsse hallen über das Wasser. Georg von Trapp hat Zeit, die Mienen der Kameraden zu studieren. Müdigkeit, Trauer, Enttäuschung, Hoffnungslosigkeit spiegeln sich in den Gesichtern der Männer, die vier Jahre lang mit ihm den gleichen Kampf gekämpft haben. Ein Kampf, der endgültig verloren ist. Der 21. Schuss ist verklungen. Langsam greift der Kommandant zum Seil, um die Fahne niederzuholen. Er lässt sich Zeit, möchte aufhalten, was nicht mehr aufzuhalten ist. Schließlich nimmt er die Fahne, für die viele Kameraden ihr Leben gelassen haben, und faltet sie sorgfältig zusammen. Als Georg von Trapp aufblickt, laufen Tränen über seine Wangen. Er schämt sich nicht dafür. Die Flagge nimmt er mit.

Georg von Trapps Welt geht an diesem Morgen des 2. November 1918 unter. In der Nacht erreichte ein Befehl aus dem Marine-Hauptquartier die U-Boot-Basis in der Bucht von Kotor. Seit Dalmatien Teil des Kaisertums Österreich geworden ist, hat die k. u. k. Marine die „Bocche" zu einem stark befestigten Kriegshafen ausgebaut. Alle Versuche, die österreichische Marinebasis zu erobern, scheitern während des Krieges. Die Bucht von Kotor – gut fünfzig Kilometer südlich von Dubrovnik, dem alten Ragusa – ist zum Landesinneren hin von steilen, rund tausendvierhundert Meter hohen Bergen umgeben und so gegen das Land bestens geschützt. Die schmale Einfahrt zur Bucht ist mit massiven Minensperren gesichert. Hier ins schützende Binnengewässer ziehen sich die kaiserlichen Schiffe zurück, wenn sie in der südlichen Adria von alliierten Kreuzern gejagt werden. In Kotor (italienisch *Cattaro*) liegt auch die österreichische U-Boot-Flotte. Die U-Boote laufen Ende Oktober 1918 nur noch als Geleitschutz für österreichische Transportschiffe aus, die nach dem Zusammenbruch der albanischen Front am Balkan festsitzende k. u. k. Truppen nach Norden bringen wollen. Durch die De-facto-Kapitulation des bulgarischen Verbündeten sind die Positionen der Österreicher am Südbalkan nicht mehr zu halten. Die Armee ist von Nachschub abgeschnitten. Tausende Soldaten sterben nicht durch berstende Granaten der Alliierten, sondern gehen an Unterernährung und Malaria zugrunde. Der Zerfall der Habsburgermonarchie hat im Herbst 1918 endgültig begonnen und nimmt rasant Fahrt auf. Die unterschiedlichen Nationalitäten verlassen ihre Truppenteile, verweigern den Gehorsam. Wofür sollen sie noch kämpfen? In Prag, in Budapest, in Agram und Laibach bilden sich Nationalräte, sagen sich die Völker des Vielvölkerstaats vom Kaiserreich los. Die Soldaten wollen zurück in ihre Heimat. Aber was und wo ist Heimat?

„Wo gehöre ich wirklich hin? Wo bin ich wirklich zu Hause? Nirgendwo. Mein Vater, ein Marineoffizier. Ich habe überhaupt keine Verwandten in Österreich … die Marine ist meine Heimat oder, wenn man will, das Meer!", schreibt Trapp später. Diese Worte lassen Georg von Trapps Gefühlslage Anfang November 1918 erahnen. Er und seine Kameraden hören, dass die Schiffe per kaiserliche Order dem neuen Staat der Südslawen, der Serben, Kroaten und Slowenen, übergeben werden sollen. Es sind Gerüchte, immer wieder Gerüchte. Was macht ein Seemann, ein Kapitän ohne Schiff? Wohin soll von Trapp gehen?

Die Kommandostruktur in der Marine ist zusammengebrochen. Die Südslawen wollen die Schiffe übernehmen. Es gelingt ihnen aber nicht einmal, einen Kreuzer ausreichend zu bemannen. Von den Bergen her sollen

KAPITEL 3

Am 1. November 1918 wird auf dem U-Boot Nr. 14 die österreichische Marineflagge eingeholt. 21 Salutschüsse begleiten das Ende der k. u. k. Flotte.

sich Hunderte Partisanen dem Hafen von Kotor nähern. Die neuen Herren bitten die alliierten Flottenverbände, deren Hauptquartier auf der griechischen Insel Korfu ist, die Bucht von Kotor zu übernehmen, doch die Franzosen wollen nur einen Kreuzer schicken, wenn er von einem ehemaligen k. u. k. Feindschiff durch die Minenzonen geleitet wird. Daran scheitert das Unternehmen.

In diesen verwirrenden Tagen, in denen die Kameraden von gestern zu Soldaten fremder Mächte werden, der einstige Feind als Ordnungsmacht herbeigerufen wird (und nicht kommt), zwischen Meuterei und Friedensjubel, bleiben die k. u. k. U-Boote draußen am Meer und begleiten überladene Dampfer, die mit Soldaten an Bord die nördlichen Adriahäfen ansteuern.

Georg von Trapp und seine Marinekameraden sind zwar mit kaiserlichem Befehl „beurlaubt", aber wo sollen sie hin? So stellt sich der Korvettenkapitän selbst in den Dienst und übernimmt wieder das Kommando der U-Boot-Station. Er genießt das Vertrauen seiner Mannschaften. Für Tage noch wird Dienst nach alter Marinevorschrift versehen und die Disziplin mehr oder minder aufrechterhalten. Immer mehr Unterseeboote finden von ihrer Mission draußen in der Adria zurück in den Heimathafen. Die

Kameraden wissen nichts von den dramatischen Entwicklungen der letzten Tage. Krieg oder Waffenstillstand ist stets die erste Frage nach dem Einlaufen. Georg von Trapp hält die Stellung.

Die Marineangehörigen, die zurück in die Heimat wollen, sammeln sich auf dem Dampfer „Habsburg". Sie verbrennen Befehle und installieren ein Funkgerät. Jeder nimmt eine Pistole mit, Uniformen werden ausgegeben. Außerdem erhalten die Heimkehrer in spe den Sold eines Monats, eine Decke und Verpflegung für zwei Wochen – der Dank des Vaterlandes für vier Jahre Kriegsdienst.

In der Nacht des 1. November 1918 erreicht ein Befehl aus Baden bei Wien die Marinebasis. Die k. u. k. Marineflagge soll am kommenden Morgen noch einmal gehisst und dann für immer eingezogen werden. Linienschiffsleutnant Heinrich Bayer von Bayersburg (1889–1980) beschreibt in seinem Tagebuch, wie die Offiziere der k. u. k. Marine, die aus Österreich stammten, die Bekanntgabe des Befehles des Kaisers Karl I. vom 30. Oktober 1918, nämlich die Übergabe der Flotte an der Adria an den Nationalrat des Staates SHS, empfunden haben:

„Der Kommandant der österreichisch-ungarischen Flotte, Konteradmiral Miklos Horthy de Nagybanya, übergab dann am 31. Oktober 1918 die Flotte an die Vertreter des Nationalrates des Staates SHS. Auf dem Flottenflaggschiff ‚Viribus Unitis' wurde die österreichische Marineflagge niedergeholt und durch die kroatische ersetzt. Es wurde die organisierte Abreise der nicht-slawischen Besatzungsmitglieder aus Pola für den 1. November vereinbart. Das Kommando der nunmehrigen Flotte des Nationalrates des Staates der Slowenen, Kroaten und Serben teilte im offenen Telegramm an die Staaten der Entente mit, dass es die Schiffe übernommen hat. Diese Nachricht wurde aber nicht überall empfangen oder nicht so angenommen, wie man es gehofft hatte. Unter solchen Umständen – zusätzlich von der Machtübernahme auf den Schiffen durch Matrosenräte erschwert, was eine effiziente Kommandostruktur außer Kraft gesetzt hatte – gab es am 1. November, zwei Tage vor dem offiziellen Waffenstillstand zwischen Österreich-Ungarn und Italien, eine der größten Tragödien in kroatischer und österreichischer Marinegeschichte, sowie in der Geschichte von Pola, den Verlust des Linienschiffes ‚Viribus Unitis'. Dabei starben etwa 400 Besatzungsmitglieder, auch der frühere Schiffskommandant Janko Vukovic

KAPITEL 3

Podkapelski (1871–1918), der am Tag zuvor zum ersten Kommandanten der Flotte des SHS-Nationalrates aus Zagreb ernannt, sowie zum Konteradmiral der kroatischen Armee befördert wurde."

Erich Heyssler, Kommandant der Kreuzerflottille, führt in der Bocche am Morgen des 1. November 1918 den letzten *Flaggenschuss* der Kreuzerflottille durch. Unter Abspielen der kaiserlichen Hymne und 21 Salutschüssen wird die Kriegsflagge eingeholt.

Georg von Trapp besiegelt das Ende der U-Boot-Flotte. Um acht Uhr früh wird die rot-weiß-rote Marineflagge noch einmal im Kriegshafen der Habsburger aufgezogen. Ein Abschied nach Zeremoniell. Der Kommandant erinnert sich an die Stimmung seiner Leute: „Es war wie bei einem Begräbnis". Die Hafenkanonen feuern 21 Salutschüsse ab. Dann greift Georg von Trapp zur Leine am Fahnenmast und holt die Flagge ein, langsam, er will den Moment verzögern. Aus. Er weint, seine Kollegen weinen. Aber noch ist Österreichs 140-jährige Marinetradition nicht vollständig untergegangen. Langsam fahren zwei Schiffe durch die Bocche in den Hafen ein. Die Mannschaften der „U-14" und der „U-29" stehen an Deck. Vom Turm weht die k. u. k. Marineflagge. Als die beiden Unterseeboote von ihrer letzten Feindfahrt zurückkehren und am Kai von Gjenovic die Leinen übergeben, hat die k. u. k. Kriegsmarine formell bereits aufgehört zu existieren.

Für Georg von Trapp ist das Leben an einem See statt auf der See unvorstellbar. Als er 1918 auf den „Erlhof" im Salzburger Land zurückkehrt, ist seine Welt zerbrochen: Der Krieg ist verloren, das Reich existiert nicht mehr, der Kaiser hat auf die „Ausübung der Regierungsgeschäfte" verzichtet und wartet im Jagdschloss Eckartsau auf, ja auf was? Georg von Trapp hat mit der Marine seinen Beruf und seine Heimat verloren. Es ist die Umwertung aller Werte, die Stunde null. Doch Georg von Trapp, der bald auch das „von" in seinem Namen verlieren wird, ist mehr als ein abgemusterter Kapitän: Er ist Vater von fünf kleinen Kindern, das sechste ist unterwegs. Es bleibt ihm gar nichts anderes übrig, als sich dieser Verantwortung zu stellen: Er will und wird seinen Kindern ein guter Vater sein.

Als ersten Schritt in ein neues Leben begibt sich der ehemalige Kapitän auf die Suche nach einem eigenen Haus für die wachsende Familie. Da man gewisse Ansprüche an die Größe und den Komfort der Räumlichkeiten stellt, erweist sich das Unterfangen als schwierig. Gut, eine große Verwandtschaft zu haben. Agathe, Georg und die Kinder übersiedeln ins nahegelegene „Hotel Kitzsteinhorn", das einem Bruder Agathes, Frank Whitehead – „Onkel Franky" – gehört. Der Krieg hat das Geschäft mit den Touristen beendet. Das schöne Hotel steht leer. Das Haus bietet der Familie ausreichend Platz, auch die Erzieherinnen und Bediensteten können im „Kitzsteinhorn" bequem logieren.

Bevor die kinderreiche Familie das Haus der resoluten Oma „Gromi" verlässt, möchte der Heimkehrer seiner Schwiegermutter seine Dankbarkeit zeigen und lässt sich dafür etwas Besonderes einfallen. Bis Georg von Trapp im November 1918 aus dem Krieg zurückkehrt, wird der „Erlhof" mit Kerosinlampen beleuchtet. Da mittlerweile in der Nähe von Zell am See ein Elektrizitätswerk errichtet worden ist, kommt dem naturgemäß technikaffinen Marineur die Idee, das große Anwesen zu elektrifizieren. Gesagt, getan: Georg von Trapp und sein Schwager Franky verlegen die notwendigen Leitungen und der ganze Haushalt wartet gespannt auf den großen Moment: Erwachsene und Kinder versammeln sich im Wohnzimmer, um zu sehen, wie das elektrische Licht erstrahlt. Der Schalter wird umgelegt, alles hält den Atem an, doch in der Glühbirne zeigt sich nur ein zarter rosa Streifen. Enttäuscht holt man die alten Kerosinlampen wieder hervor. Den Kapitän trifft an diesem Missgeschick freilich keine Schuld, die Leitungen waren ordnungsgemäß verlegt. Das kleine Kraftwerk konnte einfach nicht genug Strom erzeugen. Aller Anfang ist schwer.

Die Familie wohnt rund eineinhalb Jahre im „Hotel Kitzsteinhorn", zumindest für die Kinder eine unbeschwerte Zeit. Der Weltkriegsveteran wird häuslich: Er schafft Pferd und Wagen an, um die Familie nach Zell am See kutschieren zu können, und neun Hühner und einen Hahn, um die Kinder mit nahrhaften Eiern zu versorgen. In dieser Zeit wird Baby Johanna geboren, wie ihre drei nächstältesten Geschwister auf dem „Erlhof". Der Sommer 1920 bringt eine unangenehme Überraschung: Das untere Stockwerk des Hotels am See wird überschwemmt und zumindest zur Einnahme der Mahlzeiten muss die Familie wieder „Gromis" Gastfreundschaft in Anspruch nehmen. Auf die Dauer sind sechs kleine Kinder in einem alten, überfluteten Hotel natürlich kein Zustand: Die Familie von Trapp muss übersiedeln.

KAPITEL 4

*Ein kleines Schloss im Schatten des Stiftes Klosterneuburg bei Wien:
Das Martinschlössel wird zu Weihnachten 1920 zur Heimstätte der
Familie von Trapp.*

4_Der frühe Tod im Martinschlössel

Agathe von Trapp stirbt an Scharlach

Das neue Haus ist einfach fabelhaft. Es ist von einem herrlichen Park umgeben, in dem man großartig spielen kann. Das beste am „Martinschlössel" ist aber das Badezimmer: Es ist einfach wundervoll, sich in der weißen Emailwanne zu räkeln. Auf dem „Erlhof" und im „Hotel Kitzsteinhorn" war ein solcher Luxus unvorstellbar. Die neunjährige Agathe Trapp rollt sich seufzend auf die andere Seite des Bettes. Heute kann sie einfach nicht einschlafen, auch wenn sie sich noch so bemüht. Ihre Gedanken wandern zu jenem Tag zurück, an dem sie mit den Geschwistern in Klosterneuburg ankam. Die Zugfahrt von Wien dauerte nicht lange, höchstens eine halbe Stunde. Die Bahn ratterte unmittelbar an einer imposanten zart gelben Kirche mit mehreren Türmen vorbei. „Das ist das Stift Klosterneuburg!", erklärte Fräulein Freckmann. Kurz darauf hieß es aussteigen und zu Fuß weitergehen. Nach zirka zwanzig Minuten war die Martinstraße erreicht. Als das große schmiedeeiserne Tor des „Martinschlössels" aufschwang, gab es kein Halten mehr. Endlich wieder bei Mama und Papa, endlich sind wieder alle zusammen. Die Kleinen rannten wie verrückt von einem Zimmer zum anderen, treppauf und treppab. Nur Mama war wie immer die Ruhe in Person. Geduldig zeigte sie allen ihre Zimmer und be-

KAPITEL 4

antwortete lächelnd viele, viele Fragen. Wie gut es war, wieder bei Mama und Papa zu sein. Agathe setzt sich auf und streicht sich die verschwitzten Haare aus der Stirn. Es war so schön hier und als kurz nach ihrer Ankunft ein neues Baby auf die Welt kam, war das Glück perfekt. Bis zu den letzten Weihnachten. Ausgerechnet während der Messe fühlte sie sich plötzlich krank. Agathe sieht den Arzt, einen älteren Herrn, noch vor sich. Sie liegt auf dem Sofa vor dem Kamin. „Schön ‚Ah' sagen!", murmelt der Doktor und verordnet strenge Bettruhe. Dann wurden auch Rupert, Werner, Hedwig, Maria und das neue Baby, Martina, krank. Scharlach, stellte der Arzt fest. Das Schlimmste war, dass auch Mama sich ansteckte. Sie war so krank, dass kein Kind sie im Schlafzimmer besuchen durfte. Papa erklärte, dass diese Krankheit für Erwachsene sehr gefährlich sein kann. Mama musste in ein Sanatorium in Wien gebracht werden und blieb acht lange Monate fort. Vor einer Woche ist sie nach Hause gekommen. Mama ist ganz verändert. Sie ist so schwach, dass sie im Rollstuhl sitzen muss. Ihre Beine, ihr ganzer Körper ist von Wasser aufgeschwemmt, ein Zeichen von akuter Herzschwäche. „Jetzt bleibe ich bei euch!", hat sie gesagt und gelächelt. „Aber ich kann nicht mehr gehen. Ich muss es erst wieder lernen!" Agathe hat Mama versprochen, ihr dabei zu helfen. Schließlich ist sie ja schon ein großes Mädchen. Mit diesem Gedanken schläft die Neunjährige endlich ein.

Ein paar Stunden später schreckt Agathe auf. Was war das? Aus dem Turm der Martinskirche klingt ein seltenes Geräusch: ein zartes, hohes Läuten. Sie kennt diesen Ton. Es ist das Totenglöckerl. Eine eisige Hand greift nach Agathes Herz. Sie ahnt, Mama ist tot.

„Wie Mama gestorben ist, wollten sie es uns nicht sagen. Wir haben ihr nicht auf Wiedersehen sagen dürfen, weil wir nicht stören durften. In der Früh' hat dann das Sterbeglöckerl geläutet", erinnert sich Maria Trapp in einem Fernsehinterview. Gemeinsam mit Agathe, Rupert, Werner und Hedwig wird das Mädchen Hals über Kopf zur „Gromi" nach Wien verfrachtet. Der Vater besucht sie dort täglich und beantwortet die stürmischen Fragen der Kinder nach dem Befinden der Mutter ausweichend. Zu diesem Zeitpunkt ist Agathe von Trapp, geborene Whitehead, schon tot. Sie stirbt am Abend des 2. September 1922 an Scharlach. Damit endet für Georg von Trapp und seine sieben Kinder eine Ära.

Als das „Hotel Kitzsteinhorn" unter Wasser steht und sich der Kapitän wieder einmal schwer tut, eine geeignete Unterkunft für seine große Familie zu finden, bietet Robert Whitehead – „Onkel Bobby" – seiner Schwester das „Martinschlössel" als neue Herberge an. Er hat das Anwesen im Schatten des mächtigen Stifts Klosterneuburg eben erst von Alice Hoyos gekauft. Das kleine Schloss ist unmöbliert. Es liegt daher nahe, die teuren Möbel aus Pola

Agathe von Trapp mit ihren Kindern Rupert, Agathe, Maria, Werner, Hedwig und Johanna (am Arm) im Jahr 1920.

nach Klosterneuburg zu bringen. Dieser Transport stellt die Familie jedoch vor gewisse Schwierigkeiten: Pola gehört seit dem Vertrag von Saint-Germain zu Italien. Als ehemaliger U-Boot-Kommandant eines Feindstaates läuft Georg von Trapp Gefahr, verhaftet zu werden, sobald er die italienische Grenze überschreitet. Der Familienrat entscheidet daher, dass Agathe mit Hilfe ihres Mädchens Peppina und des Ehepaars Stiegler die Übersiedlung der Möbel koordinieren soll. Es dauert sechs Wochen, bis die Fracht schließlich in Österreich eintrifft.

Auch Alice Hoyos, Aristokratin aus einflussreichem Geschlecht, gehört irgendwie zur Familie Trapp. Ihr Mann Georg Anton Maria Graf Hoyos, Freiherr von Stichsenstein, kommandierte seinerzeit das k. u. k. Marineschiff „Gemse". Im Herbst 1867 führt das Boot in der Adria Testfahrten mit einer neuen Marinewaffe durch: dem Torpedo. Die „Gemse" gilt seither als erstes Torpedoschiff weltweit. Der adelige Kapitän Graf Hoyos verliebt sich in die Tochter des Werftdirektors: Alice Whitehead. Dieses Muster begegnet uns wieder. Georg Anton Maria Graf Hoyos heiratet die junge englische Dame, hängt seine Uniform an den Haken und kauft sich gemeinsam mit seinem Schwiegervater in die kleine Werft ein, die als „Whitehead & Co." ins Firmenbuch eingetragen wird. Ein Sohn von Robert Whitehead, John, wird Betriebsdirektor.

Das tragische Ende als Eintrag im Sterbebuch der Pfarre Klosterneuburg: Agathe von Trapp stirbt im September 1922 an den Spätfolgen einer Scharlacherkrankung.

Die engen familiären Bande zwischen der englischen Familie und der Familie Hoyos erweisen sich jetzt als Vorteil. Über ein paar Ecken sind die Adeligen mit Graf August Szechenyi, dem Herrn auf Schloss Grafenegg, verwandt. Der Graf ist kaiserlicher Kämmerer und Rechnungsrat der k. u. k. Marine in Fiume. Persönliche Bekannt-, ja Verwandtschaft nützt den Geschäften.

Agathe und Robert von Trapp kommen an einem trüben Wintertag ins Schlösschen von Onkel „Bobby" nach Klosterneuburg. Am zweiten Weihnachtsfeiertag, dem 26. Dezember 1920, bezieht das Paar seine neue Bleibe. Die Kinder sind unterdessen bei Agathes Cousin Adolph Auersperg und dessen Gemahlin Gabrielle auf Schloss Goldegg untergebracht. Ein später Nachfahr dieser Familienkonstellation, Alexander Auersperg-Breunner, wird jedenfalls gegen Ende des 20. Jahrhundert die Erbin des deutschen Flick-Imperiums ehelichen und so die Milliardärin Elisabeth Flick zur Prinzessin Elisabeth von Auersperg-Breunner adeln.

Zwei Wochen später kommen auch die mittlerweile sechs Kinder der Familie Trapp nach Klosterneuburg und genießen das lange unterbrochene Familienleben. Im Martinschlössel fehlt es in diesen trüben und kalten Nachkriegstagen an nichts. Es gibt einen großen Gemüsegarten, Obstbäume, ein Glashaus, Kühe, Schweine, Hunde und Katzen. Die Familie kann sich in Klosterneuburg fast autark ernähren. Eine Köchin und drei Dienstmädchen, ein Kindermädchen, eine Gouvernante und die Hauslehrerin Fräulein Bernhardine Freckmann kümmern sich ums Wohlergehen der von Trapps. Auch der ehemalige Offiziersbursche von Kapitän Trapp lebt mit Frau und drei Kindern im Martinschlössel. Platz ist genug. Hans Stiegler und seine Frau kümmern sich ums liebe Vieh. Ein Gärtner mit einem Gehilfen hegt und pflegt die Nutzpflanzen. Die „Großen", Agathe, Rupert und Maria, beziehen das Dachgeschoss, das mit einer verschließbaren Wendeltreppe mit dem ersten Stock verbunden ist.

Die Wohnräume befinden sich im ersten Stock, die kleinen Kinder schlafen auf einer Ebene mit den Eltern, auch ein geräumiges Bad findet Platz. Besonders das Badezimmer wird von den Kindern als Luxus erlebt.

Agathe von Trapp ist um die Jahreswende 1920/21 hochschwanger. Bald nach der Übersiedlung wird am 17. Februar ihr siebentes Kind, ein Mädchen, geboren. Ihre älteste Schwester Agathe schildert in ihren Erinnerungen, dass den Eltern nach vier Mädchen kein passender Name mehr einfiel. Vielleicht sollte man das Baby einfach „Dillenkräutl" nennen, schlug die jetzt siebenfache Mutter scherzhaft vor. Die ganze Familie zerbricht sich den Kopf, schließlich wird die Kleine in Anlehnung an die benachbarte „Martinskirche" Martina getauft. Großmutter Agathe Whitehead lädt auch noch die Witwe des schon 1915 im Krieg gefallenen Bruders Hauptmann Werner von Trapp ins Schlösschen ein. Maria Konstanze von Trapp, eine in Irland geborene O'Mara, ist aus der vom Bürgerkrieg zerrissenen Heimat ins Nachkriegsösterreich geflohen. Ihre Tochter Konstanze, die im Familienjargon immer nur als „Conny Baby" gekost wird, vervollständigt die Kinderschar in Klosterneuburg. Die Erziehung der Kinder obliegt den Kinderfrauen und Erzieherinnen. Die aus Bremen stammende Gouvernante Freckmann lehrt den Stoff der Volksschule, musiziert und bastelt mit den Kleinen. Das deutsche Fräulein übernimmt auch den Religionsunterricht und erzieht die Kinder zu gehorsamen Katholiken. Die wöchentliche Sonntagsmesse ist Pflicht, diese zu „schwänzen" sei eine Todsünde wird den Trapp'schen Sprösslingen eingebleut. Die Kinder nehmen ihre religiösen Pflichten sehr ernst, was eines Tages zum Konflikt mit ihrem protestantischen Vater führt. Dieser glaubt nicht daran, dass es Sünde ist, den sonntäglichen Gottesdienst einmal ausfallen zu lassen, und plant – offenbar schon in aller Frühe – mit den Kindern zu einem Ausflug aufzubrechen. Doch sein katholisch geschulter Nachwuchs streikt und geht, gegen seinen Willen, zur Messe. Wieder zu Hause erwartet die kleinen Katholiken ein handfestes Donnerwetter. Der Kapitän, sonst kein Freund lauter Worte, tobt. Agathe erinnert sich daran, dass dieser Ausbruch das erste und einzige Mal war, dass der evangelische Vater und die katholischen Kinder im Hinblick auf die Religionsausübung aneinandergerieten. Und doch muss es Spannungen gegeben haben, denn in ihrem Buch berichtet sie, dass der Vater „für seine Kinder" später zum Katholizismus konvertiert ist. Fortan besucht die ganze Familie Trapp die heilige Sonntagsmesse in der Stiftskirche.

Die Monarchie ist zerfallen, die Aristokratie per Verfassungsgesetz abgeschafft, aber das Leben des alten (Geld-)Adels geht weitgehend ungebrochen weiter. Von den sozialen Nöten, den politischen Wirrnissen, dem Hunger weiter Bevölkerungsschichten bekommen die Bewohner des Martinschlössels nur wenig mit.

Mit den beruhigenden finanziellen Mitteln seiner Frau versucht der Kapitän ohne Schiff ins Reederei-Geschäft einzusteigen. Zwei Jahre nach dem Krieg finanziert Georg die Gründung der Vega-Reederei, Hamburg. Mit der Schifffahrtsgesellschaft soll die Seefahrer-Tradition des nun zum Binnenland gewordenen Österreichs in die neue Zeit gerettet werden. Trapp tut sich mit dem Fregattenkapitän Karl Augustin und dem Linienschiffsleutnant Hermann von Rigele (1891–1982), auch er ein ehemaliger U-Boot-Kommandant, zusammen und lässt eine Reederei ins Wiener Schiffsregister eintragen. Das erste Schiff des jungen Unternehmens fährt in der Ostsee. Am Heck des 600-Tonnen-Schoners „Gertrud" flattert die österreichische Fahne. Und am Kauf der Barke „Toni" beteiligt sich auch der Enkel von Reichskanzler Otto von Bismarck.

Das junge Unternehmen ist an der Wiener Adresse Rennweg 11, also weit von jedem Hafen entfernt, registriert. Die Zweigstelle in Hamburg steuert drei Handelsschiffe, die auf den Namen „Steiermark", „Kärnten" und „Enns" getauft werden. Georg von Trapp übergibt aber schon nach drei Jahren das Ruder wieder an neue Partner. Auch die Gründung einer Rhein-Donau-Express-Schifffahrt-A.G. wird keine Erfolgsgeschichte, immerhin verliert

Trapp bei seinen Schifffahrtsunternehmungen kein oder kaum Geld. Beide Gesellschaften verkauft er wieder. In seinen unternehmerischen Ambitionen hält von Trapp nicht Kurs und wechselt von der Seefahrt zur Ziegelei: Im Jänner 1921 meldet die amtliche *Wiener Zeitung* die Eintragung Georg von Trapps ins Handelsregister als einen von drei Geschäftsführern der „Göttweiger Tonwerke und Dampfziegelei". Das nicht kleine Werk stellte spezialisierte feuerfeste Ziegel und Tonwaren her, die per Bahn zur Donau und dann weiter auf dem Schiff transportiert wurden – immerhin ein bescheidener seemännischer Aspekt. Lange währt Trapps Geschäftsführertätigkeit auch hier nicht, sie bleibt eine biografische Episode.

An Land verbannt, muss der Kapitän im Juni 1921 einen persönlichen Rückschlag wegstecken. Mit Bescheid Nr. 59/O.K.1921 vom 18. Juni 1921 wird sein Gesuch um die Verleihung des Maria-Theresien-Ordens abschlägig entschieden. Die Ordensverantwortlichen halten von Trapps militärische Taten für nicht ausreichend belegt. Immerhin wird ihm das Recht zum Tragen „der goldenen Tapferkeitsmedaille für Offiziere" zuerkannt. Der Korvettenkapitän in Ruhe betrachtet den negativen Bescheid als Affront und versucht es im Oktober 1923 ein weiteres Mal. Die Monarchie ist seit fünf Jahren untergegangen, aber die k. u. k Bürokratie tut so, als ob nichts passiert wäre. Trapp schreibt ans „Kapitel des Maria Theresien Ordens" und begründet seinen Wunsch nach der begehrten Auszeichnung ausführlich und mit beigefügten Gutachten der Admiralität. Er selbst unterstreicht seine Leistung: „Ich bin zwei Tage nach erfolgter Übernahme des Kommandos S.M. U-5 auf eigenes Ansuchen ausgelaufen, habe mir meinen Operationsraum selbst ausgesucht und der Erfolg war zum großen Teil meiner richtigen Überlegung und Folgerung in taktischer Beziehung zu verdanken. Bis zu meiner Übernahme des Kommandos hatte sich noch kein U-Boot in den neun Monaten des Krieges auf eine derartige Distanz und auf eine derartige, damals ungewohnte, Dauer von der Operationsbasis entfernt, da unseren veralteten U-Booten eine solche Leistung nicht zugemutet wurde. Dies hauptsächlich in Bezug auf die für Kriegszwecke gänzlich unzulänglichen Einrichtungen." Beim zweiten Versuch klappt es. Georg Ritter von Trapp wird am 27. April 1924, neun Jahre nach der Versenkung des französischen Panzerkreuzers, zum Maria-Theresien-Ritterkreuzträger. Weltkriegsveteran Hermann Baron Kövess unterzeichnet die

KAPITEL 4

„Ergänzung nötig": Georg von Trapps Gesuch um Verleihung des
Maria-Theresien-Ordens wird zunächst abschlägig entschieden.

„Ordenswürdigkeitserklärung": „Das am 24. April 1924 abgeschlossene für die Beurteilung der Waffentaten des Weltkriegs berufene 9. Maria Theresien-Ordenskapitel hat den Korvettenkapitän Georg Trapp für die heldenhafte mit Selbstaufopferung durchgeführte Versenkung des französischen Schlachtschiffes LEON GAMBETTA des Ritterkreuzes des Militär-Maria Theresien-Ordens würdig erachtet."

Zurück ins Jahr 1921: Das Familienglück wäre vollständig gewesen: Doch am Weihnachtstag des Jahres 1921 rötet sich bei der kleinen Agathe die Zunge. Ihr Rachen ist entzündet. Sie hat Fieber. Es sind die ersten Zeichen einer Scharlacherkrankung. Agathe steckt alle anderen Geschwister an. Scharlach gilt auch noch nach der Jahrhundertwende als hochgefährliche und besonders infektiöse Erkrankung. Nur mit Antibiotika ist sie gut zu behandeln. In der durch Krieg und Hunger geschwächten Klosterneuburger Bevölkerung grassiert eine regelrechte Scharlachepidemie.

Agathe von Trapp erkrankt ebenfalls an der vorgeblichen Kinderkrankheit. Im Gegensatz zu den Kleinen wird sich Georg von Trapps Ehefrau von dieser Infektion nicht mehr erholen. Der Scharlach löst bei Agathe Trapp monatelanges Siechtum aus. Sechs Wochen nach Abklingen der Erstinfektion setzt bei der siebenfachen Mutter rheumatisches Fieber ein. Es ist das Anzeichen einer immunologischen Reaktion auf den Scharlach-Erreger. Neun Monate nach der Infektion stirbt Agathe von Trapp im Martinschlössel. Die Kinder werden von ihrer sterbenden Mutter ferngehalten. Die Großen werden zur Großmutter nach Wien geschickt, nur die Kleinen, die den Ernst der Lage noch nicht begreifen, bleiben zurück. Agathe fragt, ob sie sich von Mama verabschieden könne. „Nein, Mutter ist sehr müde und schläft noch!", wird ihr beschieden. Doch Agathe von Trapp ist schon tot.

Nach einigen Tagen Aufenthalt bei der Großmutter im Palais Breuner fährt „Onkel Bobby" mit den sieben Waisen in sein Haus nach Ungarn. Immer noch wissen die Kinder nichts vom Tod ihrer Mutter. Schließlich kommt auch Georg ins Haus seines Schwagers und versammelt die Familie um sich. In schlichten Worten erklärt er den Kindern, dass ihre Mutter gestorben ist. „Er hat nicht geweint und auch keine lange Geschichte erzählt. Er hat uns einfach gesagt, dass Mutter nicht in Klosterneuburg sein wird, wenn wir nach Hause kommen. Sie sei jetzt im Himmel", berichtet Agathe Trapp. Erst nach dem Begräbnis ihrer Mutter am nahegelegenen Martins-

KAPITEL 4

„Wegen Krankheit unklassifiziert": Die Einträge zu Werner von Trapp im Schulkatalog der 4. Klasse Volksschule in Klosterneuburg für das Unterrichtsjahr 1924/25 weisen für den Neunjährigen zahlreiche krankheitsbedingte Fehlstunden auf.

friedhof dürfen die Kinder zurück ins Haus. Später wird der Vater seiner ältesten Tochter erklären, warum er sie und ihre Geschwister vom Tod der Mutter ferngehalten hat. Sie sollten Mama so in Erinnerung behalten, wie sie zu Lebzeiten war: lächelnd, glücklich und gesund. Er und sein gefallener Bruder Werner hätten immer darunter gelitten, die eigene Mutter im Sarg – diesen Schmerz wollte er seinen Kindern ersparen.

Schon während der Bettlägrigkeit und vor dem Tod der Mutter hat die Schwägerin „Tante Conny" die Führung des großen Haushalts übernommen. Im Tagesablauf und bei der Erziehung ändert sich daher nach dem Tod der Mutter wenig. Fräulein Freckmann unterrichtet die Kinder weiter und legt mit täglichen Lesungen aus der Kinderbibel und regelmäßigen Besuchen der heiligen Messe die Fundamente tiefer Religiosität. Die Norddeutsche besucht Bibelstunden des Chorherren Pius Parsch in der Klosterneuburger St.-Gertrud-Kirche. Pater Parsch will die Bibel zu einem Buch für das Volk und die Liturgie für alle verständlich machen. Er zelebriert Gemeinschaftsmessen, bei denen Teile des Gottesdienstes in deutscher Sprache gesungen werden. Der Chorherr des mächtigen Stiftes will damit eine Rückbesinnung auf das Urchristentum erreichen. Pius Parsch gilt als Gründer der „Liturgischen Bewegung". Zufall oder Bestimmung: Auch die spätere zweite Frau des Kapitäns von Trapp gerät in den Bannkreis einer katholischen Erneuerungsbewegung, die mit den Ideen von Pius Parsch sympathisiert.

Der Klosterneuburger Chorherr Pius Parsch gilt als Gründer der „Liturgischen Bewegung". „Tante Conny" und später auch Maria Kutschera geraten in seinen Bannkreis.

Nach dem Tod seiner Frau lässt Georg von Trapp die ältesten beiden Kinder in das einzige öffentliche Gymnasium Klosterneuburgs einschreiben. Rupert und Agathe bestehen die damals noch übliche Aufnahmeprüfung. Die kleineren Geschwister besuchen die Stiftsschule. Diese Umstellung fällt den Trapp-Kindern nicht ganz leicht. Seit ihrer Geburt wachsen sie im ausschließlich familiären Biotop auf. Jetzt müssen sie sich im Umgang mit Kindern aus durchaus anderen sozialen Schichten bewähren. Vor allem Werner, der bislang mit einem älteren Bruder und fünf Schwestern aufgewachsen ist, ist das Zusammensein mit vielen wilden Buben nicht gewöhnt. So erfindet er den Freund Severin, was der Familie aber erst viel später auffällt.

Der katholische Glaube ist in den Kindern fest verankert, wie folgende Geschichte zeigt: Eines Tages ruft der ehemalige Kapitän seine beiden Ältesten, Rupert und Agathe, in sein Arbeitszimmer. Er erzählt ihnen von tropischen Inseln, die er in seiner Zeit auf der „Saida II" besucht hat. Er schildert die exotische Landschaft in den glühendsten Farben und eröffnet den erstaunten Kindern, dass er ein großes Segelboot für die ganze Familie kaufen könnte und sie all diese fernen Ziele bereisen würden. Ob die Kinder auf ein Abenteuer gehen wollten? Rupert antwortet selbstbewusst: „Nein, wir wollen dort nicht hin!" und Agathe stimmt zu. Später fragt sie den Bruder, warum er die weite Reise ausgeschlagen habe. Die Antwort ist erstaunlich, zumindest für einen kleinen Buben: „Weil es dort keine katholische Kirche gibt und wir am Sonntag in die Messe gehen müssen."

Bald schon hat der Herr Papa eine neue Idee: Die Familie könnte nach Salzburg ziehen, dort leben zwei seiner U-Boot-Kameraden. Diesmal sind die Kinder begeistert: In Salzburg gibt es genug katholische Kirchen.

Dabei hätte Klosterneuburg die Heimat der Großfamilie bleiben können. Robert Whitehead plant einen größeren Zubau für sein Schlösschen und erwirkt eine Baugenehmigung für den Nordflügel. Die Baufirma Schömer erhält den Auftrag. Georg von Trapp will aber nicht im Haus seiner englischen Verwandtschaft bleiben. Er sucht ein eigenes Anwesen für seine Familie und wird in Aigen bei Salzburg fündig. Eher überstürzt übersiedeln die sieben Waisen mit ihrem Vater am 7. April 1925 nach Salzburg. Dafür müssen die Kinder zwei Monate vor der Zeugnisverteilung aus der Schule genommen werden. Das Hausmeister-Ehepaar Stiegler und das übrige Personal ziehen natürlich im Tross mit. Die Übersiedlung hat etwas von Flucht, ein Streit der Familien Trapp und Whitehead ist Auslöser oder Folge. Jedenfalls ist der eigentliche Besitzer des Anwesens nicht unglücklich, die Trapps nach Salzburg ziehen zu sehen. Unmittelbar nach dem Umzug stellt Robert Whitehead sein Reitpferd in die Garage neben dem eigentlichen Reitstall, lässt ein Schwimmbad im Garten ausheben und bezieht sein Schloss. Robert Whitehead, seine Mutter und das Ehepaar Johann und Barbara Czerne, die schon in Fiume im Dienst der Familie standen, bewohnen nun ganzjährig das einstige Sommerdomizil der adeligen Vorbesitzer. Die Whiteheads müssen der Weltwirtschaftskrise Tribut zollen und vermieten einen Teil des Schlosses an einen Sattler- und Tapeziererbetrieb. Für die Sommerfrische am Erlhof bei Zell am See reicht das Vermögen lange. Die Lage bessert sich auch rasch, denn Robert Whitehead ehelicht anno 1933 die sehr vermögende Engländerin Anne MacGill. Ein standesgemäßes Leben kann fortgeführt werden.

Das Martinschlössel wird freilich zum Schauplatz gewisser „neumodischer" Verirrungen. Roberts jüngere Schwester Joan Whitehead zieht mit ihrer Freundin Lisa von Pott in die Villa. Die Dame zieht es vor, amtlich nicht registriert zu werden. Es existiert kein Meldezettel. Die Liaison der zwei Frauen wird durchaus scheel betrachtet. Joan gilt als „undurchsichtige" Person. Ihren Lebensunterhalt muss sie nicht als Malerin verdienen. Ein Chalet in den Schweizer Bergen kann als Indiz für ein ausreichendes Vermögen gedeutet werden. Das Martinschlössel ist in den 1930er-Jahren durchaus ein belebter Ort. Die nicht kleine internationale Verwandtschaft sorgt für Leben im Haus. Gäste sind willkommen. Selbst der Herzog von Windsor, ehemals König Edward VIII., und seine Gemahlin Wallis Simpson sagen sich zum Besuch an. Erst nach der Kriegserklärung Englands an das Deutsche Reich am 3. September 1939 müssen Robert Whitehead und seine Frau Klosterneuburg verlassen. Sie sind britische Staatsbürger und damit Angehörige einer „Feindnation". Beide gehen nach Italien, werden aber dort interniert. Mutter Agathe und Konstanze von Trapp, wiewohl auch englische Staatsbürger, bleiben im Schlössel. Die Nazi-Behörden zeigen sich zwar durchaus an dem stattlichen Besitz interessiert, unternehmen aber wenig. Der Reichsstatthalter teilt dem „Angehörigen einer Feindnation" Robert Whitehead sogar noch 1943 brieflich mit, dass an „Teilen des Objekts öffentliches Interesse" bestehe und es daher unter Denkmalschutz gestellt würde.

KAPITEL 5

*Die spätere Villa Trapp im
Salzburger Ortsteil Aigen.*

5_Vom Schlössel zur Villa

Witwer Georg von Trapp zieht es zu Kriegskameraden nach Salzburg

Langsam rollt der Zug in die Station ein und hält mit einem unangenehmen Quietschen.

„Aigen", liest Johanna laut vor, als die Geschwister schon am Perron stehen.

„Aber Papa hat doch gesagt, wir ziehen nach Salzburg?"

„Es ist ein Vorort von Salzburg, aber recht nah zur Stadt", erklärt Agathe der jüngeren Schwester. Diesmal ist alles anders als bei ihrer Ankunft im „Martinschlössel": Es ist nicht Winter, sondern Sommer und es gibt auch keinen Fußweg zu bewältigen, denn der Garten des Hauses grenzt praktisch an den kleinen Bahnhof. Vor allem aber wird Mama nicht da sein, denkt Agathe bedrückt. Sie lässt sich nichts anmerken, damit die Kleinen nicht zu weinen beginnen. Als die sieben Trapp-Kinder, die Kinderfrau und die Gouvernante das neue Grundstück betreten, sind sie beeindruckt. Sie gehen durch einen richtigen Park mit hohen Bäumen, Büschen und kleinen Wiesen. Das dreistöckige Haus ist in einem freundlichen Gelbton gestrichen. Grüne Fensterläden umrahmen die weiß lackierten Holzfenster und eine Freitreppe führt zum Eingang.

Unser erstes eigenes Haus, denkt Agathe. Schade, dass Mama das nicht erleben kann.

KAPITEL 5

Georg von Trapp tut alles, damit sich die Kinderschar in ihrem neuen Zuhause wohl fühlt. Er schenkt ihnen einen großen schwarzen Hund, einen Neufundländer, der „Gombo" getauft wird. Er ist stark genug, um einen Leiterwagen zu ziehen. Der ehemalige U-Boot-Kapitän baut seinen Kindern einen Hunde-Wagen und Baby Martina wird zum Passagier gemacht. Ein anderes Mal bringt der Vater zwei Bienenstöcke mit und Agathe wird zur Bienenzüchterin ausgebildet. Er baut ein Hühnerhaus und schenkt den Kindern Küken. Die kleine Hedwig bekommt zum Geburtstag eine weiße Baby-Ziege. All das kann die fehlende Mutter nicht ersetzen, zeigt aber, dass Georg von Trapp kein unnahbarer Vater war. Offenbar war er immer bemüht, seinen beiden Söhnen und den fünf Töchtern trotz allem eine glückliche Kindheit zu ermöglichen. Er singt den Kindern alte Marinelieder vor und begleitet sich selbst mit der Gitarre. Er hatte schon in der Marineschule Violine gespielt. Die Familie singt und spielt beinahe täglich mit ihrem Vater. Anders als filmisch dargestellt, singen die Trapp-Kinder schon lange, bevor ihre zweite Mutter in ihr Leben tritt. „Ich kann mich erinnern, ich bin singend durchs Haus gegangen", berichtet Johanna Trapp. „Der Vater hat einem Freund geschrieben: Meine Kinder singen den ganzen Tag! Das macht man nur, wenn man jung ist." Er wird sich irren.

Der Vater unterrichtet seine musikalischen Kinder: Rupert und Maria lernen von ihm Akkordeonspielen, Maria Violine und Agathe Gitarre. Bald gibt es fast täglich Musikabende in der Salzburger Villa: Der Vater spielt die erste Violine, Rupert oder Maria Akkordeon und Agathe Gitarre. Später kommt Johanna mit der zweiten Violine dazu. Agathe schreibt in ihren Memoiren stolz, so hätte die Familie schon sehr früh ein eigenes „Schrammel-Quartett" gebildet.

Agathe beschreibt einen Camping-Urlaub in den Niederen Tauern am Fuße eines Gletschers im Sommer des Jahres 1926, den Onkel Karl Auersperg organisiert. Er lässt ein kleines Zeltdorf für rund dreißig Familienangehörige in den Alpen bauen. „Die Luft war kühl und klar, unglaublich leicht und rein. Das Gletscherwasser, das durch das kleine Tal plätscherte war klar wie ein Kristall und der Morgentau glitzerte auf dem Almgras." Die adelige Gesellschaft reiste im offenen Daimler an. Jeden Morgen und jeden Abend

Der Meldezettel eines Kriegshelden. Im April 1925 erfolgt der Umzug von Klosterneuburg nach Salzburg-Aigen.

wird in den Bergen musiziert. Auch die Auersperg-Kinder haben einen Privatlehrer und einen eigenen Musiklehrer. Beide Lehrer sind bei diesem hochalpinen Campingaufenthalt dabei. Agathe Trapp betont die musikalische Grundausbildung und Erfahrung ihrer Jugend in ihren Memoiren ganz bewusst. Sie will damit einen Kontrapunkt zur Selbstdarstellung von Maria Kutschera, der späteren Frau von Trapp, setzen. In deren Lebenserinnerungen und im Hollywood-Film *The Sound of Music* ist es ja die neue Hauslehrerin, die Musik und Laute in die Familie bringt. Georg von Trapp wird in die Nebenrolle eines schrulligen Vaters verbannt, dem die neue Musikalität der sieben (später zehn) Kinder erst abgetrotzt werden muss.

Die Kinder verbringen viel Zeit in dem riesigen Garten, oft weit weg vom Haus. Mag sein, dass es Georg Ritter von Trapp als unaristokratisch empfunden hat, seinen Kindern nachzubrüllen, oder vielleicht einfach als

KAPITEL 5

Geschäftspartner nach dem Krieg: Fregattenkapitän Hermann Rigele. Wie seinem Freund Georg von Trapp wurde auch Rigele der Maria-Theresien-Orden verliehen.

lästig. Jedenfalls kramt der Vater sein altes Schiffspfeiferl hervor und ordnet jedem Kind einen eigenen Pfiff zu. So weiß jeder und jede, wann sie gewünscht wird. Eine andere Tonfolge ruft alle sieben herbei. Der Einsatz des Pfeiferls in den Filmen ist also durchaus authentisch, militärisch antreten mussten die Kinder freilich nicht.

Die Kinderbetreuung obliegt in dieser Zeit in den Händen verschiedener Damen. Die Kleinen, Hedwig, Johanna und Martina, teilen ein Zimmer und ein Kindermädchen. Die Großen, Rupert, Maria, Werner und Agathe, sind jetzt schon zu alt für ein Kindermädchen. Um sie kümmert sich Baronin Mandelsloh, die Haushälterin. Jeden Abend kommt sie an die Betten der Kinder, sagt „Gute Nacht!" und versucht, etwaige Probleme zu lösen. Die Kinder sind ihr zugetan, die Mutter ersetzen kann die ältere Dame natürlich nicht.

Georg von Trapp ist in jenen Nachkriegsjahren keineswegs ein durch den verlorenen Krieg und das Ausscheiden aus der Marine zur Passivität gezwungener Mann. Er beteiligt sich an verschiedenen Unternehmen und versucht auf diese Weise mit seinem (von Agathe geerbten) Vermögen zu arbeiten. Zunächst versucht er seinem ehemaligen Betätigungsfeld treu zu bleiben und gründet 1920, wie bereits erwähnt, gemeinsam mit anderen k. u. k. Seeoffizieren die „Vega-Reederei". Ihre Schiffe sollen, wie die Zeitschrift *Freie Stimmen* 1923 berichtet, von Hamburg aus die Ein- und Ausfuhr von Waren von und nach Übersee unter „deutsch-österreichischer Flagge" besorgen. Die Schiffe „Gertrud" (Segler), „Mary" (Motorsegler), „Stella" (Segler), „Toni" (Dark) und „Enns" (Segler) sollen zwischen Hamburg, Skandinavien, England, Holland und am Atlantik verkehren und den Beteiligten ordentliche Rendite verschaffen. Beworben wird ein Nettoverdienst von zwanzig bis fünfundzwanzig Prozent.

Auch in einem anderen Geschäftszweig wird der Kapitän aktiv: Er beteiligt sich im April 1923 an der neu gegründeten Salzburger Holzwerke AG. Die Generalversammlung findet am 11. April im Hotel „Österreichischer Hof" statt. Trapp wird Mitglied des Verwaltungsrates, wie auch Frank Whitehead.

Die beiden Herren weisen noch eine weitere Gemeinsamkeit auf: Wie die *Allgemeine Automobil-Zeitung* vom 15. Dezember 1924 vermerkt, fahren beide, Trapp und Whitehead, einen Austro-Daimler. Der ehemalige Kapitän hat offenbar einen etwas zu rasanten Fahrstil, denn die Zeitungen berichten über zwei Unfälle:

Am 8. September 1929 hat Trapp einen Unfall bei der ersten Straßenkrümmung auf österreichischem Boden beim Zollamt Steinpaß. Trapp stößt mit dem Taxiunternehmer Johann Wembacher aus Reichenhall zusammen. Beide bleiben unverletzt. Die Wagen werden beschädigt. Nur ein Jahr später hat ein Unfall ernste Folgen: Trapp fährt ein sechsjähriges Mädchen an und bringt sie, wie die *Salzburger Chronik* berichtet, mit nicht unerheblichen Verletzungen selbst ins Spital.

Die Kinder, die ob der Aktivitäten ihres Vaters oft alleine mit dem Personal sind, besuchen Schulen in Salzburg, was einen 45-minütigen Schulweg zu Fuß mit sich bringt. Maria leidet, wie auch ihr Bruder Werner, als Folge der Scharlacherkrankung immer noch an Herzrhythmusstörungen und soll sich nicht überanstrengen. Der lange Schulweg ist einfach zu viel für das Mädchen. Der Vater macht sich auf die Suche nach einer Hauslehrerin für seine Tochter. Zuerst versucht er es bei der Schule der Ursulinerinnen: Ob es nicht eine ältere Schülerin gäbe, die Maria zu Hause unterrichten könne? Der Direktor verneint, weiß aber Rat: eine Lehrerin, die im Kloster am Nonnberg lebe – Fräulein Gustl Kutschera.

KAPITEL 6

*Die junge Wiener Lehrerin
Maria Kutschera.*

6_Wer ist Fräulein Kutschera?

Eine junge Lehrerin der Benediktinerinnen kommt ins Haus

Seufzend schlägt Agathe ihr Mathematikbuch auf. Heute nehmen die Hausaufgaben einfach kein Ende. Da dringt ein wohlbekannter Pfiff durch die schwere Holztür in ihr Zimmer. Papa wünscht die Kinder zu sehen, und zwar alle. Froh der lästigen Rechnerei entfliehen zu können, verlässt das junge Mädchen den Raum. Alle Geschwister strömen gleichzeitig die breite Treppe hinunter ins Erdgeschoss. Papa erwartet sie schon. Neben ihm steht eine junge Frau, die in einer Hand eine Gitarre und in der anderen einen Koffer hält. Sie trägt erstaunlicherweise einen Lederhut auf dem Kopf und ihr Kleid ist, höflich ausgedrückt, ungewöhnlich.

„Fräulein Kutschera, das sind meine Kinder: Agathe, Rupert, Maria, Werner, Johanna, Hedwig und unser Nesthäkchen, Martina."

Das Fräulein lächelt und nickt ihnen zu.

„Fräulein Kutschera ist zu uns gekommen, um Maria zu unterrichten", erklärt der Vater noch, dann rufen wieder die Hausaufgaben.

KAPITEL 6

Im September 1924 ereilt die Schwestern am Nonnberg ein Anruf: Kapitän von Trapp suche für seine herzkranke Tochter Maria eine Hauslehrerin. „Das war eine große Aufregung! Gustl besaß ja nur ein Dirndl, Sandalen und die Gitarre." Sie wird am Residenzplatz abgeholt und der Familie vorgestellt.

Im Film und in der Erzählung von Maria Kutschera wartet die Junglehrerin vom Nonnberg am Residenzplatz auf den Postbus nach Anif, der sie die paar Kilometer zur Villa Trapp bringt.

Salzburg ist in den 1920er-Jahren eine durchaus bescheidene Kleinstadt mit wenig mehr als vierzigtausend Einwohnern. Dort, wo sich heute die Salzburger „Suburbia" erstreckt, sind anno 1924 Wiesen, Felder, Bauernhöfe und eben eine stattliche Villa in einem großen Park, der direkt an die Westbahnstrecke grenzt. Die junge Lehrerin Maria Kutschera musste anno dazumal mit ihrem Koffer in der Hand, einem eher unschicken Lederhut auf dem Kopf und eine Gitarre über der Schulter über einen staubigen Weg zum großen Gittertor der Villa marschieren, heute liegt die Einfahrt zur Villa Trapp inmitten eines Villenviertels, das seinen Charme an teure Eigentumswohnungsanlagen mit Grünblick verkauft hat.

Maria beschreibt den Empfang in der Villa wohl zutreffend. In der Eingangshalle sticht die meterlange rot-weiß-rote Kriegsflagge des k. u. k. U-Boots, die dort vom ersten Stock herabhängt, ins Auge. Der Hausherr Georg von Trapp begrüßt die neue Hauslehrerin für seine herzkranke Tochter Maria und stellt ihr seine sieben Kinder vor. Der Legende nach ruft der am Festland gestrandete Kapitän seine Kinderschar mit dem Trillerton einer Messingpfeife zu Tisch. Für jedes Kind gibt es eine eigene Tonfolge. „Es dauert zu lange, so viele Kinder beim Namen zu rufen, so habe ich für jedes einen besonderen Pfiff bestimmt." Dieses eher seltsame Zeremoniell beschreibt Maria Kutschera in ihrem Lebensbericht *Die Trappfamilie – Vom Kloster zum Welterfolg* anno 1952. Das Buch wurde vier Jahre später unter dem Titel *Die Trapp-Familie* und *Die Trapp-Familie in Amerika* von der Münchner Divina-Film mit großem Erfolg verfilmt.

← *Ein Anruf versetzt das Kloster am Nonnberg in Aufregung: Die Mutter Oberin (Lisl Karlstadt) rät Maria die Stelle beim Baron von Trapp anzunehmen. Szenenbild aus dem Film „Die Trapp-Familie" von Wolfgang Liebeneiner.*

KAPITEL 6

Die fünf Mädchen und zwei Buben kommen „auf Pfiff" in blauen Matrosenanzügen höchst gesittet die Treppe zum Speisesaal herunter. Maria Kutschera ist verblüfft. Auch 1925 verhalten sich „normale" Kinder nicht immer so gesittet. Ihre Aufgabe ist zunächst eng umschrieben. Sie soll der kleinen Maria den strapaziösen Weg in die Schule ersparen und sie daheim unterrichten. Maria Kutschera wird die neue Hauslehrerin – keine leichte Aufgabe. In den vier Jahren seit dem Tod der Ehefrau ist die Wienerin schon die 26. Gouvernante und Lehrerin.

In den ersten Tagen in Aigen kümmert sich das neue Fräulein ausschließlich um ihren Schützling, die kranke Maria. Als die Neue bemerkt, dass die Trapp-Kinder oft und gerne singen, singt sie einfach mit. Das Eis ist gebrochen. Die aristokratische Haushälterin sieht das mit Argwohn, schließlich ist „Gustl", wie die Kinder sie bald nennen, nur als Lehrerin engagiert. Weil ihr neben dem Unterricht noch Zeit bleibt, wird die Einundzwanzigjährige zum Strümpfestopfen verdonnert. Man kann sich vorstellen, dass bei einem mutterlosen Haushalt mit sieben Kindern so einiges anfällt. Gustl, die Hausarbeit ohnehin nicht schätzt, ist verzweifelt. Die gutmütige Agathe eilt ihr zur Hilfe und erfährt beim gemeinsamen Handarbeiten manches über die Herkunft der jungen Frau. Es kann bezweifelt werden, ob alles Erzählte der Wahrheit entspricht, denn in ihren Memoiren verändert die Frau, die sich später Baronin Trapp nennen wird, ihre wahre Lebensgeschichte.

Wer ist Fräulein Kutschera wirklich? Im Musical und im Film ist Maria Augusta eine eher verhaltensauffällige Novizin des Benediktinerinnenstifts Nonnberg in Salzburg. Sie wird von der Oberin des Stiftes als Kindermädchen zur Familie des Georg Ritter von Trapp geschickt. So nimmt „The Sound of Music" seinen Lauf. Aber stimmt diese Geschichte?

In den Archiven der altehrwürdigen Benediktinerinnen findet sich nur ein lakonischer Eintrag über eine Maria Augusta Kutschera als „Novizin" des strengen Frauenklosters. Dennoch hat die junge Frau eineinhalb Jahre am Nonnberg gelebt. Maria Augusta Kutschera ist keine Salzburgerin. Sie wird am 26. Jänner 1905 in Wien geboren. Ihre Mutter Augusta Kutschera, geborene Rainer, ist zum Zeitpunkt der Geburt gerade neunzehn Jahre alt. In ihren Lebenserinnerungen verlegt die spätere „Baronin" von Trapp

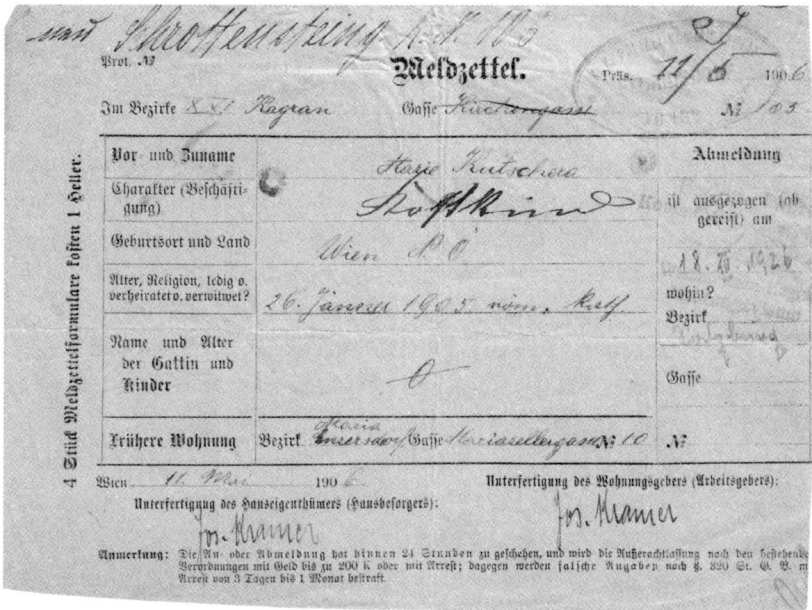

Ein Meldezettel, der viele Fragen aufwirft: Marie (Maria) Kutschera wird als „Kostkind" bezeichnet.

ihren Geburtsort in ein Coupé der k. u. k. Staatsbahn. Sie sei während einer Zugfahrt vom Tiroler Zillertal nach Wien geboren worden. Tatsächlich eine ambulante Geburt – wenn es denn so war. Die Recherche in den historischen Wiener Meldeunterlagen hat ergeben, dass der erste Wohnsitz der kleinen „Marie" Kutschera, so der Eintrag, in der Mariazellergasse 10, Maria Enzersdorf war. Seltsamerweise scheint das Kind im Taufbuch von Maria Enzersdorf nicht auf, obwohl im Hochzeitsbuch der Nonnberger Stiftskirche „römisch-katholisch" als Konfession vermerkt ist.

Ab 11. Mai 1906 war das Mädchen in Wien 22, Schrottensteingasse 105 gemeldet und blieb es bis zu ihrem Umzug nach Salzburg (18. Dezember 1926).

Marias Mutter Augusta (daher wohl ihr zweiter Vorname) stirbt nur zwei Jahre nach der Geburt ihrer einzigen Tochter. Es muss ein tragisches Schicksal gewesen sein. Auch anno 1907 ist das Sterben einer erst 21-jährigen Frau ungewöhnlich. War es ein Unfall? Stirbt sie am Kindbettfieber, etwa bei einer zweiten Geburt? Wir wissen es nicht. Maria – spätere „von Trapp" und geborene Rainer – bleibt in ihren Erinnerungen seltsam unscharf. Vom Vater erfahren wir in Maria Augustas Vita ebenfalls wenig, eigentlich nichts. Er hieß Karl Kutschera und war vierundzwanzig Jahre älter als seine Frau. Auch in Bezug auf den Vater fördert die Recherche Widersprüchliches zutage: So ist im Hochzeitsbuch der Stiftskirche Nonnberg „Baron Karl Kutschera" eingetragen, obwohl sich sonst nirgendwo ein Hinweis auf eine adelige Abstammung der Braut findet und der Adel in der jungen Republik Österreich im Jahr 1926 abgeschafft war. Hat die junge Frau den väterlichen Titel einfach erfunden? Und wie passt ein solches Verhalten mit den Schilderungen Agathes, die Stiefmutter habe massive Vorurteile gegen Adelige gehegt (aber jedenfalls selbst einen Georg *Ritter von* Trapp geehelicht), zusammen? Im „Entlassungsschein" des Pfarramtes Salzburg-Aigen, der sich im Eheakt der Dompfarre befindet, scheint der Brautvater jedenfalls nicht als „Baron" auf. Vieles im Leben der Maria Augusta bleibt widersprüchlich.

Der „traurige, rasche Abschied von meiner geliebten, sicheren Heimstätte", der im Buch *Maria. My own Story* beschrieben wird, deutet an, dass Maria offensichtlich kein anderes Zuhause hatte und der Zuflucht im Kloster andere Exilerfahrungen vorangegangen sein müssen. Doch darüber gibt dieses Buch keine Auskunft. Es bleibt bei Andeutungen. Einmal ist die Rede von „dem kleinen Bergdorf in Tirol, wo ich daheim war". Faktisch falsch, bedient diese Selbststilisierung als „Kind der Berge" Klischeevorstellungen von Geborgenheit, die naturgemäß nicht in der Großstadt zu finden sein kann. Zugleich aber enthält diese Formulierung noch einen anderen Aspekt. Maria verliert kein Wort über ihre Kindheit und ihre Herkunftsfamilie und setzt stattdessen die Natur als Elternsubstitut ein.

In *Maria. My own Story* – einem Buch, das nicht in Europa erschienen ist – gestaltet Maria Kutschera ihre Geburt und ihre Herkunft zu einem märchenhaften Mythos. Wenig bis nichts von dem, was sie als autobiografische Fakten beschreibt, lässt sich nachprüfen oder gar verifizieren. Ihre Geburt – angeblich in einem Zug auf der Fahrt vom Tiroler Zillertal nach Wien – und die Ereignisse danach werden märchenhaft ausgeschmückt. Im Versuch einer psychoanalytischen Ferndiagnose der Maria Kutschera, beschreibt Renate Langer die Darstellung der Geburtsszene von Maria Augusta als

„Zeichen der Entwurzelung. Es ist eine moderne Variante des Mythos von der Geburt des Helden."

Jedenfalls soll Maria im Nachtzug von Tirol nach Wien zur Welt gekommen sein. Die spätere Frau von Trapp weiß sogar über die Familienverhältnisse des als Hebamme assistierenden Bundesbahn-Schaffners Bescheid. Er selbst sei neunfacher Vater gewesen. Woher sie diese Information haben könnte, bleibt rätselhaft. Als Neugeborenes kann sie wohl die Gespräche während des Geburtsvorganges im fahrenden Zug schlecht mitverfolgt haben und nach eigenen biografischen Angaben stirbt ihre Mutter an Lungenentzündung, ehe die kleine Maria zwei Jahre alt ist. Die Todesursache „Lungenentzündung" findet sich übrigens in den Todesmatriken der Zeit besonders häufig, ebenso oft wie der medizinisch unscharfe Begriff der „Blutzersetzung". Beides sagt über die eigentliche Todesursache wenig aus, die oft einfach unerkannt geblieben ist.

Eine Biografie wie ein Drehbuch. Maria Augusta von Trapp veröffentlicht 1959 in den USA ihre Lebenserinnerungen.

Maria Kutschera besuchte bis 1923 die Lehrerinnenbildungsanstalt in der Boerhaavegasse in Wien-Landstraße, wahrscheinlich übersiedelte die 14-Jährige im Jahr 1919 aus dem *k. k. Civil-Mädchen-Pensionat,* das sich im Palais Strozzi in der Josefstädter Straße befand, in die Lehrerbildungsanstalt. Eine ehemalige Mitschülerin, die 1921 in der Boerhaavegasse maturiert hatte, erinnerte sich an ihre jüngere Schulkameradin Maria Kutschera. Das Palais in der Josefstadt wurde nach Kriegsende von der Gemeinde Wien für die Invalidenfürsorge genutzt.

Lehrerinnen durften am Beginn des 20. Jahrhunderts nicht heiraten, sie sollten zölibatär leben. „Verschaute" sich eine junge Lehrerin trotz

Eheverbots in einen Mann, musste sie den Lehrerberuf quittieren. Sie galt dann als durch den Ehemann versorgt und musste ihren Platz einer anderen Lehrerin überlassen. Weibliche Berufstätigkeit galt am Beginn des 20. Jahrhunderts als manchmal nicht vermeidbares Übel, aber keineswegs als erstrebenswertes gesellschaftliches Ziel.

Das *k. k. Civil-Mädchen-Pensionat* wurde zur Ausbildung von jungen unversorgten Mädchen für den Lehrberuf gegründet. Die Ausbildungskosten wurden durch Stiftungen und Spenden beglichen. Die Mädchen lebten in einem klosterähnlichen Internat mit großen Schlafsälen. Der Vordertrakt des einstigen Gartenpalais des Grafen Chotek in der Josefstädter Straße durfte von den Mädchen nicht benutzt werden, da auf der gegenüberliegenden Straßenseite Offizierswohnungen eingerichtet waren. Die jungen Mädchen sollten so offenbar vor direktem Blickkontakt und damit verbundenen Angriffen auf ihre Sittlichkeit durch die Herren Leutnants geschützt werden. Das Reinheitsgebot ließ sich allerdings nicht wirklich durchsetzen. Schließlich befanden sich die Unterrichtsräume für die Mädchen im Vordertrakt an der Josefstädter Straße.

Ihre Herkunftsverhältnisse dürften bescheiden, aber nicht ärmlich gewesen sein. In einer Quelle wird der Vater als „Ingenieur" bezeichnet, mit einer solchen Berufsausbildung zählt man durchaus zur Mittelschicht. Maria wird kaum Erinnerungen an ihre Mutter, wohl aber an den Vater gehabt haben. Warum sich der Vater nicht um seine Tochter kümmern konnte – oder wollte und sie daher bei einem älteren Cousin aufwächst? 1911 stirbt der Vater, da war sie sechs Jahre alt. Das Wiener Pflegschaftsgericht kümmert sich um die kleine Vollwaise. Ein entfernter Onkel, wir wissen nur seinen Vornamen, Franz, wird zum Pflegevater bestellt. Ihren Stiefkindern wird „Gustl" später erzählen, dass der Vormund sehr streng gewesen sei und sie oft grundlos bestraft habe. Maria wird, wie sie in ihrem Buch *Maria. My own Story* nicht ohne Stolz schreibt, durch die Misshandlungen zu einem schlimmen Kind. Sie schildert, dass sie ihre Lehrer zur Verzweiflung getrieben hätte. „Ich wünsche dir eine Tochter wie du", soll einer ihrer Lehrer gesagt haben. Ihre autobiografischen Schilderungen muten abenteuerlich an und sind – wie alle ihre Selbstzeugnisse – mit Vorsicht zu genießen, das gilt wohl auch für die folgende Geschichte:

Die halbwüchsige Maria flüchtet mit dem Geld, das sie dem Onkel gestohlen hat, auf den Semmering und erringt durch Hochstapelei eine Stelle in einem Hotel. Der Onkel will sie zurückholen. Maria weigert sich: „Wenn du nicht sofort verschwindest, schreie ich laut und erzähle allen alles." Der Onkel erweist sich als erpressbar. Damit ist seine Herrschaft zu Ende.

Gab es auch eine „Pflegemutter"? Auch da bleibt vieles im Dunkeln. „Onkel" Franz ist Richter, also auch die Pflegefamilie gehört zum in diesem Fall besseren Mittelstand. Der neue Stiefvater ist „leidenschaftlicher" Sozialdemokrat und kämpferischer Anti-Klerikaler. Mit Religion, notabene dem mit Kaiser und Habsburgerreich verknüpften politischen Katholizismus, hat Marias Erziehungsberechtigter nichts am Hut. Dennoch wird Maria durchaus traditionell erzogen. Das immerhin ist durch ein zeitgenössisches Foto belegt: Maria im weißen Kleid bei der „Konfirmation". Ist sie protestantisch? Als junge Katholikin empfängt man damals wie heute die „Erstkommunion". Selbstbewusst, vielleicht ein bisschen keck, blickt sie in die Kamera des Fotografen, eine weiße Masche im Haar; ein hübsches, keineswegs eingeschüchtertes Kind. Sie trägt ein kleines Holzkreuz an einer Kette. Sie ist ein Volksschulkind, als der Erste Weltkrieg ausbricht. Sie wird ihn wie Millionen Kinder dieser Zeit erlebt haben: zuerst kaiserlich-patriotischer Überschwang, später Ernüchterung, Einschränkungen und nach der Niederlage der Habsburgermonarchie, dem Zerfall der alten Ordnung, Not, Elend und auch Hunger. In der einstigen Reichshauptstadt Wien leiden Hunderttausende an Unterernährung. Die Kartoffelernte ist im Winter 1918 auf den Feldern verfault. Es fehlt an Transportmöglichkeiten. Die Zwei-Millionen-Stadt Wien ist vom landwirtschaftlichen Hinterland abgeschnitten. Aus Ungarn kommen keine Getreidelieferungen. Die junge Republik kann die Menschen nicht oder nur kaum ernähren. Das große, stolze, prächtige und mächtige Wien ist auf Nahrungsmittelspenden der Sieger angewiesen. Nur sehr zögerlich reagieren die Alliierten. Erste Hilfslieferungen kommen im Jänner 1919 aus der Schweiz. Auch Maria Kutschera prägt das Erlebnis des Hungers. „Der Hunger war so groß, dass es unmöglich wurde zu lernen oder zu arbeiten." Nach der Volksschule und vier Jahren „Mittelschule" besucht Maria die Lehrerbildungsanstalt. Eine Vorbildung in der Unterstufe des Gymnasiums war nicht erforderlich. Das Schulgesetz von 1883 hatte die Aufnahmebedingung auf das Bürgerschulniveau herabgesenkt. Die Ausbildung zur Volksschullehrerin konnte in wenigen Semestern absolviert werden. Die Lehrerbildungsanstalt vermittelte nach 1919 eine fortschrittliche Pädagogik. Wiens Sozialdemokraten, die bei den Wahlen 1919 eine absolute Mehrheit erringen konnten und so Jahrzehnte christlichsozialer Politik in der neuen Hauptstadt „Deutschösterreichs" beendeten, folgen den Ideen von sozialistischen Schulreformern wie Otto Glöckel. Das katholische Erziehungsideal wird zurückgedrängt.

Während ihres Studiums an der Lehrerbildungsanstalt erfährt Maria Kutschera christliche Nächstenliebe und katholische Gemeinschaft. Im Hungerjahr 1919 beginnen britische und amerikanische Quäker in Wien mit ihrer „Armenfürsorge". Die „Society of Friends" organisiert für Tausende Kinder Suppenküchen, speist und nährt die Hungernden. Die Wiener Kinder sollten wenigstens einmal pro Tag eine warme Mahlzeit bekommen. Fehlendes Heiz- und Brennmaterial hat zur Schließung von Kindergärten und Schulen geführt. Selbst Spitäler konnten das Operationsbesteck kaum noch sterilisieren, da es an Heizmaterial zum Wasserkochen fehlte. Acht von zehn Kindern im Alter zwischen neun Monaten und drei Jahren litten an Rachitis. In einer offiziellen Analyse der englischen Organisation wird Wien dramatisch als „sterbende Stadt" bezeichnet.

Der Quäkerbund, die „Society of Friends", bezieht Räumlichkeiten in der Wiener Singerstraße, unweit der Lehrerbildungsanstalt in der Hegelgasse. Die Quäker helfen ohne viel zu fragen. In Wien werden rund 160.000 Kinder ernährt. Maria Kutschera ist eines davon. Sie lernt die Hilfsbereitschaft der Quäker kennen. Sie stillen ihren Hunger. Und sie werden auch in den 1930er-Jahren verfolgten Menschen zur Flucht verhelfen. So organisieren sie nach Hitlers Einmarsch in Österreich auch die sogenannten „Kindertransporte" nach England und verhelfen so etwa Tausend jüdischen Kindern zu einem neuen Leben. Menschen, die keiner Religionsgemeinschaft angehörten, aber aufgrund der Nürnberger Rassengesetze als Juden galten, konnten sich an die Quäker wenden.

In ihren Memoiren erinnert sich Maria Augusta an die Hilfe der „Society of Friends". Möglicherweise war das Erleben von Hilfe aus christlicher Nächstenliebe ein Motiv, nach 1945 eine eigene Hilfsaktion für die österreichische Bevölkerung zu organisieren.

Prägend ist für die junge Frau sicherlich auch die Mitgliedschaft beim „Bund Neuland". Es handelt sich um eine Jugendbewegung, die sich die Reform der katholischen Kirche auf die Fahnen geheftet hat. Ganz der Zeit entsprechend zieht es die Burschen und Mädel hinaus in die Natur, selbstverständlich trägt man Dirndl und Lederhose. Es wird gewandert, gezeltet und musiziert. Die „Neuländer" sitzen abends ums Lagerfeuer und singen traditionelle Volkslieder. Das stärkt das Gemeinschaftsgefühl und bleibt den Jungen auch als Erwachsene in Erinnerung. Viele „Neuländer", wie Otto und Fritz Molden, waren gegen die Nazi-Ideologie immun, bei anderen wie beispielsweise Otto Schulmeister schloss das eine das andere nicht aus.

Maria Kutschera schließt mit kaum 18 Jahren die Ausbildung zur Volksschullehrerin ab und wird in der Schule der Salzburger Benediktinerinnen im Herbst des Jahres 1922 als Erzieherin aufgenommen. An Selbstbewusstsein mangelt es der jungen Frau nicht. Zwei ehemalige Schülerinnen beschreiben im Jahr 2007 in einem Gespräch mit den *Salzburger Nachrichten* ihre ehemalige Lehrerin. Die damals 89-jährige Dorothea Rákóczy: „Ich war Zögling am Nonnberg. Fräulein Kutschera war meine Erzieherin. Sie wurde von uns nur Fräulein Gustl genannt, da eine zweite Postulantin Fräulein Maria war. Jeden Abend versammelte uns ‚Gustl' um den großen grünen Kachelofen im Studierzimmer und sang mit uns wunderschöne Volkslieder, begleitet auf ihrer Klampfen."

Eine lebhafte Person sei sie gewesen, die Gustl, nicht wirklich hübsch, aber lieb und sie habe es hervorragend verstanden, mit Kindern umzugehen. Die Betreuung der ihr anvertrauten Schützlinge bei den Hausübungen war ihr lange nicht so wichtig wie eine sinnvolle Freizeitgestaltung und viel Bewegung an der frischen Luft. „Schnell, schnell", so Dorothea Rákóczy, „mussten die Deutschaufsätze fertig geschrieben sein, dass wir hinaus konnten, um draußen Räuber und Gendarm zu spielen." Um den Bewegungsraum zu vergrößern, waren selbst Klostermauern kein Hindernis. Die Mädchen kletterten flink darüber und Fräulein Gustl gab noch Anleitung darin, wie die langen Röcke am besten zu raffen waren, um nur ja nicht am Gemäuer hängen zu bleiben. Zu jedem Unsinn sei sie bereit gewesen, rutschte über die breiten Stiegengeländer und schlitterte über blank polierte Parkettböden. „Zur Nonne", so ihre chemalige Schülerin, „wäre sie trotz aller aufrichtigen Gottesgläubigkeit nicht wirklich geeignet gewesen." Das habe die in Sigmaringen geborene Äbtissin Virgilia Lutz durchaus richtig erkannt. Soweit stimmt die Beschreibung der ehemaligen Klosterschülerinnen mit dem Selbstbild der Maria Kutschera und der filmischen Übersetzung in *The Sound of Music* überein.

Auch die 1915 geborene Salzburgerin Ilse Ganahl erinnert sich an ihre Volksschulzeit am Nonnberg: „Maria Augusta Kutschera wurde im Schuljahr 1922/23 als Lehrerin der vierten Klasse angestellt. Ich hatte das Glück, von ihr unterrichtet zu werden. Der Unterricht war sehr lebendig und wir sangen viel. Sie trug stets ein einfaches Dirndl und die Gitarre war ihre ständige Begleiterin."

Streng und autoritär sei ihr Unterricht gewesen. Die junge Maria ist burschikos, groß und im Umgang wenig zartbesaitet. Ihr Auftreten wird als „laut" und gelegentlich unbeherrscht beschrieben. Ihre Schülerinnen werden nicht selten lautstark herumkommandiert, dennoch ist Fräulein Kutschera bei ihren Zöglingen nicht unbeliebt, auch wenn sie manche als „Hexe" in Erinnerung haben. Ilse Ganahl: „War sie mit unserem Lernerfolg zufrieden, erzählte sie uns eine Geschichte mit vielen interessanten Fortsetzungen. Schon um das Ende zu hören, bemühten wir uns und waren aufmerksam." In der fünften Klasse, so Ilse Ganahl, habe Fräulein Gustl dann ein schwarzes „Postulantinnenkragerl" getragen, was darauf hinwies, dass sie ins Kloster eintreten wollte: „Wenn ich so zurückdenke, wäre sie wohl keine gute Klosterfrau geworden. Sie brauchte einfach eine Portion Freiheit und Selbstbewusstsein, gemischt mit führender Dominanz."

Die Ausflüge über die Mauer waren Äbtissin Virgilia Lutz nicht verborgen geblieben. Die strenge Ordensfrau suchte für die doch eher unangepasste Erzieherin Arbeit außerhalb des Klosters. Maria Augusta kam, noch bevor sie schließlich die Stelle bei Georg von Trapp annahm, einen Sommer lang ins Haus von Ilse Ganahl: „Wir waren vier Kinder, mein Vater war Hofrat bei der Landesregierung. Weil nun eine Hilfe da war, konnte meine Mutter endlich die ersehnte Kur in Gastein machen."

Ilse Ganahl jedenfalls bleibt mit ihrer früheren Lehrerin in freundschaftlichem Kontakt. Sie darf, als Maria Augusta Kutschera schon längst „Baronin" von Trapp und Mutter zweier Töchter ist, im Herbst 1933 das Kindermädchen vertreten und auf die zwei „Kleinen", Rosemarie und Lorli, aufpassen. Bei Ilse Ganahls Hochzeit im Frühjahr 1934 führen die

Trapp-Kinder die Braut in der Kirche am Nonnberg zum Traualtar, Georg von Trapp ist der Trauzeuge.

Auch Georg von Trapp nutzt die Anwesenheit der neuen Hauslehrerin für einen ersehnten Ausbruch aus dem Alltag. Ein reicher Amerikaner bittet den ehemaligen U-Boot-Kapitän, seine Yacht von Bremerhaven nach Genua zu segeln: Eine schöne Aufgabe für den zwangspensionierten Seefahrer, endlich kann er wieder seine Fähigkeiten auf See unter Beweis stellen. Als er sieht, wie gut Fräulein Gustl mit den Kindern zurechtkommt, nutzt er die Gelegenheit und nimmt den Auftrag an. Als er nach einigen Wochen zurückkehrt, stellt er Agathe, so erinnert sie sich in ihren Memoiren, eine überraschende Frage. „Soll ich Gustl heiraten? Weißt du, sie ist ziemlich hübsch!"

„Wenn es der Wille Gottes ist, solltest du sie heiraten!", antwortet die Vierzehnjährige altklug – wenn ihre Erinnerung zutreffend ist. Woher der Kapitän den Willen Gottes kennen sollte, ist allerdings nicht überliefert.

Ihre Schwester Maria berichtet im Interview für eine Fernsehdokumentation hingegen, sie habe über die Hochzeit nicht gejubelt. „Ich wollte nicht, dass er noch einmal heiratet. Ich hätte gerne gehabt, dass sie bleibt, als ältere Schwester mit uns Sachen unternimmt. Aber heiraten? Nein. Aber es hat sein müssen."

Den Aufzeichnungen der Benediktinerinnen folgend endet das klösterliche Kapitel am 23. August 1926. An diesem Tag ist Maria Kutschera ausgetreten, und zwar wegen „Eheschließung mit Ritter von Trapp". Die Hochzeit findet jedoch erst 15 Monate später statt, in der Klosterkirche und unter den Auspizien des Abts von Seckau.

Während der Film *The Sound of Music*, der den Weltruhm der Familie begründet, die gesamte Handlung rund um den Familienchor ins politisch brisante Jahr 1938 verlegt, ehelicht Maria Augusta Kutschera den frühpensionierten Korvettenkapitän bereits im November 1927. Die Kinder aus erster Ehe unterscheiden feinsinnig zwischen ihrer eigentlichen Mutter und der neuen Stiefmutter. Maria (nun) von Trapp wird distanziert als „Mutter" oder eher rustikal als „Gustl" angesprochen. Ihre verstorbene Mutter Agathe, geborene Whitehead, bleibt in der fernen Erinnerung die liebevolle „Mamá".

KAPITEL 6

Hochzeit in Weiß. Im November 1927 heiratet die Wiener Hauslehrerin Maria Kutschera den verwitweten Korvettenkapitän in Ruhe Georg von Trapp in der Stiftskirche am Salzburger Nonnberg.

Die Braut ist um fünfundzwanzig Jahre jünger als der Bräutigam und nur sechs Jahre älter als Rupert, der älteste Sohn. Gustl selbst schreibt erstaunlich unromantisch in ihren Lebenserinnerungen, sie habe sich in die Kinder, nicht in Georg, verliebt. Die Kinder sind es auch, denen sie nach der Hochzeit ihre ganze Energie widmet. Sie empfindet ihre bisherige Erziehung antiquiert und verstaubt und macht sich daran, das zu ändern. Mit dem Enthusiasmus einer Einundzwanzigjährigen krempelt sie das Leben in der Salzburger Villa um. Agathe erinnert sich, die neue Mutter habe alles verändert: ihre Kleidung, ihr Essen, ihre Aktivitäten. Kaum vorstellbar, dass sieben Kinder eine solche Umstellung widerspruchslos hinnehmen. Nach der Darstellung der ältesten Tochter Agathe akzeptieren die Trapp-Kinder „Mutter", wie sie Gustl seit der Hochzeit in Unterscheidung zur verstorbenen Mama nennen, jedoch völlig.

So manche Auffassung ihrer Stiefmutter erscheint den älteren Kindern jedoch seltsam. So schreibt Agathe in ihren Erinnerungen, Gustl habe starke Vorurteile gegen Aristokraten gehabt: Diese Leute seien degeneriert und ihr Lebensstil müsse sich ändern. Umso erstaunlicher ist, dass sich das vormalige Fräulein Kutschera später als „Baronin" titulieren lassen wird.

Maria Augusta Trapps Charakter ist schwer zu fassen. Auch die Aussagen ihrer Stiefkinder legen nahe, dass ihr Charakter zwiespältig war. „Manchmal war sie eine Mutter, manchmal war sie ein General. Wir haben sie gerngehabt, aber manchmal hat sie mir auch leidgetan. Wirklich leid", sagt Maria Trapp.

Ihre älteste Schwester Agathe sieht den Grund für Gustls häufige Wutanfälle im Widerstreit zwischen ihrem starken Willen und dem Wunsch, eine gehorsame Katholikin zu sein.

„Wir haben keinen Zweifel gehabt, dass sie gottgläubig ist und dass sie alles tut, um den Willen Gottes zu erfüllen. Aber ich glaube, ihrem Wesen nach konnte sie sich dem Willen Gottes nicht unterwerfen. Sie kam in einen inneren Konflikt und deswegen hatte sie diese Ausbrüche. Manchmal hat sie jemanden zusammengebügelt und man hat gar nicht gewusst warum. Kurze Zeit später war es wieder vorbei."

Auch Johannes Trapp beschreibt die Mutter als „superreligiös". „Wir haben jede Woche eine Nacht Anbetung gehabt, von 8 Uhr abends bis 7 Uhr in der Früh. Jede Stunde ein anderer."

Gustl begnügt sich nicht damit, selbst religiös zu sein, sondern fordert von allen Familienmitgliedern absolute Hingabe zur Religion. Ihre Macht muss groß gewesen sein, wenn man bedenkt, dass die meisten Trapp-Kinder bis weit ins Erwachsenenleben hinein bereit waren, sich einem solchen Lebensstil zu fügen. Will sich ein Kind nicht fügen, erzwingt Gustl Gehorsam – auch mit Schlägen. „Und wer nicht folgt, bekommt Prügel!", lautet – nach ihren eigenen Beschreibungen – die Parole der frisch verheirateten Stiefmutter. Als sie Martina beim Spiel mit verbotenen Gegenständen ertappt, machte sie die Drohung wahr: „Nun führte ich sie ins Haus, legte sie übers Knie und prügelte sie ordentlich durch."

Auch gegenüber ihrem leiblichen Sohn Johannes zeigt sich die religiöse Frau erbarmungslos. Als ihn die Mutter auffordert, seine Spielsachen aufzuräumen, gehorcht der fünfzehn Monate alte Bub nicht. „Da musste es sein. Nach diesen ersten Prügeln, die er in seinem jungen Leben bekommen hat, stampft er mit seinem dicken kleinen Fuß und sagte bös: ‚Nein, nein, nein!' Also mussten den ersten Prügeln die zweiten folgen und dann die dritten. Plötzlich erhellte sich sein kleines, tränenüberströmtes Gesicht. Er stieg mir auf den Schoß, flüsterte mir ins Ohr ‚ja' und schlief sofort ein. Diese Erfahrung hat ihm für viele Jahre genügt. Das ist die Kunst zu wissen, ob man Kinder durchhauen soll oder nicht. Manche von den lieben Kleinen brauchen es, andere müssen sanft behandelt werden." Maria Trapp rechtfertigt das Schlagen eines Kleinkindes mit einem Bibelzitat: „Wer seinen Sohn liebt, spart nicht mit der Rute."

Der schwierige Charakter der Stiefmutter prägt die Trapp-Kinder weit über ihre Jugendjahre hinaus. Es wird lange dauern, bis es jemand wagt, die „Über-Mutter" zu kritisieren. Über seine Schwiegermutter fällt Ernst Florian Winter ein hartes Urteil. „Frau Trapp scheint ein absolut pathologischer Fall zu sein, der schon seit Kindheit immer die Wahrheit verdreht hat und dann phantastisch für das Falsche eingetreten ist. Zum Beispiel sind nicht einmal ihre Geburtsdaten, Eltern und Namen, die sie bisher angibt, die Korrekten! (Wir haben das unlängst aus Österreich erfahren, Taufschein usw.) Dieser kranke und verfahrene Charakter hat sich für Jahre eingebildet die Stigma (Wundmale Christi, Anm. d. Autoren) zu haben, das war in Österreich in den 30er Jahren, als die Kinder in einem höchst empfindlichen Alter waren. Das Salzburger Kirchengericht, das öffentlich nachforschte, erließ damals den Bescheid, dass es falsche Stigma waren. Trotzdem blieb Frau Trapp in den Augen der Kinder, und vieler anderer Menschen, eine Heilige. Es ist auch heute noch das Hauptargument, sie allein kann den Willen Gottes interpretieren, hat heilsame Kräfte und noch mehrere solcher Witze. Sie können sich vorstellen, was das auf ihren Bruder (wie Sie sagen ästhetischer Natur) wohl für einen Eindruck gemacht haben muss, als er ins Haus Trapp kam und eine Familie vorfand, die unter einer strengen Disziplin der Frau funktionierte, wo der eigene Mann nichts war, wo die Frau mit ihren Stigmas prahlte. Sie hörten wohl bald nach dem Kommen Dr. Wasners auf. Aber trotzdem!"

Mit diesem Schreiben, das ja mehr ein Aufschrei ist, wird der Vorhang vor dem familiären Idealbild weggezogen. Hat Ernst Florian Winter recht, dann ist das Leben der Maria von Trapp, geborene Kutschera, auf einer Fiktion aufgebaut. Tatsächlich lassen sich die Angaben der „Mutter", was den Geburtsort betrifft, nicht verifizieren.

Es fehlt das Taufbuch. Auch die Eintragungen im Trauungsbuch werfen Fragen auf. Dort wird als Heimatpfarre „Baden bei Wien" angegeben. Vater sei wie erwähnt ein „Baron Karl Kutschera" gewesen. Im Meldezettel der Marie Kutschera fehlt der Hinweis auf ihren zweiten Namen „Augusta" und als Meldeadresse des Kleinkindes wird die damalige „Kirchengasse Nr. 105" (heute Schrottensteingasse 104) in Kagran, heute der Bezirk Donaustadt, angegeben. Dort habe sie als „Kostkind" – also als Pflegekind – bis zu ihrer Abmeldung am 18. Dezember 1926 nach Salzburg bei einem Josef Kramer, der sowohl als Hauseigentümer wie als Unterkunftsgeber den Meldezettel unterschreibt, gelebt. Zugezogen sei das fünfzehn Monate alte Mädchen aus Maria Enzersdorf, einem Ort südlich von Wien. In der Mariazellergasse Nr. 10 dürfte sich damals ein altes Winzerhaus befunden haben. Heute hat dort ein klassisch schmuckloses Haus im Stil der 1980er-Jahre dieselbe Adresse.

Die Junglehrerin Kutschera hat es mit dem Meldegesetz nicht so genau genommen. Denn in den Akten der Benediktinerinnen vom Nonnberg wird der 18. September 1924 als Eintrittsdatum vermerkt, volle zwei Jahre vor Kutschers Abmeldung aus Wien. Die historischen Meldedokumente, die im Wiener Stadtarchiv verwahrt werden, passen mit der Biografie nicht zusammen. Hinweise auf eine Geburt im Zug vom Zillertal nach Wien, lassen sich durch kein Indiz belegen. Vielleicht hat der Schwiegersohn mit seiner Vermutung nicht ganz unrecht: „Zum Beispiel sind nicht einmal ihre Geburtsdaten, Eltern und Namen, die sie bisher angibt, die Korrekten!"

Allerdings fehlen auch für die brieflichen Behauptungen von Johannas Ehemann Belege. Das Salzburger Diözesangericht verfügt über keine Unterlagen zu einem „Stigma"-Verfahren, allerdings ist es nicht unwahrscheinlich, dass ein solches Verfahren, so es das gab, im Hinblick auf die Person des Georg Ritter von Trapp und seiner sozialen Stellung eher in *camera caritatis,* also geheim, erledigt worden wäre.

Und immerhin ist Marias Geburtsdatum durch mehrfache Einträge in Meldezettel und Trauungsmatrikel belegt. Freilich: Eine Taufurkunde fehlt. Weder in der Pfarre Alservorstadt (heute in Wien-Josefstadt) noch in der Pfarre Maria Enzersdorf, noch in Baden bei Wien, findet sich der Name Mari(e)a Kutschera. Die Taufmatricula wurden damals höchst penibel geführt. Hat Maria Kutschera also ihre Herkunft bewusst vernebelt?

KAPITEL 6

Einige Informationen lassen sich immerhin andeutungsweise nachprüfen. Fräulein Kutschera hat tatsächlich die Lehrerinnenbildungsanstalt in Wien besucht und ist bei den Benediktinerinnen am Salzburger Nonnberg als Novizin in den Matrikeln eingetragen. Dort hat sie auch den verwitweten Ritter Georg von Trapp geehelicht.

Ihr späterer Schwiegersohn Ernst Florian Winter selbst stammt aus einer höchst respektablen Familie des damaligen „Ständestaats". Sein Vater Ernst Karl Winter war ein enger persönlicher Vertrauter von Bundeskanzler Schuschnigg. Dieser besuchte nach seinem Treffen mit Adolf Hitler am Obersalzberg die Familie Winter und berichtete dort Details aus dem Gespräch mit dem Reichskanzler. Der damals 14-jährige Ernst Florian Winter ging in die katholische Neulandschule. Die Brüder Otto und Ernst Molden sind seine Schulkameraden. In der amerikanischen Emigration engagiert sich der Katholik für die Sache Österreichs. Sein Vater und er gründen das „Austrian American Center" in New York. Die Wohnung der Familie wird zum Treffpunkt von Emigranten. Mit ein paar anderen Jugendlichen marschiert Ernst Florian Winter während des Krieges über die Fifth Avenue, um auf das Schicksal Österreichs aufmerksam zu machen. Winter meldet sich freiwillig zur U.S. Army „für die Befreiung meines Heimatlands Österreich", will aber ausdrücklich „nicht töten". Am 4. Mai 1945 überschreitet Ernst Florian Winter mit der 86. Division der 3 U.S. Army die Grenze bei Burghausen. Er ist der erste Austro-Amerikaner, der nach 1945 heimkehrt. In Salzburg lässt sich der US-Soldat mit einem Jeep zur Trapp-Villa in Aigen fahren, die als Sommerresidenz von Heinrich Himmler hätte dienen sollen. Zu seinem Entsetzen entdeckt der gläubige Katholik, dass der Altar in der einstigen Hauskapelle mit einem Hakenkreuz geschändet worden ist.

Während sich für einen Stigma-Prozess in Sachen Trapp im Salzburger Diözesangericht keine Hinweise finden, ist der Umstand, dass Fräulein Kutschera, nachmalige Maria Augusta (von) Trapp, bei Kirchen und Behörden zumindest widersprüchliche Angaben gemacht hat, bei entsprechender Archivrecherche unübersehbar. So war die Frau, die sich später mit „Baronin" ansprechen ließ, laut Meldeauskunft der Stadt Wien vor ihrem Umzug in die Hauptstadt in ihrem ersten Lebensjahr in Maria Enzersdorf in der Mariazellergasse gemeldet. Eine Nachfrage bei der dortigen Gemeinde ergab jedoch, dass eine Maria Augusta Kutschera nie in Maria Enzersdorf ortszuständig war. Im Hochzeitsbuch der Nonnbergerstiftskirche ist als Geburtsort Wien, Alservorstadt, eingetragen. Erstaunlicherweise scheint eine Maria Augusta Kutschera im Taufbuch der dortigen Pfarre aber auch nicht auf. Weitere Spuren führen in die Kurstadt Baden bei Wien, versanden jedoch. Irrtümer? Absichtlich falsche Angaben? Wenn ja, zu welchem Zweck wurden sie gemacht? Wie passt der Eintrag „Geburtsort Wien" zu ihrer eigenen Erzählung, sie sei im Zug von Tirol nach Wien geboren?

Vieles über Maria Augustas Herkunft bleibt im Dunklen. Vielleicht war es gerade das, was sie beabsichtigt hat.

KAPITEL 7

*Die einstige Trapp-Villa in Salzburg-Aigen.
Heute wird sie als Hotel garni geführt.*

7_Die Pleite mit Leonardo da Vinci

Durch den Konkurs der Lammer-Bank verliert die Familie ihr Vermögen

Die Mutter steckt den Kopf in Agathes Zimmer. „Komm herunter, Vater hat euch etwas zu sagen!" Die junge Frau hört, dass die Stiefmutter auch an die Zimmer der Geschwister klopft. Seltsam, warum hat der Vater nicht gepfiffen? Das Gesicht der Mutter war ernst, ihre Stimme – anders als sonst – gedämpft. Hoffentlich ist nichts mit Rupert passiert, denkt Agathe. Der Bruder lebt zu Studienzwecken seit einiger Zeit nicht mehr im Elternhaus. Zögernd betritt Agathe das Arbeitszimmer. Papa ist blass und schweigsam. Kein Lächeln, kein Scherzwort, keine Erklärung. Agathes Herz beginnt zu rasen. Es muss etwas Schlimmes geschehen sein, sie spürt es. Der Vater wartet, bis alle versammelt sind. Sein Blick wandert von einem zum anderen, immer noch schweigend. Dann räuspert er sich.

„Kinder, ich muss euch sagen …" Er macht eine Pause, als ob ihm das Sprechen schwerfällt. „Wir haben unser ganzes Geld verloren!"

Sein Blick ist unendlich traurig.

KAPITEL 7

Was ist passiert? In der Villa Trapp in Aigen klingelt das schwarze Telephon – anno 1935 wird dieser Apparat noch mit einem griechischen „ph" geschrieben. Diener Hans meldet mit geziemender Aufregung ein Ferngespräch. Der Anruf kommt aus der Pinzgauer Bezirkshauptstadt Zell am See. Es sind von Salzburg an den Zeller See nur 60 Kilometer, dennoch gilt der Anruf als Ferngespräch und somit als besonderes Ereignis. Ferngespräche führt man dazumal höchst selten – ein, zwei Mal pro Jahr. Sie markieren wichtige Anlässe, den Tod eines nahen Verwandten etwa. Georg von Trapp lässt sich den Hörer reichen. Die Stimme aus Zell am See klingt klar und überaus deutlich: „Das Bankhaus Lammer & Co. ist in Konkurs gegangen." Für Georg Ritter von Trapp ändert dieser Anruf alles. Er hat sein von Ehefrau Agathe Whitehead ererbtes Vermögen verloren. 535.000 Schilling sind 1935 sehr viel Geld. Von den Kapitaleinkünften lässt sich eine große Familie ernähren, ein stattlicher Wohnsitz erhalten, ein Dutzend Dienstboten entlohnen, sorgenfrei und ohne Arbeit leben. Aus, vorbei! Warum um alles in der Welt hat Georg von Trapp sein gesamtes Barvermögen ausgerechnet bei einer winzigen Bank in Zell am See angelegt? Und warum geht die Lammer-Bank in Konkurs?

Diese Geschichte dieses kleinen Geldinstituts spiegelt exemplarisch die Lage des österreichischen Finanzwesens. Das Bankhaus A. Lammer & Co. ist typisch für die Schwierigkeiten der alpenrepublikanischen Banken in den 1930er-Jahren. Und doch ist die Lammer-Bank ein Unikat.

Auguste Caroline Lammer gründet zwei Jahre nach dem Ende des Ersten Weltkriegs in der Salzburger Provinz eine Kommanditgesellschaft. Es ist die erste und einzige „Bankgründung" einer Frau. Der Begriff Bank greift noch ein wenig hoch. In Wirklichkeit ist die „Lammer-Bank" zunächst eine Wechselstube und ein Fahrkartenbüro am Hauptplatz von Zell am See. Der Postbus hält vor dem im Kern mittelalterlichen Gebäude.

Augustine Lammer, geborene Hofbauer, stammt, wie man so sagt, aus durchaus einfachen, aber ordentlichen Verhältnissen. Ihr Vater ist Lokführer bei der k. u. k. Staatsbahn, die Mutter früh verstorben. Auguste wird von der Großmutter erzogen und besucht in Braunau am Inn die Volksschule und später dann, auf der anderen Seite des Grenzflusses im bayrischen Simbach, eine Schule für „höhere Töchter", die von den katholischen Schwestern des Ordens der „Englischen Fräulein" geführt wird. Fräulein

Hofbauer wird nach der Grundschulausbildung zur Lehre ins Braunauer Bankhaus F. Danner & Co. geschickt. Die junge Dame erweist sich in Gelddingen als sehr geschickt und darf schon als 18-Jährige die Zweigstelle von Danner & Co in Bad Ischl leiten. Das Bankgeschäft ist in jenen Tagen noch frei von allzu komplexen regulatorischen Vorschriften und wird sich im Wesentlichen auf das Umtauschen von Währungen im kaiserlichen Kurort beschränkt haben.

Das Fräulein von der Bank hat das Wechseln von Geld gelernt und wird 1906 am Bahnhof von Attnang-Puchheim als Kassiererin angestellt. Im Bahnhof des Eisenbahnknotenpunkts an der Westbahnstrecke lernt die hübsche Kassiererin den mehr als doppelt so alten Witwer Max Leopold Ritter Lammer von Castell Rombaldo kennen. Der 47-jährige Träger eines bombastischen Adelstitels amtiert in Attnang-Puchheim als Bahnhofsvorstand und ist demgemäß in der Provinzstadt eine Respektsperson. Fräulein Lammer erweitert freilich zunächst ihren beruflichen Horizont und arbeitet einige Monate in Berlin bei der Außenstelle des Österreichischen Verkehrsbureaus, ehe sie ins oberösterreichische Attnang-Puchheim zurückkehrt und dort den doch deutlich älteren Bahnhofsvorsteher ehelicht.

Die Jungfamilie übersiedelt entlang der Westbahnstrecke nach Zell am See. Max Leopold Ritter Lammer von Castell Rombaldo kennt die Kleinstadt sehr gut, hat er doch auch schon in Zell am See als Bahnhofsvorstand für die Staatsbahn gearbeitet. Seine junge Ehefrau stellt nun die Weichen neu. Auguste Caroline Lammer erkennt die Chancen des beginnenden Fremdenverkehrs und eröffnet am Hauptplatz eine kleine Wechselstube mit angeschlossenem Reisebüro. Fürs Österreichische Verkehrsbureau verkauft die „Lammer-Bank" Bahn- und Buskarten. Die Geschäftsidee funktioniert. Die majestätische Berglandschaft rund um den Zeller See zieht Touristen an. Auguste Lammer vermittelt Postbusfahrten und wechselt Geld. Das Risiko ist bescheiden, der Kapitaleinsatz gering. Die Wechselstube floriert. Die junge Frau Lammer interessiert sich für den technischen Fortschritt. Als sie anno 1912 in Salzburg die Prüfung „für die selbständige Lenkung eines Kraftwagens mit Explosionsmotor" ablegt, wird sie eine weibliche Pionierin des automobilen Tourismus.

Mit dem Ausbruch des Ersten Weltkriegs im August 1914 ist das alles vorbei. Es gibt keine Fremden mehr, keine Touristen, nichts ist zu wechseln.

KAPITEL 7

Das Geschäft wird geschlossen. Max Lammer wird zum Eisenbahnbau an die Ostgrenze in Galizien eingezogen. Der Krieg entzweit das Paar. 1918 folgen die Niederlage der Habsburgermonarchie und die private Trennung des Paares. Auguste Lammer, mittlerweile geschiedene Mutter zweier Kleinkinder, kehrt nach Zell am See zurück und knüpft an die schöne Zeit vor dem Weltkrieg an.

Sie gründet 1920 eine Bank, das Bankhaus A. Lammer & Co. Der dafür erforderliche Gewerbeschein wird im März 1921 unkompliziert und nachträglich von der Bezirkshauptmannschaft ausgestellt. Die ehemalige Bahnhofskassiererin bringt zur Bankgründung ein Eigenkapital von 100.000 Kronen auf. In der Monarchie wäre das ein Vermögen gewesen, in der Nachkriegsinflation entspricht dieser Betrag einem heutigen Wert von rund 7.000 Euro. Den Löwenanteil des Grundkapitals der Kommanditgesellschaft von zwei Millionen Kronen zahlt ihr künftiger Geschäftspartner ein: Frank Whitehead ist ein Bruder von Agathe Whitehead und diese ist die erste Ehefrau von Georg Freiherr von Trapp – womit sich der Kreis zu schließen beginnt.

Die Familie Whitehead besitzt nicht nur am Zeller See das heute im Besitz der Familie Piëch-Porsche befindliche stattliche Landhaus, sondern auch große Liegenschaften im schönen Kaprunertal. Schon in den 1920er-Jahren wird die Nutzung der Wasserkraft in den Hohen Tauern geplant, da kann Grundbesitz von strategisch wichtiger Bedeutung sein. Die Whiteheads engagieren sich bei einer „Kesselfall Alpenhaus GmbH", die eine wirtschaftliche Nutzung des „weißen Golds der Alpen" plant. Mit einer komplizierten Transaktion wird Auguste Lammer später versuchen, über die Verpfändung von Anteilen an der „Kesselfall Alpenhaus GmbH" Kredite der Wiener Nationalbank zu erhalten.

Aber zunächst gedeiht die Bankgründung. Auguste Lammer pflegt gesellschaftliche und politische Kontakte. Sie beteiligt sich mit ihrem kleinen Geldinstitut mit fünf Prozent am Aktienkapital für den Bau der Schmittenhöhen-Bahn in Zell am See und hilft so dem christlichsozialen Salzburger Landeshauptmann Franz Rehrl ein ehrgeiziges Tourismusprojekt zu finanzieren. Auch an der Aktiengesellschaft für den Bau der Großglockner Hochalpenstraße hält Auguste Lammer exakt 1.100 Stück Anteilscheine mit einem Nominalwert von 100 Schilling pro Aktie.

DIE PLEITE MIT LEONARDO DA VINCI

So viel Einsatz für den heimischen Fremdenverkehr wird mit der Verleihung des Titels einer „Kommerzialrätin" belohnt. Tatsächlich expandiert die Lammer-Bank in den 1920er-Jahren, die von einer überhitzten Nachkriegskonjunktur geprägt sind, rasch, aber wie aus der „Goldbilanz" des Jahres 1925 ablesbar wird, offenbar ohne ausreichendes Grundkapital. Das Unheil naht in Gestalt des Münchner Kunsthändlers und Malers Hugo von Grundherr zu Altenthann und Weyerhaus.

Auguste Lammer scheint eine gewisse Vorliebe für bombastische aristokratische Titel und ihre Träger zu pflegen. Hugo von Grundherr zu Altenhann etc. ist zwar standesgemäß Besitzer des Schlosses Mittersill, finanziert aber seine mittelalterliche Festung hoch über der Kleinstadt Mittersill und seinen prächtigen Lebensstil über Schulden. Auguste Lammer macht einen groben Fehler: Sie vermengt das Bankgeschäft mit ihrer privaten Neigung zum Kreditschuldner.

Eine Frau wagt sich ins Bankgeschäft: Auguste Caroline Lammer gründet in Zell am See eine Privatbank.

Das Bankhaus A. Lammer & Co. finanziert den Kauf des Schlosses Mittersill, das alle paar Jahre den Besitzer gewechselt hat, und lässt sich dafür die Bibliothek der rund neunhundert Jahre alten Burg und ein angebliches Gemälde von Leonardo da Vinci verpfänden.

In den Bankbilanzen wird die „Madonna vor dem Kastell", die Leonardo da Vinci zugeschrieben wird, mit 600.000 Schilling bewertet. Ein angemessener Preis, wenn es sich bei dem Madonnenbildnis tatsächlich um einen echten Leonardo handeln würde. Das Gemälde gilt als ein für die private Hausandacht gefertigtes Bild. Es soll sich auf einem Landgut in Italien befunden haben und tauchte erst Ende der Zwanzigerjahre des vergangenen Jahrhunderts auf dem Kunstmarkt auf. Die Urheberschaft des Ölgemäldes ist freilich ebenso ungewiss, wie die Besitzverhältnisse des angeblichen „Leonardo" verwirrend sind. Ein Genueser Rechtsanwalt be-

KAPITEL 7

hauptet, zur Hälfte Eigentümer des Madonnenbilds zu sein. Frau Lammer muss den *Avvocato* mit 40.000 Lire entschädigen, damit sie über das Pfand des Schlossherren von Mittersill verfügen kann.

Die Jahre nach dem Ausbruch der Weltwirtschaftskrise 1929 sind keine guten Zeiten für die Salzburger und schon gar keine guten Zeiten für den Kunsthandel. Mangels anderer kunstsinniger Interessenten dient Frau Lammer die „Madonna vor dem Kastell" – über Vermittlung des Salzburger Rechtsanwalts Rudolf Ramek – der österreichischen Bundesregierung an. Für eine Million Schilling könnte die Republik das Kunstwerk erwerben und als besondere Geste dem italienischen Faschistenführer Benito Mussolini schenken. Rudolf Ramek ist nicht irgendwer. Der Salzburger Jurist amtierte von 1924 bis 1926 als österreichischer Regierungschef im Wiener Kanzleramt. Er sorgt in seiner kurzen Regierungszeit für wesentliche Veränderungen und bemüht sich um eine vorsichtige Annäherung an die oppositionellen Sozialdemokraten. Anwalt Ramek ist politisch und gesellschaftlich bestens vernetzt und wäre kein schlechter Vermittler für Bankchefin Lammer gewesen. Doch am Beginn der 1930er-Jahre muss die Regierung in Wien andere Prioritäten setzen. Ein Heer von Arbeitslosen ist sozialer Sprengstoff, es fehlt an allen Ecken und Enden an Geld für notwendige Investitionen. Der Ankauf eines Ölgemäldes – und sei es vom italienischen Renaissance-Genie Leonardo da Vinci – wäre als Provokation empfunden worden. Die Bankiersfrau aus Zell am See bleibt auf ihrem Pfand sitzen und muss sogar das alte Schlossgemäuer oberhalb von Mittersill aus einer Versteigerung um 86.130 Schilling „herauskaufen".

Der adelige Kunstmaler Grundherr zu Altenhann und Weyerhaus hat auch bei einer Londoner Privatbank Kredite aufgenommen und leider auf die Rückzahlung vergessen. Auguste Karoline Lammer muss wieder einspringen, den Besitz des Kunstmalers kaufen und so wenigstens den Schein eigener Zahlungsfähigkeit wahren. De facto ist die Lammer-Bank schon 1930 pleite, doch die „Königin von Zell am See" gibt nicht auf. Sie beginnt ein Netzwerk umfangreicher Betrügereien und Unterschlagungen zu knüpfen. Einlagen ihrer Bankkunden werden veruntreut, um Zinsen und Kredite bedienen zu können. Lammer liefert Erlöse aus dem Verkauf von Fahrkarten und von Eintrittskarten für die Salzburger Festspiele nicht ab und unterschlägt Einlagen ihrer Kunden.

Vom wahren Ausmaß der Bank-Kalamitäten ahnt Georg von Trapp nichts. Er versucht seinem Schwager, der Teilhaber der Bank ist, zu helfen und deponiert sein gesamtes Barvermögen, das in London auf Bankkonten liegt, umgerechnet knapp 600.000 Schilling, bei der Lammer-Bank. Es ist keine gute Idee.

Im Mai 1933 verhängt Adolf Hitler die sogenannte „Tausend-Mark-Sperre" gegen Österreich. Mit dieser erpresserischen Maßnahme will Nazideutschland den „Bundesstaat Österreich" wirtschaftlich ruinieren und die Machtübernahme durch die Nationalsozialisten vorbereiten. Damit bricht der Fremdenverkehr im Westen Österreichs zusammen. Für die Wechselstube der Frau Lammer gibt es keine Geschäftsgrundlage mehr. Die Bank ist freilich schon seit Jahren in einer „Schieflage".

Die Bankchefin plant den ultimativen Ausweg aus dem Finanzdebakel. Sie schließt eine hohe Lebensversicherung ab und kündigt in einem Brief an ihren Sohn Alfred ihren Selbstmord an. Mit der Versicherungssumme soll die Bank – tatsächlich final – stabilisiert werden. Aber Frau Lammer legt doch nicht Hand an sich. Sie versucht eine außergerichtliche Liquidation und scheitert damit. Im November 1933 wird zunächst ein Ausgleichsverfahren über die Bank eröffnet und wenige Wochen später die Konzession zur Ausübung des Bankgewerbes entzogen.

Das Handelsgericht Salzburg bestellt einen Gläubigerrat zur Abwicklung des Ausgleichsverfahrens. Neben einem Sägewerksbesitzer sitzt auch Georg Ritter von Trapp in diesem Gremium. Bald wird den Herren klar, dass alle Vermögenswerte des Bankhauses A. Lammer & Co. mehrfach verpfändet sind und eigentlich nur ein Objekt zu Geld

Bankhaus Lammer in Konkurs.

Salzburg, 21. Februar. Vom hiesigen Landes- als Handelsgericht ist nunmehr das Konkursverfahren gegen das Bank- und Wechselgeschäft A. Lammer & Co., Kommanditgesellschaft in Zell am See, und gegen Frau Auguste Lammer als persönlich haftende Gesellschafterin der Firma eröffnet worden. Wie uns hiezu mitgeteilt wird, ist der Konkursantrag unvermeidlich geworden, nachdem die erste Ausgleichsquote (25 Prozent) nicht aufgebracht werden konnte. Die Verwertung der Aktiven bereitet Schwierigkeiten; für das vielgenannte wertvolle B i l d, das sich nach wie vor im Auslande befindet, liegen mehrere Angebote vor, die jedoch dem Werte nach zu gering sind, um den Verkauf des ziemlich belasteten Gemäldes möglich erscheinen zu lassen. Der Betrieb der Lammer-Bank ruht; im Sommer wurde unter persönlicher Mitwirkung von Frau Lammer lediglich das Verkehrsbüro offengehalten, das einigen Ertrag abwarf.

Vom Entgegenkommen der Gläubiger hängt es nun ab, ob der Konkurs vermieden und ein etwa 20-prozentiger P r i v a t a u s g l e i c h zustandegebracht werden kann. Es ist anzunehmen, daß er den Einlegern der Bank jedenfalls m e h r r e t t e n würde als der Konkurs, in welchem die Aussichten sehr ungünstig wären.

Eine Zeitungsmeldung mit fatalen Folgen: Mit dem Konkurs der Lammer-Bank verliert Georg von Trapp das ererbte Familienvermögen.

103

KAPITEL 7

gemacht werden kann: der „Leonardo". „Die Madonna vor dem Kastell" soll ein Wunder wirken – es bleibt aus. Zweifel an der Echtheit des Bildes verhindern eine Verwertung. So muss die Bank in Zell am See schließlich den Konkurs anmelden. Von den rund zwei Millionen Schilling Passiva des Geldinstituts entfällt fast ein Drittel auf den Maria-Theresien-Ritter. Mit dem Anruf erhält Trapp Gewissheit. Sein Geldvermögen ist verloren. Es ist der dritte schwere Verlust in seinem Leben, der dritte Bruch in seiner Biografie. Nachdem Krieg, Reich und Beruf verloren sind und seine erste Frau verstorben ist, verliert Georg von Trapp nun auch noch sein gesamtes Geldvermögen. Wie viel Verlust kann ein Mensch verkraften, ohne daran zu zerbrechen? Jedenfalls ist es jetzt die junge Frau an seiner Seite, die der Zukunft Richtung gibt.

Noch bleibt der Familie das Schlösschen in Salzburg-Aigen und ein Grundbesitz in der Nähe von München. Man muss sich auf ein bescheideneres Leben einstellen. Die zahlreichen Dienst- und Hausmädchen werden entlassen, von nun an müssen die Kinder, die längst herangewachsen sind, Aufgaben im Haushalt übernehmen. Sie tun es mit naiver Begeisterung.

„Wir haben unser Geld verloren. Jetzt können wir endlich selber machen!", hätten die Geschwister gerufen. So berichtet zumindest die Erinnerung von Maria Trapp.

Immerhin bleiben eine Wäscherin und der Hausmeister Hans im Dienst der Familie Trapp, die aus den nobleren Etagen in den dritten Stock übersiedelt. Die Zimmer des Dienstpersonals sind ja jetzt frei, die Familienwohnung soll vermietet werden. Als erste Gäste quartieren sich zwei Damen bei den Trapps ein, die – ein wenig exzentrisch für die Zeit – auf dem Fahrrad die alpinen Sensationen Salzburgs erkunden. Die Engländerin und ihre französische Begleiterin werden zahlende Gäste und später Freunde des Hauses.

Auguste Caroline Lammer trifft das Schicksal härter. Sie wird am 4. Mai 1935 verhaftet und in die Justizanstalt Salzburg überstellt. Der Kriminalfall Lammer erregt Aufsehen. Das Wiener *Kleine Blatt* berichtet schon wenige Tage nach der Verhaftung: „Eine aufsehenerregende Krida-Affäre beschäftigt gegenwärtig die Salzburger Behörden. Frau Lammer hat nicht weniger als zwei Millionen unterschlagen. Zumeist sind es Salzburger Kaufleute, Pensionisten, Beamte, die geschädigt wurden. Ein höherer Offizier, der in

Salzburg lebt, hat bei dem Zusammenbruch 600.000 Schilling eingebüßt. Frau Lammer war die ungekrönte Königin von Zell am See. Ihr Geschäft war von 6 Uhr bis 22 Uhr geöffnet und steckte ständig voller Kunden."

Im Prozess wird die Bankgründerin vom Wiener Rechtsanwalt Desider Friedmann vertreten. Friedmann ist der erste zionistische Präsident der großen Wiener Kultusgemeinde. Obwohl Friedmann als prominenter Anwalt beste Beziehungen zur damaligen Regierung des „Ständestaats" pflegt, kann er eine Verurteilung seiner Klientin nicht verhindern. Auguste Lammer wird wegen Veruntreuung und Betrug zu eineinhalb Jahren schweren Kerkers verurteilt. Sie wird in die Frauenstrafanstalt bei Wiener Neudorf eingeliefert. Das NS-freundliche *Salzburger Volksblatt* kommentiert die Verurteilung eher verständnisvoll für die Angeklagte und stellt Lammer als Opfer eines betrügerischen Kunsthändlers dar: „Frau Auguste Lammer, eine intelligente, optimistisch veranlagte Frau, der man Fleiß und Tüchtigkeit nachsagt, übrigens die einzige weibliche Bankinhaberin Österreichs, ist verurteilt worden. Man sagte von ihr, dass sie kein Wort zu viel und keines zu wenig spreche. Die Frauen fanden sie interessant, die Männer bewunderten sie heimlich. Im Hochgefühl bevorzugter Stellung und im Glauben an ihr Glück, ließ sich Frau Lammer zum Ankauf des Schlosses Mittersill verleiten, dessen Erhaltung große Summen verschlang."

Auch aus dem Gefängnis bemüht sich die ehemalige Bankiersfrau um den Verkauf ihres wertvollsten Pfandes. Sie klammert sich an die Hoffnung, mit dem Erlös des „Leonardo" könne sie die Bankschulden begleichen und das Verfahren neu aufrollen lassen. Doch alle Versuche scheitern. Weder wird die „Madonna" an den Vatikan verkauft, noch kommt der Erwerb durch ein geheimnisvolles Konsortium zustande, das den „Leonardo" dem faschistischen italienischen Diktator Mussolini schenken will. Auguste Lammer erkrankt im Frauengefängnis an Lungenentzündung und stirbt im Jänner 1937 im Wiener Allgemeinen Krankenhaus am „Lungenbrand".

Desider Friedmann erleidet ein dramatisches Schicksal. Er wird nach dem „Anschluss" Österreichs im März 1938 durch SS-Angehörige verhaftet und mit dem ersten sogenannten „Prominententransport" ins Konzentrationslager Dachau verschleppt. Der jüdische Rechtsanwalt wird schließlich 1944 in Auschwitz ermordet.

Millionenbetrug der „Königin" von Zell am See.

Salzburg, 9. Mai. Eine aufsehenerregende Kridaaffäre beschäftigt gegenwärtig die Salzburger Behörden. Im Mittelpunkt steht die im ganzen Lande bekannte Inhaberin des Bankgeschäftes Lammer u. Komp., Frau Auguste Lammer aus Zell am See, die wegen einer Millionenunterschlagung verhaftet wurde.

*

Diese polizeiliche Maßnahme, die vor allem in Zell am See, wo Frau Lammer ihr Geschäft hatte, riesiges Aufsehen hervorgerufen hatte, erfolgte im Zuge eines Kridaverfahrens, das gegen Frau Lammer anhängig ist. Ihre Firma ging vor etwa einem halben Jahre in Konkurs. Die Untersuchung der Umstände, die zu dem Zusammenbruch geführt haben, hat nun wahrhaft sensationelles Material zutage gefördert.

Frau Lammer hat nicht weniger als zwei Millionen unterschlagen. Zumeist sind es Salzburger Kaufleute, Pensionisten, Beamte, die geschädigt wurden. Ein höherer Offizier, der in Salzburg lebt, hat bei dem Zusammenbruch 600.000 Schilling eingebüßt.

Zu den Geschädigten gehört auch das Österreichische Verkehrsbüro und die Verwaltung der Schmittenhöhebahn, denen Frau Lammer die Einnahmen eines Monats unterschlagen hat.

Frau Lammer war die ungekrönte Königin von Zell am See.

Ihr Geschäft auf dem Hauptplatz, unterhalb des Hotels „Lebzelter", war von 6 Uhr bis 22 Uhr geöffnet und steckte ständig voller Kunden. Daß es trotzdem zu dem Zusammenbruch gekommen ist, liegt daran, daß Frau Lammer sich nur dem Reisebüro gewidmet hat, während sie das Bankgeschäft ganz vernachlässigte. Für einen sehr hohen Betrag erwarb Frau Lammer das Schloß Mitterfill bei Krimml, einen der luxuriösesten Herrensitze in Salzburg. Auch dieses Objekt warf keinerlei Ertrag ab.

Durch Zusammenbruch der Firma Lammer u. Komp. ist nun auch das **Geheimnis des Rembrandtbildes**, dessen Versteigerung vor wenigen Tagen in Wien großes Aufsehen erregt hat, gelöst. Das Bild stammt nämlich aus dem Besitz von Frau Auguste Lammer; sie hat für dieses ein Mehrfaches dessen bezahlt, was erlöst werden konnte.

Frau Lammer stand in Salzburg in so großem Ansehen, daß sie ihre Kreditoren ein Jahr lang über ihre wahre Vermögenslage täuschen konnte. Als die ersten Schwierigkeiten auftauchten, warb sie einfach **neue Einleger**. Ihre Abrechnungen mit dem Verkehrsbüro legte sie pünktlich bis zum Juli vorigen Jahres. Die Augustertägnisse lieferte sie nicht mehr ab, und die vom Verkehrsbüro eingeleitete Untersuchung brachte dann das finanziell ganz ausgehöhlte, nur noch künstlich aufrecht erhaltene Gebäude zum Einsturz.

Belagerung einer Gebirgshöhle.

Sofia, 9. Mai. Nach der Verfolgung der sechsköpfigen Kommunistenbande, die am Dienstag bei einer Schießerei im Dorf Emina einen Polizisten getötet und einen weiteren schwer verletzt hatte, gelang es der durch Militär verstärkten Gendarmerie, im Laufe des gestrigen Tages das Versteck der Bande im Balkangebirge ausfindig zu machen. Es war eine Höhle, zu der die Gendarmerie drei Ausgänge entdeckte, die sie bewachte. Den Kommunisten gelang es indessen, durch den vierten, von der Gendarmerie nicht besetzten Ausgang zu entkommen. Lediglich ein Kommunist, der bei der Schießerei verletzt worden war, gelangte nicht mehr ins Freie und verübte, um nicht festgenommen zu werden, **Selbstmord**. Obwohl Militär und Gendarmerie die Verfolgung sofort aufnahmen, konnten die Flüchtigen noch nicht festgenommen werden.

Das „Kleine Blatt" berichtet über den Kriminalfall Lammer. Die „ungekrönte Königin" von Zell am See soll zwei Millionen Schilling Kundeneinlagen unterschlagen haben.

Und der vermeintliche „Leonardo"? Konkursverwalter Dr. Czerny bemüht sich die kommenden Jahre, das Bildnis der Madonna doch noch zu verwerten. Ein geplanter Verkauf des Gemäldes in die Vereinigten Staaten im Jahre 1937 scheitert, da der potenzielle Käufer stirbt. Zahlreiche teure Gutachten werden angefertigt. Viele bestätigen die Echtheit und schreiben das Werk dem Meister aus Vinci zu. Das Gemälde wurde dann im Jahre 1939 vom Konkursverwalter nach Mailand für eine Leonardo-da-Vinci-Ausstellung eingereicht. Im zur Ausstellung erschienenen Standardwerk *Leonardo da Vinci* erscheint das Gemälde als Eigentum „Sammlung Maurer, München", die niemals existierte. Der Wiener Restaurator Robert Maurer war kunsthistorischer Berater Dr. Czernys, jedoch nicht Eigentümer der „Madonna".

Wegen Zweifeln an der Echtheit des Bildes, dessen Herkunft im Dunklen liegt, sollte das Gemälde im Ausstellungsraum für die Schüler des Leonardo da Vinci gezeigt werden. Der zu befürchtende Wertverlust veranlasste Konkursverwalter Czerny, das Gemälde aus Mailand zurückzuziehen und nach Zürich in ein Bankdepot zu bringen. Dem Kunstmarkt bleibt nicht verborgen, dass der Reichskanzler in ganz Europa nach außerordentlichen Werken für sein geplantes Kunstmuseum in Linz fahndet. Czerny bietet Hitler die „Madonna" zum Preis von einer Million Reichsmark an. Der in Eigeneinschätzung größte Kunstkenner des NS-Reiches verzichtet.

Im Kriegsjahr 1941 verkauft Czerny das rund 50 mal 40 Zentimeter große Bild dann doch ohne „Führerzuschlag" deutlich billiger für 150.000 Reichsmark an den Berliner Kunsthändler Conrad Reinemer, der seine Neuerwerbung schon ein paar Monate später auf der 478. Kunstauktion des Wiener Dorotheums für einen Schätzpreis von zweieinhalb Millionen Reichsmark (das Zehnfache des Kaufpreises) feilbietet. Der Rufpreis bleibt bei 550.000 Reichsmark. Einen Verkauf unter 800.000 Reichsmark hat der Einbringer vorsorglich verhindert.

Herr Reinemer gibt es kaum zwei Jahre später ebenfalls wesentlich billiger. Er verkauft die „Madonna", die vermutlich nicht vom Renaissance-Meister persönlich, sondern aus seiner Werkstatt stammt, um eine Viertelmillion Reichsmark an den „Sonderauftrag Linz". Das ist jene Organisation, die für den „Führer" und sein geplantes Linzer Kunstmuseum in ganz Europa Kunstwerke aufkauft (oder stehlen lässt). Kunsthändler Reinemer legt die Rechnung an Dr. Voss, den Direktor der Staatlichen Gemäldegalerie in Dresden, der von Adolf Hitler als Leiter des „Sonderauftrages Linz" eingesetzt ist. Die Zahlung des Betrages an Reinemer wird durch den Chef der Reichskanzlei selbst angewiesen. Damit hat der Berliner doch noch ein ganz gutes Geschäft gemacht.

Die Kriegswirren übersteht das Ölgemälde im Salzbergwerk von Altaussee, ehe es wie Zehntausende andere Kunstwerke von den amerikanischen Truppen „befreit" wird. Jahre später wird das Bild, das Auguste Lammers Schicksal war und das Georg von Trapp sein Vermögen gerettet hätte, der Bundesrepublik Deutschland übergeben. Derzeit ist die „Madonna vor dem Kastell" im Kölner Walraff-Richards-Museum als Leihgabe der des deutschen Staates gelagert.

Ein späterer Versuch Dr. Czernys, diesen Verkauf als verfolgungsbedingten Zwangsverkauf darzustellen und die Herausgabe des Gemäldes zu bewirken, bleibt ohne Erfolg. Auch Kunsthändler Reinemer will noch einmal an Frau Lammers „Madonna" verdienen. Er verkauft das Bild, das er gar nicht besitzt, an einen Münchner Händler, der es von der amerikanischen Sammelstelle zurückverlangt. Das Oberlandesgericht München entscheidet dann 1960 endgültig über den vermeintlichen „Leonardo", der heute im Depot des Kölner Museums lagert.

In jenem Jahr, in dem Georg von Trapp sein bei der Lammer-Bank angelegtes Vermögen verliert, ist auch ein positives Ereignis zu vermerken: Im Oktober erscheinen im Verlag Pustet seine Kriegserinnerungen *Bis zum letzten Flaggenschuß*. Das Buch ist um zehn Schilling zu erwerben (broschiert S 8,40 bzw. Reichsmark 4,70) und stößt auf reges Interesse. Die krisengebeutelten Bürger der ersten Republik werden gerne an Heldentaten aus vergangenen Tagen erinnert. Trapp macht also umfangreiche Lesereisen zur Propagierung seines Buches. So kann der vormalige Kapitän sein Werk am 7. Dezember 1935 in Innsbruck präsentieren. Im darauffolgenden Jahr spricht Georg von Trapp am 5. Dezember in Berndorf/NÖ und vier Tage später in Innsbruck. Auch im Radio ist der Autor präsent: Am 30. Mai 1936 erzählt er um 18.10 Uhr in der RAVAG: „Aus den Erinnerungen eines U-Boot-Kommandanten". Georg von Trapp bereist das ganze Land und hält Vorträge, die auch Werbung für sein Buch machen.

Eine zeitgenössische Werbung für eine Veranstaltung im Wiener Musikvereinssaal gibt Aufschluss über Trapps Vortragstätigkeit: „Korvettenkapitän Georg von Trapp (Salzburg), der bekannte österreichische U-Boot-Kommandant, spricht in einem Lichtbildervortrag ‚Bis zum letzten Flaggenschuß' über seine Kriegserlebnisse. Kapitän von Trapp befindet sich auf dem Rückweg von einer Vortragsreise durch Deutschland, auf der er viel Erfolg erntete. In Innsbruck ist er nicht nur durch sein spannend geschriebenes Buch ‚Bis zum letzten Flaggenschuß' bekannt, sondern auch durch einige Schülervorträge, in denen er sich unter den Jungen viele Freunde erwarb. In seinem Vortrag in der ‚Urania' wird Kapitän Trapp, der Inhaber des Maria-Theresien-Ordens, des Leopoldsordens, der Eisernen Krone, des Eisernen Kreuzes 1. und 2. Klasse und vieler anderer militärischer Auszeichnungen ist, außer über seine Kriegserlebnisse über die Bedeutung der ehemals k. u. k. Marine sprechen und ein umfangreiches, auch in den Schulen noch nicht gezeigtes Bildmaterial bringen."

Österreichs Seeheld, Korvettenkapitän d. R. *Georg Ritter von Trapp*, Kommandant der ruhmreichen Unterseeboote *U 5* und *U 14*, hält in ganz Österreich Vorträge über seine Kriegserlebnisse.
Lichtbild: Foto Preß, Wien.

Mit seinem Buch „Bis zum letzten Flaggenschuß" geht Georg von Trapp auf Vortragsreisen.

KAPITEL 8

Die Karriere des „Salzburger Familienchors Trapp" beginnt beim Gauwettsingen im „Gasthaus zum elektrischen Aufzug" am Mönchsberg.

8_Sieg im Gauwettsingen

Die Sangeskarriere des Trappchors beginnt im „Gasthaus zum elektrischen Aufzug"

Der neue Priester sieht recht jung aus, findet Agathe. Gustl hat gleich nach dem Aufstehen erklärt, dass ab heute für einige Zeit Doktor Wasner die Messe lesen wird. Der Theologieprofessor hat einen Vertreter geschickt. Der neue Priester hat blonde Haare und trägt eine runde, silberfarbige Brille. Momentan mustert er Johanna und Maria ungehalten, weil die beiden geflüstert haben. Ob er spürt, dass er selbst Thema des Gesprächs ist?

Endlich ist die Messe vorbei und es gibt Frühstück. Seit Gustl Zimmer an Professor Dillersberger und seine Theologiestudenten vermietet, muss man seinen Appetit zügeln, bis die religiösen Pflichten erledigt sind. Manchmal ist das gar nicht so leicht, aber da ist Gustl eisern: erst beten und singen, dann essen. Agathe seufzt. Mutter, wie sie angesprochen werden möchte, duldet keinen Widerspruch. Da ist auch Papa machtlos.

Während die junge Frau in ihre Marmeladesemmel beißt, wandert ihr Blick zu ihrer Stiefmutter. Kaum zu glauben, dass Gustl nur acht Jahre älter ist als sie selbst. Ihr dominantes Wesen und ihr Organisationstalent lassen sie viel älter wirken. Und sie hat im wahrsten Sinne des Wortes zwei Gesichter: Sie kann nett und lustig sein und im nächsten Moment einen entsetzlichen Wutanfall bekommen.

KAPITEL 8

> *Neben Gustl sitzt Franz Wasner. Er hat seine Semmel noch nicht angerührt und scheint ihr etwas zu erklären. Gustl schaut ihn geschmeichelt an und nickt.*
> *„Hört einmal her, Kinder. Doktor Wasner sagt, wir haben heute bei der Messe sehr schön gesungen. Er möchte euch ein paar Worte dazu sagen."*

Die älteste Trapp-Tochter erinnert sich in ihrem Buch daran, dass an diesem Tag ein gregorianischer Choral gesungen worden sei und dem neuen Priester ein Fehler aufgefallen sei. Damit habe seine familieninterne Position als Chorleiter begonnen.

Den „Kindern" ist die Einmischung von außen zumindest anfangs nicht besonders angenehm. „Der braucht uns gar nix sagen, wir singen eh' schön", war laut Johanna Trapp die Grundstimmung. Erst viel später habe man begriffen, was der Priester an gesanglicher Leistung aus ihnen herausgeholt habe.

Der Neffe des Priesters, Franz Wasner, teilt diese Einschätzung: Die Kinder hätten seinen Onkel eher als Fremdkörper empfunden. Sie hätten den Priester für streng und pingelig gehalten. Erst später sei ihnen bewusst geworden, dass er eine maßgebliche Rolle gespielt hat. „Hätte er sie nicht so weit gebracht, dass sie diese USA-Engagements bekommen haben, wäre es ihnen nicht gelungen, vor den Nazis wegzukommen."

Mit Franz Wasners Einzug wird das Regiment in der Trapp-Villa noch strenger. Für die mittlerweile erwachsenen bzw. jugendlichen „Kinder" gibt es zwei Instanzen: die launische, hochfahrende Gustl und in Bezug auf den Gesang bald auch Franz Wasner. Die „Kinder" sehen das durchaus mit gemischten Gefühlen. Tochter Johanna: „Also ich habe es als störend empfunden. Natürlich, er hat viel aus uns herausgeholt. Sehr gern haben wir ihn alle nicht gehabt."

Der erste Priester, der in der Villa Trapp als zahlender Gast einzieht, ist der Theologieprofessor Josef Georg Dillersberger (1897–1972). Der kaum vierzigjährige, in Kufstein geborene Geistliche unterrichtet an der Katholischen Universität in Salzburg. Er ist Bibelgelehrter, Domherr, Prälat und glühender Marienverehrer. Mit ihm kommen studentisches Leben ins große Haus und tiefe traditionelle Religiosität. Ein Erkerzimmer wird zur

Um 1910. Georg von Trapp. George Grantham Bain Collection (Library of Congress).

Der Geburtsort Georg von Trapps: die k. u. k. Garnisonstadt Zadar in Dalmatien. Fotochromdruck, um 1900.

Friedliches Küstenland: der Hafen von Zadar.
Fotochromdruck, um 1900.

Die Mole von Fiume. Die rasch wachsende Hafenstadt war nach dem Ausgleich
von 1867 Teil der ungarischen Reichshälfte. Fotochromdruck, um 1900.

Gepanzerte Präsenz an der Adria: k. u. k. Flotteneinheiten in Pola, dem Hauptkriegshafen der Habsburgermonarchie.

Die Versenkung des Panzerkreuzers „Léon Gambetta" macht 1915 internationale Schlagzeilen.

Der Fjord von Kotor (ital. Cattaro) ist ein ideal geschützter Hafen für die k. u . k. Kriegsmarine in der Adria.

Der größte und modernste Frachter der Welt: Die italienische „SS Milazzo" wird von U-14 unter dem Kommando von Kapitän Trapp am 29. August 1917 versenkt.

Bild aus glücklichen Tagen: Die sieben Kinder des Ehepaars Trapp-Whitehead vor der Übersiedlung ins Martinschlössel nach Klosterneuburg. Die Buben, Werner und Rupert, im Matrosenanzug.

*Das Grabmal von Agathe von Trapp, geb. Whitehead,
am Klosterneuburger Friedhof St. Martin.*

Konzertankündigung für den „Salzburger Kammerchor Trapp" im August 1937. Die Familie trat erst nach dem Krieg offiziell im Programm der Salzburger Festspiele auf.

An Bord der norwegischen „S.S. Bergensfjord" verlassen die Trapps 1939 das in Brand gesteckte Europa.

*Die „Border Crossing Card"
von Prälat Franz Wasner.*

S.S. BERGENSFJORD
DEN NORSKE AMERIKALINJE

Maria Augusta von Trapp stellt den Antrag auf Einbürgerung.
Als Berufsbezeichnung gibt sie „Sängerin" an.

Chorleiter Franz Wasner wird von der US-Einreisebehörde als „Alien" registriert, der Fingerabdruck ist Pflicht. Körpergröße: 173 Zentimeter, Haarfarbe: braun, Körpergewicht: 72 Kilogramm.

Die Einreiseerlaubnis in die USA vom 16. Oktober 1939, ausgestellt nach einer mehrtägigen Internierung auf „Ellis Island".

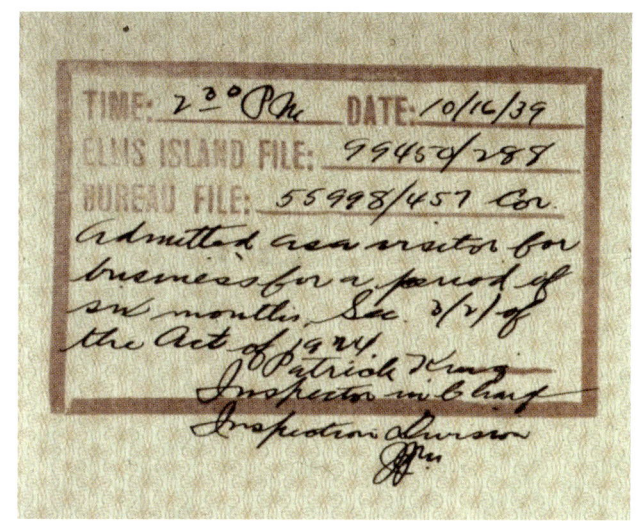

Die Weihnachtskonzerte der Familie Trapp werden in den USA zur beliebten Tradition. Den Stern an der Spitze des Christbaums bringt immer der „Kapitän" an.

The „Trapp Family Singers" in Europa: Der Chor singt 1950 in der Londoner Royal Albert Hall vor Tausenden von Fans.

Kapelle umgewandelt. Eine Fensternische wird zum Altar. Die Pfarre Aigen hilft mit liturgischen Gewändern und Gerätschaften aus. Jeden Tag wird in der „Villa Trapp" die Messe gelesen. Dem Professor der Theologischen Fakultät folgen Theologiestudenten in die Villa Trapp. Intellektuelles Leben durchbricht den lange abgeschottet gewesenen Familienkreis. Es ist etwas los in der abgelegenen Villa Trapp. Maria von Trapp knüpft an ihre Jugend im Kreis der katholischen Jugendbewegung „Bund Neuland" an. Diese 1921 aus dem „Christlich-deutschen Studentenbund" hervorgegangene Bewegung versuchte mit einem neuen pädagogischen Konzept einer „ganzheitlichen Erziehung" in Unterricht und Freizeit, gediegener Wissensvermittlung und einer Förderung des Gemeinschaftslebens christliche Werthaltungen als Lebensorientierung zu vermitteln. Junge Lehrerinnen gründen in Wien die auch heute noch bestehenden „Neulandschulen", die sich als fortschrittliche katholische Schulen von den traditionellen „Klosterschulen" abheben und eine christliche Antwort auf die sozialistischen Schulreformen der Zwanzigerjahre geben wollen. Das gemeinsame Wandern und Singen in der Natur soll die musischen Fähigkeiten wecken und ist als Kontrapunkt zu den paramilitärischen Formationen des sozialistischen Schutzbundes und der faschistischen Heimwehren gedacht. Maria Augusta erlebt in der Gemeinschaft der „Neuländer" ihre glücklichsten Jugendjahre. Ihre Stieftochter Agathe: „Sie wanderten durch die heimatlichen Berge, sammelten und schrieben alte Volkslieder auf, brachten Texte und Noten zu Papier und veröffentlichten Liederbücher der Neuland-Bewegung." Der Salzburger Historiker Ernst Hanisch sieht die Neuland-Bewegung als Teil des rechten deutschnationalen Randes des österreichischen politischen Katholizismus. „Da herrschte eine Mischung aus Wandervogel-Ideologie, einer diffusen Aufbruchsstimmung, gepaart mit Deutschtümelei und antisemitischen Vorstellungen sowie einer klaren Frontstellung gegenüber Liberalismus, Marxismus, und allen kulturellen Einflüssen der Moderne, die man sich als den Katholizismus zersetzend vorstellte." Trotz der Nähe zu deutschnationalem Gedankengut war es der „Bund Neuland", der als erster Verein die Unvereinbarkeit von nationalsozialistischer Ideologie und der Mitgliedschaft bei „Neuland" in die Vereinsstatuten schrieb. Mit der Annexion Österreichs im März 1938 musste sich der „Bund Neuland" auflösen.

KAPITEL 8

Viele Persönlichkeiten aus diesem Verein haben das kulturelle und geistliche Leben in Österreich nach dem Zweiten Weltkrieg mitgeprägt, so beispielsweise Kardinal Franz König, der langjährige Chefredakteur und Herausgeber der konservativen Tageszeitung *Die Presse*, Otto Schulmeister, die christlichsozialen Politiker Felix Hurdes und Lois Weinberger und der Salzburger Landeshauptmann Hans Lechner. „Neuländer" wie Monsignore Otto Mauer spielten in den Nachkriegsjahren eine wesentliche Rolle bei der kulturpolitischen Neuorientierung der Kirche in Sachen moderner Kunst und Architektur. Otto Mauer gründete die „Galerie nächst St. Stephan" und förderte buchstäblich im Schatten des Domes die Avantgardekunst der Nachkriegszeit. Maria Kutschera, die spätere Frau Trapp, war eine „Neuländerin". Sie bringt die Tradition des gemeinsamen Singens, des Musizierens, die starke katholisch-konservative Prägung und die religiös bestimmte Ablehnung der Nazi-Ideologie in die Salzburger Familie ein. Professor Dillersberger schreibt in der relativen Ruhe der Parkvilla an seinem Buch *Der neue Gott. Ein biblisch-theologischer Versuch über den Epheserbrief* und arbeitet an einer neuen Übersetzung der Evangelien. Gräfin Irene Amy Dubsky kommentiert die Arbeit des Theologen ein wenig distanziert: „Dillersberger hat sich in seinen Kommentaren zu Markus und Lukas trotz aller Härten der wörtlichen Übersetzung befleißigt, die manchmal zu wörtlich ist. Darüber hinaus bringt er einige sehr wertvolle Bemerkungen."

Der Verleger Otto Müller (1901–1956) wird zum regelmäßigen Gast. Er besucht seinen Autor Dillersberger und genießt die Atmosphäre der gastfreundlichen Familie. Der Grazer war 1930 im Auftrag des Styria Verlags nach Salzburg gekommen, um den Verlag Anton Pustet zu leiten, der damals zur Styria gehörte. Er baut den Verlag aus und stellt das Programm auf kulturell anspruchsvolle Titel um. Ein Jahr vor dem sogenannten „Anschluss" Österreichs an Hitlerdeutschland gründet Müller in Salzburg seinen eigenen Verlag. Auch nach dem Einmarsch der Deutschen und dem Ende eines unabhängigen Österreichs durfte der Verleger weiterarbeiten. Bis Ende 1939 druckte Otto Müller etwa fünfzig Werke, darunter auch Bücher des 1914 verstorbenen Georg Trakl. Das Verlagsprogramm war stark christlich-religiös geprägt und geriet so unvermeidlich ins Fadenkreuz der NS-Ideologen. Im Dezember 1939 schlug die Geheime Staatspolizei zu und verhaftete Müller unter dem Vorwand des „Handels mit verbotenen Druckschriften". Mit dem Ausschluss aus der NS-Reichsschrifttumskammer erhielt er nur Monate später Berufsverbot. Eine der verbotenen Druckschriften war Dillersbergers Buch über das Lukas-Evangelium. Das Bekenntnisbuch eines gläubigen Theologen wurde den Nazis zum Ärgernis, 1939 verbot die Reichsschrifttumskammer die weitere Herausgabe dieses „Juden verherrlichenden Machwerks".

Zu Ostern 1935 reist Professor Dillersberger nach Rom, nicht ohne seine Vertretung zu organisieren. Ein junger Priester zieht in die Villa Trapp ein: Monsignore Franz Wasner. Seit Jahren schon ist Dillersberger mit Franz Wasner aufs engste befreundet. Die beiden Priester korrespondieren auch während Wasners Abwesenheit. Der junge Theologiestudent wirkt an der „Anima" in Rom im Schatten des Petersdoms im Vatikan. Dillersberger schreibt an seinen „lieben römischen Bruder": „Seit Du in Rom bist, bin ich derart von Neid und Eifersucht heimgesucht, dass ich die ärgsten christlichen Liebestitel aufbieten muss, um diesen Gefühlen Herr zu werden. Ich bin direkt getröstet, dass ein mir so eng verbundener Mensch wieder in Rom ist. Ich erkläre Dich feierlich zu meinem besseren Selbst!"

Mit Franz Wasner und seiner musikalischen Professionalität beginnt ein neues Kapitel der singenden Familie. Wasner erkennt das Potenzial der

Mit Gästen im Park der Villa Trapp. In der Mitte vorne sitzend Otto Müller, der Verlagsleiter des damals zur Styria gehörenden Verlags Anton Pustet, links von ihm der Dominikanerpater Heinrich Christmann, Herausgeber der deutsch-lateinischen Thomas-Ausgabe.

KAPITEL 8

Stimmen und beginnt mit der Familie zu üben und zu arbeiten. „Hübsch singen" ist dem Musikkenner zu wenig. Es ist die Geburtsstunde des „Salzburger Kammerchor Trapp". Mit der Zeit wird sich herausstellen, dass der Priester hohe Anforderungen hat. Sein Neffe weiß, dass Wasner von den Trapps verlangte, dass sie sämtliche Lieder auswendig und nicht vom Blatt sangen. Bei einem Repertoire von rund 200 Liedern in einem guten Dutzend verschiedener Sprachen kam da einiges zusammen.

Im Sommer 1935 kommt „Doktor Wasner" – wie Augusta von Trapp den Priester nennt – jeden Tag und „trainiert" seinen Familienchor. „Diese Monate gehörten zu unseren schönsten Erinnerungen. Wir waren verliebt in die Musik. Damals sangen wir, weil wir singen mussten, nichts konnte uns davon abhalten. Wir brauchten keine Zuhörer. Wir wollten auch gar keine, sie hätten uns nur gestört ... Damals hat es uns nichts ausgemacht sechs Stunden lang zu singen. Wir waren berauscht von dem Wunder der Musik."

Und dann beginnt die Legendenbildung. Obwohl der Trapp-Chor schon seit Jahren öffentlich auftritt, verschiebt Maria Augusta die Geburtsstunde des „Kammerchors Trapp" in den August 1936. In ihren Sonntagskleidern will die Familie im großen Park der Villa gesessen sein, versteckt „hinter einer Schutzwand unserer Tannen". Und dann: Auftritt von Lotte Lehmann. Sie klatscht begeisterten Applaus, als die letzten Töne des englischen Liedes „The Silver Swan" von Orlando Gibbons – *Farewell all joys, O death come close eyes. More geese than swans now live, more fools than wise* – verhallt sind. Die große Opern-Diva hat sich höchstpersönlich auf Quartiersuche nach Aigen bemüht und dabei die Familie beim Musizieren belauscht. „Kinder, Kinder, dieses köstliche Talent dürft ihr nicht für euch allein behalten. Ihr müsst Konzerte geben. Ihr müsst das den Leuten darbringen, hinaus in die Welt gehen, nach Amerika!" Damit ist die Zukunft schon prophezeit.

Soweit Maria von Trapps nicht immer präzise Erinnerungen. Tatsächlich hat Lotte Lehmann den Trapp'schen Gesang vernommen, allerdings schon zwei Jahre früher – also im Sommer 1934. Wie die amerikanische Zeitung *The Gallup Independent* am 23. Oktober 1942 berichtet, erinnert sich der Kapitän mit folgenden Worten an das Treffen: „Wir waren über das ehrliche Interesse erstaunt. Sie sagte, wir seien große Künstler, die die Welt hören sollte. Ich dachte, sie macht einen Scherz."

Laut der „Baronin" überredet der fürsorgliche Opernstar, Lotte Lehmann, die Trapps, bei einem Chorwettbewerb der Festspiele mitzumachen, ja meldet sie für den nächsten Tag gleich selbst an. Frau Lehmann ist Dauergast bei den Salzburger Festspielen. Mehr als ein Jahrzehnt singt sie die Eleonore in Beethovens *Fidelio*. Ihre Fürsprache hat Gewicht. Und dann „stolpern wir auf die Bühne, traten allen Leuten auf die Füße, abwechselnd errötend und erblassend, mit einem Knödel im Hals und wilder Angst im Herzen." So schreibt es Gustl nach der Emigration und nach einer beeindruckenden internationalen Karriere in ihrer Autobiografie *The Story of the Trapp Family Singers*. Das Buch erscheint 1949 in einem New Yorker Verlag, ehe es drei Jahre später in der deutschen Fassung im Wiener Wilhelm Frick Verlag gedruckt wird.

Unterstützt den Aufstieg der Trapp-Familie: Die Sängerin Lotte Lehmann ist in den 1930er-Jahren der Star der Salzburger Festspiele. Sie singt die Eleonore in Beethovens „Fidelio".

Maria Augusta inszeniert ihre Geschichte ein wenig spektakulärer. Die autobiografischen Erzählungen von Maria Augusta Trapp sind auch Teil ihrer Marketingstrategie und entsprechen nicht immer ganz der Wirklichkeit. Denn es braucht keinen gefeierten Opernstar, der eine fröhliche Kinderschar im Park der Villa im Salzburger Vorort Aigen beim Singen belauscht und deren Talent entdeckt. Der Lotte Lehmann zugeschriebene Satz: „Kinder, Ihr habt Gold in euren Kehlen", mag ja tatsächlich gefallen sein, als Ouvertüre für eine große Karriere taugt er nicht. Und der Widerstand des *pater familias* gegen die Sangeskarriere seiner zweiten Frau mag auch ein wenig inszeniert sein. Die Familie eines österreichischen Freiherren und ehemaligen kaiserlichen Marineoffiziers auf einer Bühne, das geht ja angeblich gar nicht. Dabei hat Georg von Trapp schon beim Zusammenspiel mit der Familie die erste Geige gespielt, ein Instrument, das er in der Kadettenschule von Pula gelernt hat. Am 29. November 1935 überträgt die RAVAG um 17.30 Uhr „Lieder vergangener Zeiten". Trapp spielt die 1. Violine. Martina von Trapp 2. Violine.

Schon mehr als ein Jahr früher, am 1. und 2. September 1934, betritt die singende Familie eine Bühne beim „Volkslieder-Wettsingen zu Salzburg" des Landesverbandes der Trachtenvereine. Dreißig andere Gruppen beteiligen sich in unterschiedlichen Kategorien am Sängerstreit. Der Rahmen am Mönchsberg ist durchaus volkstümlich, der Eintritt für die über mehrere Tage anberaumte Veranstaltung mit einem Schilling sehr günstig bemessen. Dabei ist auch noch eine Ermäßigung für den „elektrischen Aufzug" eingeschlossen.

Das Wettsingen findet nicht im elitären Rahmen der Salzburger Festspiele statt, wie es Maria Augusta von Trapp in ihren Lebenserinnerungen beschreibt, sondern in der „Restauration zum elektrischen Aufzug" am Mönchsberg. Und der Familienchor wird auch keineswegs ohne eigenes Zutun von Lotte Lehmann zum Sängerfest angemeldet. Im offiziellen Programm der Salzburger Festspiele findet sich kein Chorwettbewerb und auf der *Jedermann*-Bühne vor dem Salzburger Dom werden die Trapps erst zwei Jahrzehnte später singen.

Im September 1934 unterziehen sich die Trapps einer Vorauswahl fürs „Gausingen". Ehe der Familienchor zum eigentlichen Wettstreit zugelassen wird, müssen sie vor dem Tisch eines „gestrengen Preisrichterkollegiums" ihre Sangeskunst beweisen. Der Familienchor besteht die Prüfung und darf am Sonntag, den 2. September 1934, neuerlich im überfüllten Saal des Ausflugswirtshauses gegen die Konkurrenz antreten.

Die *Österreichische Gebirgs- und Volkstrachten-Zeitung* widmet diesem Ereignis bestimmungsgemäß breiten Raum. Rund zwei Dutzend Sänger, Jodler und Schuhplattler – „zum Teil in sehr guter stimmlicher Durchbildung und oft trefflicher Wahl des Liedes" – stellen sich dem Urteil der Jury und des Publikums. Das *Salzburger Volksblatt* berichtet am 4. September über das Ergebnis des künstlerischen Wettbewerbs. In der Wertungsgruppe Sologesang ging der erste Preis an Vroni Gmachl aus Itzling, während „im Mehrgesang der Sängergruppe der Familie Baron v. Trapp in Aigen die Siegespalme zufiel". Die „Trapp-Familie" gewinnt den vaterländischen

Volkssängerwettbewerb in der Kategorie „Mehrgesang" mit geistlichen Chorälen und erhält ein Diplom vom Festspielleiter. So weit die belegten Fakten. Im „Zweigesang" siegen beim selben Wettbewerb die „Sonntagskogler". Ihnen und allen anderen Teilnehmern des Wettbewerbs bleibt späterer Weltruhm verwehrt.

Der erfolgreiche Familienchor mit dem adeligen U-Boot-Offizier als „non-singing Captain" erlangt in Salzburg bald eine gewisse lokale Prominenz und wird zu einem Auftritt im Rundfunk eingeladen.

Der Sender strahlt seit Ende 1930 vom Wasserturm am Mönchsberg mitten in der Stadt Salzburg auf der Frequenz von 1373 kHz sein Programm aus. „Bitte seien sie am Samstag um vier Uhr am Mönchsberg", will sich Maria Augusta an den Anruf des Salzburger Radiodirektors erinnern. Sie irrt sich damit zumindest im Tag, auch die Zweifel ihres Ehegatten, ob die Familie tatsächlich öffentlich auftreten solle, sind nicht sehr fundiert. Der „Salzburger Familienchor" unter der musikalischen Leitung des Theologen Franz Wasner tritt schon 1935 immer wieder vor Publikum auf. Belegt ist etwa der Radioauftritt am Freitag, den 6. Dezember 1935. Der Chor ist pünktlich im Studio von „Radio Salzburg" am Mönchsberg erschienen und singt „Lieder aus vergangenen Zeiten", darunter geistliche Motetten von Palestrina, Lasso und Vittoria. Der zweite – wahrscheinlich deutlich populärere – Teil des Programms ist heimatlichen Volksliedern und Jodlern gewidmet. Georg Ritter von Trapp spielt dabei keineswegs eine Nebenrolle. Das Programm nennt den Ex-Kapitän als „1. Violine", seine junge Ehefrau Maria spielt die „Viola", Tochter Martina „2. Violine" und Rupert Violoncello. Das Konzert aus Salzburg wird in der RAVAG um 17.30 Uhr übertragen. Im unmittelba-

Das Programm für den Auftritt in „Radio Wien", die Jodler waren Zugabe.

ren Anschluss ans vierzigminütige Konzert des „Salzburger Kammerchors" überträgt die staatliche Rundfunkanstalt eine Rede von Bundeskanzler Kurt von Schuschnigg zum Thema „Der Berufsstand und seine sozialen Pflichten". Es ist möglich, aber eher nicht wahrscheinlich, dass bei dieser Gelegenheit der Regierungschef in Wien auf die musikalische Salzburger Familie aufmerksam wird. Laut Maria Trapp setzt sich der Bundeskanzler noch während der Radio-Gesangsstunde an seinen Schreibtisch und schreibt einen Brief an Georg von Trapp. Zumindest dieser zeitliche Ablauf ist Legende. Denn Kurt von Schuschnigg muss selbst öffentlich auftreten, ist zu diesem Zeitpunkt nicht im Kanzleramt am Ballhausplatz. Immerhin stimmt: Der letzte Regierungschef des autoritären „Ständestaats" ist Opernliebhaber und Musikkenner. Ihm gefällt, wie und was die Salzburger Familie singt. Er holt über seinen Sekretär Erkundigungen ein. Dass der Familienvater ein katholisch-konservativer ehemaliger k. u. k. Offizier ist, passt für Schuschnigg in seine „Österreich-Ideologie". Der Bundeskanzler ist bekennender Legitimist und ebenfalls ein Weltkriegsveteran. Die singende Großfamilie mit tiefen Wurzeln in der Habsburgermonarchie passt wunderbar ins Propagandabild des „christlichen" Ständestaats. Die Szene wird im ersten Film *Die Trapp-Familie – vom Kloster zum Welterfolg* detailgetreu nachgespielt, oder umgekehrt: Vielleicht wandelt sich die Filmszene zur nachträglichen historischen „Wahrheit".

Im Film und in Maria Augustas Memoiren schreibt der Bundeskanzler jedenfalls an Georg Ritter von Trapp. Er lädt die Familie zu einem Staatsempfang ins Schloss Belvedere nach Wien. Es ist der erste Empfang fürs diplomatische Korps, den Schuschnigg nach Monaten der Trauer gibt. Der Familienchor will – laut Biografie – dort gemeinsam mit den Wiener Philharmonikern und den Sängerknaben aufgetreten sein. In den Archiven der beiden Institutionen lässt sich kein Hinweis auf ein Galakonzert bei einem Regierungsempfang finden. Die Philharmoniker dokumentieren penibel alle Auftritte, selbst von Teilen des Orchesters. Zeitungsberichte über diesen Auftritt fehlen leider. Das ist umso erstaunlicher, da die unter Regierungsaufsicht stehende österreichische Presse in jener Zeit über jedes – auch noch so unbedeutende – Auftreten des Kanzlers und „Frontführers" berichten (muss).

Schuschniggs Frau Herma kam am 13. Juli 1935 bei einem Verkehrsunfall auf dem Weg nach St. Gilgen auf der Bundesstraße 1 bei Linz-Ebelsberg ums Leben. Um 9.30 Uhr waren der Bundeskanzler, seine Frau und der neunjährige Sohn Kurt an einem heißen Sommertag von Wien aus in die Sommerfrische aufgebrochen. In der Limousine saßen außerdem das Kindermädchen und ein Sicherheitsbeamter. Gelenkt wurde sie von einem Chauffeur. Zu Mittag passiert das Unglück. Der Wagen prallt mit rund 80 Stundenkilometern gegen einen Birnbaum. Der Kanzler und seine Frau werden aus dem schweren Gräf & Stift-Dienstwagen geschleudert. Während Kurt Schuschnigg mit einem Bruch der Schulter vergleichsweise glimpflich davon kommt, stirbt Herma von Schuschnigg an einem Genickbruch. Sohn Kurt erleidet einen Beinbruch.

Der ehemalige Rechtsanwalt Schuschnigg ist seit Juni 1934 Bundeskanzler der Alpenrepublik. Sein Vorgänger Engelbert Dollfuß war am 4. Juli 1934 im Wiener Kanzleramt am Ballhausplatz von nationalsozialistischen Putschisten mit zwei Pistolenschüssen niedergestreckt worden. Die ins Kanzleramt eingedrungenen NS-Putschisten verweigerten dem Sterbenden ärztliche Hilfe und geistlichen Beistand. Der Regierungschef verblutete auf einer Sitzbank vor seinem Büro. Es ist das Fanal für einen Putschversuch der Nazis. Die verbotenen Nationalsozialisten versuchen die Regierung zu stürzen und Österreich mit Hitlerdeutschland gleichzuschalten.

Nach heftigen Kämpfen mit der Polizei und dem Bundesheer wird der nationalsozialistische Aufstand niedergeschlagen. Auf beiden Seiten gibt es Dutzende Tote. 1934 ist ein Jahr mit zwei Putschversuchen. Im Februar hat die autoritäre Regierung einen Aufstand des sozialdemokratischen „Schutzbundes" niedergeschlagen.

Es sind politisch höchst unruhige und gewalttätige Tage. Die musikalische Sehnsucht nach „Liedern aus vergangenen Zeiten" kommt den kulturpolitischen Interessen der katholischen Kanzlerdiktatur gerade recht. Der konservative Politiker Kurt von Schuschnigg übernimmt die autoritären Strukturen seines Vorgängers Engelbert Dollfuß und versucht Österreich in einem engen Bündnis mit dem faschistischen Italien vor dem Zugriff Hitlers zu bewahren. Im Juli 1934 hat Italiens faschistischer „Duce" Benito Mussolini den Aufmarsch von drei italienischen Divisionen am Brenner befohlen. Er setzte damit ein starkes militärisches Zeichen und verhinder-

KAPITEL 8

te so eine direkte Machtübernahme der Nazis in Österreich. Noch sind Hitler und Mussolini Rivalen um die Macht in Mitteleuropa.

Die christlich-konservative Republik Österreich kämpft seit Hitlers Machtübernahme in Berlin einen aussichtslosen Kampf um seine staatliche Unabhängigkeit. Vom „Reich" werden die illegalen Nationalsozialisten mit Geld, Ideologie und der logistischen Abwicklung von Terroraktionen unterstützt. Das Scheitern des eher dilettantisch angelegten Putsches im Sommer 1934 ist für Hitler eine Niederlage, mehr noch, eine Peinlichkeit.

Auf die Verhaftungen von Nationalsozialisten und die Repressionen gegen die illegalen Nazis reagiert das Deutsche Reich mit wirtschaftlichem Druck. Hitler verhängt die sogenannte „Tausend-Mark-Sperre". Bei der Einreise nach Österreich müssen deutsche Staatsbürger eine Ausreisesteuer von tausend Reichsmark – das wären heute umgerechnet mehr als viertausend Euro – bezahlen. Damit will die Berliner Reichsregierung den Tourismus in Österreich abwürgen. Mit einem Schlag bleibt das deutsche Publikum aus. Österreichs Fremdenverkehrswirtschaft steht vor dem Zusammenbruch. Die ohnehin schlechte Wirtschaftslage der Alpenrepublik wird weiter verschärft.

Doch der Regierung in Wien gelingt es in erstaunlich kurzer Zeit, den Boykott aus Berlin zu unterlaufen. Der Inlandstourismus wird massiv beworben und statt der deutschen Gäste kommt jetzt internationales Publikum in die Salzach-Stadt. Unerwartet umgibt das von Clemens Holzmeister gerade eben erst gebaute neue Festspielhaus wirklich kosmopolitisches Flair. Hollywoodstars wie Grace Moore tragen Tiroler Hüte und posieren für die internationale Presse im Dirndl vor dem Hôtel de l'Europe. Auch Marlene Dietrich kommt 1937 nach Salzburg.

Bereits im Jahr 1936 ist die singende Kapitänsfamilie gut „gebucht": Am 22. Jänner 1936 singt die Trapp-Familie in der Wiener Urania „Lieder aus vergangenen Zeiten und Jodler". Das *Neue Wiener Tagblatt* vom 29. Jänner 1936 berichtet: „Die Salzburger Sängerfamilie von Trapp brachte neulich in der Urania unter der Leitung von Franz Wasner alte Lieder und Jodler zu Gehör. Nicht allein der Wohlklang der einzelnen Stimmen oder techni-

Deutsch, aber nicht nationalsozialistisch: Die Trapp-Familie passt perfekt ins →
Klischee der „Österreich-Ideologie" des autoritären „Ständestaates".

Kammerkunst Mozarteum

Lichter Sonntag

208. Abend 5. April 1936 8ʰ abends

Von deutschem Wesen und deutscher Scholle

Vortragsfolge:

Jagdfanfaren:

Jagdanblasen von Josef Schantl / Franz Graf v. Meran-Fanfare von Karl Stiegler / Weidmannslied (Wiener Jagdklub-Fanfare) von F. J. Liftl / Bergland-Fanfare von Karl Stiegler.

Volks- und Jagdlieder:

Franz Doppler: Abendläuten, Idylle / Anton Wunderer: Des Jägers Wanderliedchen / Franz Abt: Waldandacht / Jagdabblasen: Fanfare von Josef Schantl. — Waldhornchor des Mozarteums: Leitung Franz Koch.

Madrigale:

Adam Gumpelzhaimer: Lobt Gott getrost mit Singen / Ludwig Senfl: Laub, Gras und Blüt... Es jagt ein Jäger geschwinde / Altes Tanzlied: Nun strahlt der Mai den Herzen / Heinrich Isaak: Mein Freud allein / Paul Hofhaimer: Meins Traurens ist... / J. S. Bach: Dir, dir Jehova.

Madrigalchor: Martina, Johanna, Maria, Agathe, Hedwig, Maria Augusta, Werner und Rupert Trapp — Leitung: Dr. Franz Wasner.

Erde, wir lassen dich nicht...

Dichtungen von Hans Deissinger, gesprochen von Otto Essan.

Pause

„Waldland"

Sechs Gedichte aus „Weg und Wirrnis" von Wilhelm Franke (Krystall-Verlag), vertont für eine Männerstimme, Violine, Viola, Violoncello, Flöte, Horn, Harmonika, Becken und Klavier von Franz Ledwinka (Uraufführung).

Vorspiel / Waldviertel / Kinder im Frühling / Bauern / Wolkenschwerer Abend / Herbstliche Wanderung / Winter im Dorf.

Hugo Lindinger (Gesang), Josef Schmalwieser (Violine), Max Lallinger (Viola), Georg Weigl (Violoncello), Dr. Felix Pogrzebacz (Flöte), Franz Koch (Horn), Rudolf Hannabach (Harmonika), Richard Dorn (Becken), Franz Ledwinka (Klavier).

Wortlaut der Gesänge umseitig!

schen Schulung macht diese Sängertruppe zu einem virilen Klangkörper, sondern ihr Erfolg beruht auf der überaus starken Musikalität, die den einzelnen Familienmitgliedern angeboren zu sein scheint."

Am 9. Februar 1936 singen die Trapps im Kindergarten von Parsch anlässlich der Generalversammlung der Katholischen Frauenorganisation „ernste und heitere Lieder". Das *Salzburger Volksblatt* schwärmt am 2. März 1936: „Der Trappsche Familienchor, eine Salzburger Gründung, hat in Wien in mehreren Konzerten große Erfolge errungen. Der Chor besteht aus der Gattin des Korvettenkapitäns Georg von Trapp und sieben seiner Kinder, darunter fünf Mädchen. Einem Wiener Berichte ist zu entnehmen: Die Mitglieder des Chores tragen die Salzburger Tracht. Der Chor singt Lieder aus alter Zeit und Jodler. Noten werden hierzu nicht benützt, der Chor singt frei aus dem Gedächtnis. Unter den Gesängen sind kanonmäßige, choralartige Weisen, sowie lustige und naive Lieder. Der Bericht betont die Übereinstimmung in Wollen und Fühlen, im Klang und im Ausdruck des Chores."

Der Salzburger Familienchor erregt die professionelle Aufmerksamkeit eines musikalischen Talente-Scouts. Nelly Walter (1901–2001) ist Berlinerin und hat nach Hitlers Machtübernahme in Deutschland das Land verlassen müssen. Als Jüdin konnte sie ihren Geschäften unter der NS-Kulturpolitik nicht mehr nachgehen. Viele ihrer Klienten haben aus rassischen Gründen im Deutschen Reich Auftrittsverbot bekommen.

Nelly Walter geht 1933 – wie viele andere rassisch verfolgte Künstlerinnen und Künstler – zunächst ins deutschsprachige Wien und hört den Familienchor im Herbst 1936. Trotz der ländlichen Kostümierung singt der Chor keineswegs nur alpenländische Volkslieder, sondern vor allem komplexe vielstimmige Lieder mit geistlichem Hintergrund. Nelly Walter ist beeindruckt. Sie will die „von Trapps" ins internationale Musikgeschäft bringen. Da schickt es sich gut, dass Francis Charles Coppicus nach Wien kommt. Der ehemalige Generalsekretär der Metropolitan Opera in New York hat Stimmen wie die von Enrico Caruso, Fjodor Schaljapin oder Lotte Lehmann jenseits des Atlantiks berühmt gemacht. Schon während des Ersten Weltkriegs gründet der gebürtige Deutsche Coppicus das Metropolitan Music Bureau, das 1930 mit fünf anderen Agenturen zum Columbia Artists Management verschmilzt. Coppicus ist eine Größe im Musikgeschäft. Nelly Walter bittet ihn um einen Gefallen. Er möge sich einen originellen Familienchor anhören, auch die Opern-Diva Lotte Lehmann singt ein Loblied auf ihre Vermieter. Die Trapps reisen aus Salzburg an, ein kleiner Konzertsaal wird von Nelly Walters gemietet. Dort singt die Familie vor dem Deutschamerikaner und überzeugt ihn trotz der Fürsprache von Lotte Lehmann und Nelly Walter nicht. Der smarte Manager ist verärgert. „Wie kannst Du glauben, dass ich sie mit dieser Kostümierung nach New York bringen kann?" Der Familienchor reist ohne Vertrag in die Salzburger Provinz zurück. Außer Spesen – nichts gewesen. Doch Nelly Walter gibt nicht auf, sie fühlt sich der Familie verpflichtet und bittet ihren Freund Charles Ludwig Wagner nach Salzburg zu reisen und dort der Familie eine zweite Chance zu geben. Die Managerin zieht alle Register. Der Amerikaner wird in einem Fiaker durch Salzburg an den Sehenswürdigkeiten vorbeikutschiert und kommt schließlich in die Villa Trapp nach Aigen. Der Chor gibt für den Manager eine Kostprobe seines Könnens. Charles Ludwig Wagner gefällt, was er hört: Ob sie für ihn als Zugabe das Wiegenlied von Johannes Brahms (im angloamerikanischen Raum als Brahms' „Lullaby" bekannt) intonieren können. Der Chor kann. Wagner ist persönlich berührt. *Guten Abend, gut' Nacht. Mit Rosen bedacht. Mit Näglein besteckt. Schlupf unter die Deck: Morgen früh, wenn Gott will, wirst du wieder geweckt.*

Jedenfalls bucht Charles Ludwig Wagner den Familienchor für vierzehn Konzerte in den Vereinigten Staaten. Von Herbst 1938 bis zum März 1939 soll die Tournee quer durch Nordamerika gehen.

Fehleinschätzung: Musikagent Francis Charles Coppicus lehnt ein Engagement der Trapp-Familie ab: „Wie kann ich sie mit dieser Kostümierung nach New York bringen?"

KAPITEL 8

Die Familie in strenger Tracht wird auch zu einem Konzert in den Kleinen Saal des Wiener Musikvereins eingeladen. Am 2. Dezember 1936 sind die Salzburger wieder in Wien und treten im klassischen Weihetempel der Musik auf. Tage später wird die *Salzburger Chronik* über das Ereignis berichten: „Des Staunens war kein Ende." Die lokale Tageszeitung schreibt freilich nur eine Konzertkritik aus einem Wiener Blatt ab. „Sechs Salzburgerinnen und zwei Salzburger. Die Gattin und die Kinder des berühmten U-Boot-Kommandanten v. Trapp sangen mit einem geistlichen Herrn an der Spitze, im Kleinen Musikvereinssaale und des Staunens war kein Ende", so schreibt ein Wiener Blatt. „Sie sangen Bach, Orlando di Lasso und viele andere Meister des 16. und 17. Jahrhunderts und sie taten es so stilvoll und so grundmusikalisch, dass selbst die klassischen Säulen des Musikvereins sich keinen klassischeren Genuss hätten wünschen mögen. Ihr musikalischer Leiter, Dr. Franz Wasner, summte ihnen nach Gehör den ersten Ton vor und dann gab es keine Fraglichkeiten in der Tonhöhe, dann gab es kein Schwanken bei irgendeinem Einsatz. Auch die kleinste der Schwestern mit den herabbaumelnden Zöpfen ist ebenso verlässlich wie die Stimmführerin und das einzigartige Phänomen, dass diese eine Familie so viele Begabungen hervorbringe, löst eine Hymne auf die Wunder wirkende Atmosphäre Salzburgs aus. Nachdem der Salzburger Kammerchor den ersten Programmteil absolviert und sich hier die Gefolgschaft der Hörer absolut gesichert hatte, entführte er sie in die heimatlichen Berge: mit einem hellen Juchezer war der Konzertsaale in eine Almwiese verwandelt. Aus den Jodlern, deren Register in die höchsten Höhen der menschlichen Stimme reichen, wehte die Stimmung eines klaren, frischen Alpenmorgens entgegen, und ebenso war auch das Echo des Publikums in den allerhöchsten Tönen gehalten."

Im großen Musikvereinssaal tritt am selben Abend der berühmte Dirigent Bruno Walter ans Pult und leitet ein Konzert der Wiener Symphoniker. Auf dem Programm steht Johannes Brahms. Der aus Deutschland vor den Nazis nach Österreich geflüchtete Bruno Walter dirigiert *Ein Deutsches Requiem* mit der holländischen Sopranistin Jo Vincent. Vor der Pause hat das Orchester das „Schicksalslied" nach einem Gedicht von Friedrich Hölderlin intoniert.

Maria von Trapp verschwimmt in ihrer Autobiografie die musikalische Erinnerung. Sie glaubt am Abend ihres Auftritts die amerikanische Sängerin

Marian Anderson im „Goldenen Saal" des Musikvereins gehört zu haben. Die „Negeraltistin" ist ein exotischer Star der 1930er-Jahre. Das *Wiener Salonblatt* schreibt über einen Auftritt von Marian Anderson: „Der Salzburger Liederabend der Negersängerin Marian Anderson war eine große Überraschung. Eine prachtvolle Stimme, ernst und seelenhaft, von einer strahlenden Helligkeit. Sie singt mit einer Stimme, die nichts anders ist als der Ausdruck tiefsten Empfindens. Diese Stimme zu hören war ein wahres Erlebnis, das bewies die bis zur Ekstase gesteigerte Stimmung des Publikums, das dem würdevollen und anmutigen jungen Mädchen wirklich dankbaren Applaus entgegenbrachte und den vollbesetzten Saal des Mozarteums nicht verlassen wollte."

Vielleicht hat Maria von Trapp diesen Liederabend im Salzburger Mozarteum gehört und vermengt die Erinnerung an eine große Sängerin mit dem Konzert des „Familienchors" im Musikverein. Tatsächlich hat Marian Anderson im großen Musikvereinssaal am 27. November 1936 einen gefeierten Liederabend gegeben. Ein Auftritt der Familie Trapp ist an diesem Abend im Musikvereinsarchiv jedoch nicht dokumentiert.

Nach dem Konzert im Wiener Saal des Salzburger Mozarteums am 21. August 1937 wird die Trapp-Familie vom Pariser Diplomaten und Finanzfachmann Octave Homberg (1876–1941), dem Gründer der Pariser Mozartgesellschaft, angesprochen und für ein Pariser Konzert im Herbst 1937 engagiert. Auftritte in Belgien, Holland, Dänemark, Schweden und Norwegen folgen. Bundeskanzler Kurt Schuschnigg sieht und hört solche Botschafter seines „Ständestaates" sicherlich gerne.

KAPITEL 9

Der Salzburger Kammerchor Trapp im Jahr 1937: brav, österreichisch, deutsch, katholisch und konservativ.

9_Eine österreichische Familie

Die Trapps werden Propagandisten des klerikalen Ständestaats

Wieder ein paar neue Falten. Die Frau, die gerade kritisch ihr Spiegelbild betrachtet, seufzt. Sie trägt ihr langes Haar im Nacken zusammengebunden und ist auch sonst eine von Kopf bis Fuß seriöse Erscheinung. Um die Augen sind durch diese lästige Krankheit einige feine Linien dazugekommen. Maria Augusta von Trapp weiß, dass sie nicht mehr ganz jung ist. Immerhin hat sie mit Gottes Hilfe schon zwei Kindern das Leben geschenkt. Rosemarie und Eleonore sind mit ihren acht und sechs Jahren ja schon recht groß. Schade, dass sie noch kein Geschwisterchen haben. Mit energischen Handgriffen bindet Maria Augusta ihre Dirndlschürze neu. Nur kein Selbstmitleid. Der Wille Gottes muss akzeptiert werden, auch wenn es schwerfällt. Die Pflichten als Leiterin des Mutterschutzwerkes haben ihr geholfen, über ihren Kummer über die fehlgeschlagenen Schwangerschaften hinwegzukommen. Heute wird sie dieses Amt an Johanna Prochaska übergeben. Im Moment ist einfach alles zu viel: die großen Kinder, die kleinen Mädchen, der Chor, das Vermieten und eben die Arbeit für das Mutterschutzwerk der Vaterländischen Front. Schade, es war eine ehrenvolle Aufgabe.

KAPITEL 9

Es ist eine kleine Meldung im *Salzburger Volksblatt*. Am 15. Mai 1937 berichtet die Lokalzeitung: „Bei der Muttertagsfeier in Aigen wird eine neue Leiterin des Mutterschutzwerks der Vaterländischen Front gewählt. Frau Oberleutnant Johanna Prochaska löst die bisherige Leiterin Frau Kapitän von Trapp ab, welche leider krankheitshalber ihre aufopferungsvolle Tätigkeit nicht mehr fortsetzen konnte." Ein Hinweis nur, aber ein Beleg dafür, dass die frühere Wiener Lehrerin Maria Kutschera Mitglied der „Vaterländischen Front", der Sammelplattform des sogenannten „Ständestaats", war. Von 1934 bis zum März 1938 versuchte die katholisch-konservative Staatsführung in Österreich mit autoritären Methoden unter Ausschaltung aller Parteien einen dritten – nichtdemokratischen – Weg zwischen dem faschistischen Italien Benito Mussolinis und Nazideutschland zu gehen. Die Verfassung der Kanzlerdiktatur von Engelbert Dollfuß und nach seiner Ermordung von Kurt von Schuschnigg baute auf der päpstlichen Enzyklika *Quadragesimo anno* von Papst Pius XI. auf. Das Konzept des „Ständestaates" lehnte die parlamentarische Demokratie und den liberalen Individualismus ab. Der österreichische Philosoph Othmar Spann propagierte dieses Konzept als „dritten Weg" zwischen der Parteiendemokratie und dem Marxismus. Die Theorie des Klassenkampfes zwischen Kapital und Arbeiterschaft sollte durch eine gemeinsame Vertretung von Arbeitgebern und Arbeitnehmern in berufsständischen Organisationen überwunden werden. Diese theoretischen Überlegungen konnten in den wenigen Jahren des „Ständestaats" nur sehr unvollständig umgesetzt werden. In Wahrheit regierten Christlichsoziale und rechtskonservative Kräfte nach der Ausschaltung der Sozialdemokraten autoritär.

Die aristokratische Familie Trapp hatte – wie die Mehrheit der Angehörigen der Mittel- und Oberschicht – kein Problem mit der Ausschaltung demokratischer Institutionen, die sie seit 1918 ohnehin nur im Krisenmodus kennengelernt hatte. Die Abneigung gegen den als antikatholisch erlebten Sozialismus und die Ablehnung der nationalsozialistischen Rassenreligion eines Adolf Hitler wogen schwerer. Katholizismus bedeutete in einer Zeit, in der ein Prälat Bundeskanzler und Parteiführer der Christlichsozialen war, vor allem auch das Bekenntnis zum politischen Katholizismus.

Die von Trapps sind eine idealtypische Familie im katholisch-konservativen Ständestaat. Alles passt ins konservative Weltbild der damaligen

„vaterländischen" Oberschicht des kleinen „Bundesstaats Österreich": brav, österreichisch, katholisch, deutsch und konservativ. Trapp hat keine Berührungsängste zu politischen Exponenten des „Ständestaats". Am 15. November 1937 spricht der Korvettenkapitän auf Einladung des Vaterländischen Front-Werkes „Neues Leben" in Linz über die Heldentaten der Marine im Krieg. Es ist nur eine von vielen Veranstaltungen und Referaten, mit denen Trapp sein 1935 gedrucktes Buch *Bis zum letzten Flaggenschuß* bewirbt. Wie erwähnt begibt sich Trapp auf eine regelrechte Lesereise durch die österreichischen Bundesländer. So spricht er am 18. Februar und am 11. November 1936 im Großen Vortragssaal der Wiener Urania. Im Jahr darauf, am 14. Mai 1937, hält er an der Urania Graz einen Lichtbildvortrag über Österreichs letzten Krieg zur See, besonders den U-Boot-Krieg in der Adria und im Mittelmeer.

Die Anknüpfung an die Tradition der einstigen k. u. k. Armee wird zur Regierungslinie. Das Staatswappen wird geändert, die Uniformen des Heeres und der Exekutive bekommen Anklänge an den „Zauber der Montur" im Kaiserreich. Das alles passt ins stimmige Bild: Auch Georg Ritter von Trapp hat sich geistig nie von der Monarchie gelöst. Er – mehr noch seine zweite bürgerliche Frau Maria – beharren auf das „von" vor dem Namen. Georg von Trapp bemüht sich erst in der Republik, Jahre nach dem Ende seines Militärdienstes in der kaiserlich-königlichen Marine, um die Verleihung des „Maria-Theresien-Ordens". In der Republik Österreich sind sie nie wirklich angekommen. Finanziell durch das Erbe seiner Frau abgesichert, bleibt die Großfamilie von den wirtschaftlichen Katastrophen nach dem Ende der 1920er-Jahre unberührt, ehe sie mit der Pleite der Lammer-Bank beinahe ihr gesamtes Geldvermögen verliert.

Georg von Trapp genießt das Leben eines „Landadeligen". Er lässt sich von aristokratischen Freunden zur Jagd und auf Bergtouren einladen. Im September 1930 besteigt der Korvettenkapitän mit einer illustren Bergpartie den Großvenediger im Salzburger Tauernmassiv. Sein Bergkamerad ist Rudolf Graf von Meran. Der Enkel des legendären „steirischen Prinzen" Erzherzog Johann ist weitschichtig mit den von Trapps verschwägert. Der Verwaltungsjurist war bis 1918 letzter Statthalter von Tirol und ist mit Johanna Prinzessin von Auersperg verehelicht.

KAPITEL 9

Schon vor ihrer Emigration im Oktober 1939 tourt die Familie durch Europa. Sie singt vor Italiens „Duce" Mussolini und „Ihre Majestät Kaiserin und Königin Zita" empfängt sie in ihrem belgischen Exil.

So tastet sich der Korvettenkapitän in die Gefilde des Hochadels empor. Das *Wiener Salonblatt,* für hocharistokratischen Klatsch die erste Adresse, weiß sogar im Jänner 1938 von einem Empfang beim „Kaiser" zu berichten: „Der Allerhöchste Herr und Ihre Majestät Kaiserin und Königin Zita empfingen am 19. v. M. LinienschiffsLt. a. D. und Theresien-Ritter Georg Rr. v. Trapp und dessen Familie. Der Trapp-Kammerchor, von den acht Kindern Trapp gebildet, der sich auf einer Gesangstournee durch Europa befindet, trug klassische Chöre und heimatliche Volkslieder vor, die mit großem Beifall aufgenommen wurden."

Der „allerhöchste Herr" Otto von Habsburg, Sohn des letzten Kaisers von Österreich, bemüht sich zu diesem Zeitpunkt um eine Rückkehr nach Österreich. Er bedrängt Bundeskanzler Kurt von Schuschnigg brieflich und durch Unterhändler, ihm die Regierungsgewalt zu übertragen. Der Habsburger glaubt tatsächlich, Widerstand gegen Hitlers Pläne zur Annexion Österreichs leisten zu können. Der Bundeskanzler, obwohl im Innersten stets ein „Legitimist" geblieben, lehnt dankend, aber unverblümt ab. Die Monarchisten spielen in Österreich keine machtpolitische Rolle mehr. Dabei überschätzt selbst Adolf Hitler den Einfluss der Habsburger. Er wird seinem militärischen Überfall auf Österreich den Tarnnamen „Operation Otto" geben.

Die Trapp-Familie besucht den Kaiser im Exil auf dem flämischen Schloss Steenokkerzeel, das heute unweit des Brüsseler Flughafens Zaventem liegt. Sie sind auf der Rückreise aus London, wo sie beim „Alt Salzburger Bauernball" in der österreichischen Gesandtschaft gesungen haben. Der österreichische Botschafter Freiherr von Franckenstein organisiert jedes Jahr einen prachtvollen Ball für die englische Hocharistokratie. Da werden weder Kosten noch Mühen gescheut. Im Dezember 1937 lautet das Motto des Kostümfestes „Alt-Salzburg". Die britischen Nobilitäten werden in alpiner Tracht erscheinen. Die *Alpine Volks- und Gebirgs-Trachtenzeitung* berichtet zum Jahresanfang 1938: „Die großen Empfangsräume im ersten Stock waren mit Bildern und Spiegelmalereien, die Figuren aus Mozartopern darstellten, in bunter und origineller Weise geschmückt, während die unteren Räume in Bauernstuben und Biergärten umgewandelt wurden. Das Buffet trug den Charakter einer bäuerlichen Hochzeitstafel. In den Nachmittagsstunden kam Königin-Mutter Mary in die Gesandtschaft, um die Balldekorationen anzusehen. Der Trapp-Chor hatte hierbei Gelegenheit, der Königin-Mutter einige Lieder vorzutragen." Für die damals 25-jährige Agathe von Trapp ist das Zusammentreffen mit „Queen-Mom" wenig spektakulär: „Sie hörte uns singen, sprach ein paar Worte und ging wieder." Zum Ball waren über 350 Gäste der besten Londoner Gesellschaft erschienen, die alle österreichische Volkstracht trugen. Im Tanzsaal spielte die Tanzkapelle Ambrose. Die Tanzpausen wurden durch Liedervorträge des Trapp-Chors und der bekannten Wiener Operettensängerin Elsner belebt. Um Mitternacht wurde in einer Sänfte ein kleiner Mozart durch die Säle getragen. In London selbst hat dieser Ball eine wirkliche Sensation hervorgerufen. Am Schweigen der Londoner Regierung nach dem erzwungenen „Anschluss" der so putzig dargestellten Alpenrepublik wenige Wochen später an Hitlerdeutschland änderten solche diplomatischen Empfänge nichts mehr. Die singenden Familienmitglieder sind im Jahr vor dem erzwungenen Anschluss an Hitlerdeutschland als kulturelle Botschafter in Europa unterwegs. Die Konzerttour durch Italien wird auch zum spirituellen Erlebnis. Die Trapps singen in Turin, Mailand, Rom und schließlich in Assisi. Dort erleben sie ein für diese Breiten seltenes Naturphänomen. Am 25. Jänner des Jahres 1938 ist das Nordlicht in ganz Europa, auch bis weit in den Süden sichtbar. „In nordwestlicher Richtung bemerkte man am Himmel farbige Streifen auf blutrotem Grunde, die sich wie der Widerschein eines Feuerwerks oder eines großen Brandes ausnahmen." Die „Aura borealis" war so stark, dass in England die Kurzwellensender gestört wurden. Die Einwohner von Assisi werten das halbstündige Naturschauspiel als böses Vorzeichen. Auch im Juni 1914 habe ein Nordlicht den Abendhimmel blutrot gefärbt. Eine Ahnung auf das Kommende hätten die Trapps aus Rom mitnehmen können. Dort trat der Chor vor dem „Duce" auf. Österreichische Zeitungen berichteten begeistert:

„Der ‚Salzburger Kammerchor Trapp' wurde auf seiner oberitalienischen Konzerttournee nach Rom eingeladen und trat dort im Teatro delle Arte mit einem sensationellen Erfolg auf. Ein auserlesenes Publikum – man sah die Gemahlin des Ministers für Volkskultur, Gesandten Baron Berger Waldenegg mit sämtlichen Mitgliedern der Gesandtschaft, Generaloberst Fürst Schönburg-Hartenstein, den Generaldirektor des italienischen Schauspielwesens de Pirro, zahlreiche Mitglieder des Diplomatischen Korps und der römischen Gesellschaft – füllte das Theater. Die Zuhörer wussten die vollendete Feinheit und Schönheit des Zusammenklanges der acht Stimmen zu schätzen und forderten immer neue Zugaben. Mussolini ließ den Kammerchor in den Palazzo Venezia laden und hörte ganz allein in seinem Arbeitszimmer drei Chöre, wünschte in Worten höchster Anerkennung noch ein viertes Lied zu hören und erklärte endlich, einen unvergesslichen Eindruck den Salzburger Sängern zu verdanken. Alle römischen Zeitungen äußern sich rühmend über die hohe Gesangskultur des Salzburger Kammerchores Trapp."

Mussolini war das große Vorbild des österreichischen Heimwehrführers Ernst Rüdiger Fürst Starhemberg, der vom italienischen Faschismus begeistert war. Der Nachfahre des einstigen Wiener Stadtkommandanten während der Zweiten Türkenbelagerung war in den 1920er- und 1930er-Jahren eine äußerst schillernde politische Persönlichkeit. Er finanziert nach dem Tod seines Vaters eine eigene bewaffnete Heimwehrtruppe, kandidiert mit dem „Heimatblock" fürs Parlament und unterstützt den damaligen Bundeskanzler Engelbert Dollfuß. Er wird zum mächtigen Vizekanzler und Verbindungsmann zu Italiens „Duce". Fürst Starhemberg redet am 18. März 1930 im Festspielhaus. Laut Zeitungsmeldungen drängen sich 4.000 Personen in den Saal. Georg von Trapp ist einer davon. Er wird neben dem ehemaligen Präsidenten des Abgeordnetenhauses Dr. Sylvester und Fürsterzbischof Ignazius Rieder als prominenter Versammlungsteilnehmer genannt. Ignazius Rieder war ein betont konservativer, aber kunstsinniger Bischof, der die Salzburger Diözese in der Zwischenkriegszeit prägte. Auch nach dem Zusammenbruch der Habsburgermonarchie hielt der Kirchenfürst enge Kontakte zur kaiserlichen Familie. Der Bischof blieb – wie viele seiner Amtsbrüder – in tiefster Seele Legitimist und betrachtete den im Exil lebenden jungen Otto von Habsburg als Nachfolger des schon 1922 verstorbenen Kaisers Karl I. Erzbischof Rieder förderte die Gründung der Salzburger Festspiele, die ja auch und vor allem einen kulturpolitischen Machtanspruch stellten. Nach dem Ende der Monarchie und dem Verlust der europäischen Bedeutung Österreichs, damals wurde der Ausdruck „Mission" verwendet, glaubten Kulturschaffende wie Hugo von Hofmannsthal, Richard Strauss und Max Reinhardt durch ihre Festspielinitiative den politischen Machtverlust der k. u. k. Monarchie durch ein weit über die engen Grenzen des Alpenlands hinausstrahlendes Kulturprojekt kompensieren zu können. Die Protagonisten streben eine „konservative Revolution" an, ihr Ziel ist, wie es Hofmannsthal formuliert, eine „a priori ständisch-hierarchische, sozial durchlässige und transzendent verankerte Gemeinschaft". Schon gegen Ende des Krieges wurde in Wien eine „Festspielgemeinschaft" gegründet, die ungeachtet der katastrophal schwierigen Nachkriegssituation schon 1918 auf einen baldigen Festspielbeginn drängte. Es fehlte freilich an allem, was für Festspiele auf dem angestrebten Weltniveau erforderlich ist. Max Reinhardt setzt in Ermangelung eines geeigneten Werkes und eines eigenen Festspielhauses kurz entschlossen Hofmannsthals *Jedermann*, den er bereits 1911 im Berliner Zirkus Schumann uraufgeführt hatte, als Freilichtinszenierung vor dem Salzburger Dom an. Zuvor musste die Erlaubnis des Erzbischofs erwirkt werden. Rieder ermöglichte, Hofmannsthals Leben und Sterben des reichen Mannes, seinen *Je-*

dermann, auf den Stufen des Domes aufzuführen. Der kunstsinnige und aufgeschlossene Fürsterzbischof gewährte Reinhardt zudem, Domfassade, Orgelspiel und Glockengeläute für die Aufführung zu nützen. Damit kann der *Jedermann* unter Einbeziehung der barocken Architektur des Domes und der Naturkulisse tatsächlich „in Szene" gesetzt werden. Die Kulissen sind nicht aufgemalte Prospekte aus Pappmaschee, die ganze Stadt Salzburg bietet den Rahmen für *Das Spiel vom Sterben des reichen Mannes.* Es geht mit dem Starschauspieler seiner Zeit, Alexander Moissi, als Jedermann am 22. August 1920 erstmals in Salzburg über die Bühne. Die ins Mark und Bein gehenden „Jedermann"-Rufe, als Echo und von der Steinfassade des Domes gebrochen, leiten die Festspiele ein. Der Mitbegründer der Salzburger Festspiele, Max Reinhardt, nennt in einem Beitrag vom 19. März 1930 für das *Neue Wiener Journal* den Anhänger der Festspielidee Ignatius Rieder einen „engelhaften Erzbischof". Die adelige Großfamilie Trapp passt nicht ganz zum Bild, das die Festspiele vermitteln wollen. Es fehlt das internationale Flair, der Glitter und Glimmer. In ihren Memoiren versucht Maria von Trapp den Familienchor irgendwie an die Festspiele anzuknüpfen. Den von ihr beschriebenen – und in allen Filmen vorkommenden – Chorwettbewerb im Rahmen der Festspiele hat es nie gegeben. Und der Auftritt des Familienchors Trapp im „Wiener Saal" des Mozarteums am 21. August 1937 erfolgt zwar während der Festspielzeit, ist aber eine Privatveranstaltung. Immerhin sitzen Festspielstars wie die Sopranistin Lotte Lehmann in der ersten Reihe, in der ein Sitzplatz 16 Schilling kostet. Karten gab es im offiziellen Büro der Salzburger Festspiele am Dollfußplatz oder der Bayernbank zu erwerben. Dieses Konzert im Mozarteum wird 1956 im Gloria-Film von Wolfgang Liebeneiner und später noch einmal im Hollywood-Blockbuster *The Sound of Music* auf die Leinwand der Lichtspielhäuser gebracht. Es hat tatsächlich stattgefunden.

Vor der Pause gelangen Werke von Pierre de la Rue *(O salutaris hostia),* Johann Sebastian Bach *(Lobe den Herrn)* oder Claudio Monteverdi *(Lasciate mi morire)* „zum Vortrag". Erst nach der Pause wird es ein wenig schwungvoller. Da stehen Volkslieder auf dem Programmzettel, ehe mit dem Jodler aus der Schneeberggegend („Der Rohrbecker") ein volkstümlicher Abschluss gefunden wird.

Erst nach dem Zweiten Weltkrieg scheinen die da schon weltbekannten *Trapp Family Singers* auch offiziell im Festspielprogramm auf. 1950 singen die Heimkehrer in den Kulissen des *Jedermann* vor dem Dom und geben ein Konzert im Festspielhaus, das enttäuschend schwach besucht ist. Ihr dritter Abend in der Salzburger Kollegienkirche wird zum künstlerischen Erfolg. Der Familienchor singt ausschließlich geistliche Lieder.

Die Festspiele in Salzburg sind zwischen den Kriegen das kulturelle Aushängeschild einer Nation, die längst noch keine ist, sich aber mangels anderer Möglichkeiten als das kulturell „bessere Deutschland" definiert. Irgendwie der „deutschen Kultur" verpflichtet, aber doch kosmopolitisch, dafür bietet die kleine Provinzstadt Salzburg mit seinen Barockbauten, seiner Brückenlage zwischen den südlichen Einflüssen aus Italien, den östlichen aus Wien und dem nahen Bayern eine ideale Kulisse. Wie in einem Brennglas fokussieren die Festspiele all das, was der in Braunau geborene ehemalige Gefreite Adolf Hitler hasst: Österreich mit seinen Bezügen zur Habsburgermonarchie, den konservativen Katholizismus, das Elitäre und das Jüdische. Salzburg, nein, nicht die Bevölkerung Salzburgs, die „Festspiele" werden in den Jahren 1936/37 zum antifaschistischen – nicht zum demokratischen (!) – Gegenpol von Hitlers Bayreuth.

Die deutsche Presse hetzt gegen Salzburg. Ein „verjudeter Hexensabbath" werde da abgehalten und auf den Bühnen dominiere „entarteter Wiener Snobismus". Die deutschen Staatskünstler, auch solche von unbestritten künstlerischem Rang, wie etwa Hitlers Lieblingsdirigent Wilhelm Furtwängler, dürfen bei den Festspielen in Salzburg nicht mehr auftreten. Umgekehrt nützen Künstler, die aus „rassischen" oder politischen Gründen in Deutschland keine Auftrittsmöglichkeiten mehr haben, Salzburgs Bühnen für glanzvolle Auftritte. Die Regierung versucht gezielt eine „Österreich-Ideologie" zu etablieren. Dazu gehören die Festspiele, aber auch die Entdeckung der Alpen-Schönheit als touristischer Erlebnisraum. Die Eröffnung der Großglockner-Hochalpenstraße im August 1935 ist ein Staatsakt des autoritären Regimes. Es ist gebaute Ideologie. Und es ist dennoch eine Sternstunde Österreichs. Die Ansprachen der „Ständestaat"-Prominenz leuchten die Legitimationsprobleme des autoritären Staates aus. Vizekanzler und Heimwehrführer Fürst Ernst Rüdiger von Starhemberg betont in seiner Rede die Rolle der Arbeiter an diesem Werk: „Vor uns steht nicht nur ein gewaltiges Denkmal der Technik und des menschlichen Geistes, vor uns steht auch ein Denkmal der österreichischen Arbeiterschaft." Es ist derselbe Heimwehrführer Starhemberg, der bei der Niederschlagung der Februar-Revolte der Sozialdemokratie 1934 mit Härte gegen die bewaffneten Schutzbund-Verbände vorgegangen ist.

Mit der beeindruckenden Alpenstraße bis zum „ewigen Eis" der Pasterze und mit Blick auf den höchsten Berg Österreichs soll der internationale Automobil-Tourismus angelockt werden: Gegen die Sehnsüchte und Bestrebungen eines wirtschaftlichen und politischen Anschlusses an das Deutsche Reich stellt der Ständestaat die „Erfindung des Österreichischen". Mit dem Ausbau der touristischen Infrastruktur, der Eroberung der Bergwelt zum Zwecke des devisenbringenden Fremdenverkehrs versuchte der Ständestaat zahlungskräftiges internationales Publikum anzulocken. Dabei warf die Regierung alle positiv besetzten Klischees in die Schlacht. Im fürs Ausland produzierten Film *Singende Jugend* ließ Regisseur Max Neufeld die Wiener Sängerknaben auf der Hochalpenstraße singen.

Der alpinen Landschaft kommt dabei eine große Bedeutung zu, ebenso der musikalischen und literarischen Hochkultur. Es ist kein Zufall, dass die Eröffnung der Großglocknerstraße 1935 fast zeitgleich mit der Eröffnung der Salzburger Festspiele erfolgt. Dem schon damals internationalen Festspielpublikum wird so eine weitere Attraktion geboten. Mehr als zweitausend Automobile, noch mehr Motorräder und Hunderte Busse haben sich zur Eröffnung über Kehren und Steigungen vom Fuschertal neunzehneinhalb Kilometer hinauf zum Fuschertörl gekämpft. Die Straße mit einem Belag aus gewalztem Sand bewährt sich beim ersten Massenansturm. Es wäre eine Überraschung, hätte sich Korvettenkapitän Georg von Trapp die Entdeckung der neuen Glocknerstraße entgehen lassen. Der Ritter ist ein engagierter Autofahrer. In der Garage neben der Trapp-Villa steht bereits seit 1924 ein mächtiger dunkelblauer Austro-Daimler. Das ist sogar der *Allgemeinen Automobil-Zeitung* am 15. Dezember 1924 einen Bericht wert. Baron Ludwig Kummer aus Salzburg-Aigen schreibt: „Gestern sprach ich Mr. Whitehead und nahm mit Freuden wahr, dass dieser auch bereits einen Austro-Daimler-Motor besitzt. Es ist mir also doch gelungen, Herrn Kapitän von Trapp und damit auch seinen Schwager von der Güte des Wagens und vom Vorteil des Kaufes zu überzeugen."

„Die letzten goldenen Tage der 1930er-Jahre": Die Salzburger Festspiele werden Bühne für ein internationales Publikum und internationale Stars in Tracht und Lederhose.

Angesichts der katastrophalen Finanzsituation der Republik waren die Budgetmittel für diese Form der Arbeitsbeschaffung aber gering. Die Großglockner Hochalpenstraßen AG musste 1931 vor dem Konkurs gerettet werden. Die Familie von Trapp hatte über ihre Beteiligung an der Lammer-Bank in Zell am See Einlagen für den Bau der Straße geleistet.

Die ambivalente Haltung der meisten Österreicherinnen und Österreicher gegenüber dem in *The Sound Of Music* gezeigten Bild des Landes wurzelt auch in der positiven Darstellung des damals herrschenden „Ständestaats". Schon in der ersten Einstellung von *The Sound Of Music* werden Ort und Zeit mit einer historischen Fehlinformation definiert: „Die letzten goldenen Wochen der 30er-Jahre". Golden war die Zeit keineswegs. Die Arbeitslosigkeit ist noch immer extrem hoch. Nur langsam beginnt sich die Wirtschaft zu erholen. Langsam, viel zu langsam. In Nazideutschland herrscht bereits Vollbeschäftigung. Hitler rüstet massiv auf, das Geld dafür lässt er einfach drucken. Gold und Devisen werden die Nazis ab 1938 stehlen, auch aus den Tresoren der Wiener Nationalbank.

Tatsächlich war Österreich zwischen 1933 und 1938 kein demokratischer Staat. Zwischen dem Gewaltregime Nazideutschlands und dem Faschismus in Italien unter Mussolini bleibt die Spielart des österreichischen Faschismus jedoch vergleichsweise gemäßigt. Viele jüdische deutsche Intellektuelle und Künstler suchten in Wien und Salzburg Zuflucht vor den Verfolgung durch die Nationalsozialisten. Deutschen Staatskünstlern wird es vom „Reich" verboten, in Salzburg aufzutreten. Auch Hitlers Lieblingsdirigent Wilhelm Furtwängler, von unbestrittenem künstlerischem Rang, darf bei den Festspielen nicht ans Dirigentenpult. Das sollte sich drei Jahre später ändern. Wiens Opernchef Bruno Walter warnt Arturo Toscanini im Februar 1938 telegrafisch aus St. Moritz: „Furtwängler tut einmal mehr alles in seiner Macht Stehende, um in Salzburg zu dirigieren." Rund ums Dirigentenpult tobt ein ideologischer Machtkampf. Toscanini sieht sich als Gegenpol zu allem, was NS-Kulturpolitik ist. Der Deutsche Furtwängler ist für den Italiener ein Symbol und ein Konkurrent.

Der große Kultur-Zirkus, der in den 1930er-Jahren wenige Kilometer von der Grenze zu Nazideutschland im „Café Bazar" und „Tomaselli" feiert, wird vom italienischen Impresario Arturo Toscanini dirigiert. Der nach einer anfänglichen Sympathie für Benito Mussolini geläuterte Toscanini dirigiert Opern von Richard Wagner und provoziert damit Adolf Hitler. Max Reinhardt, der 1920 die Festspiele mit Hugo von Hofmannsthal, Richard Strauss und dem ehemaligen Wiener Hofoperndirektor Franz Schalk etabliert hat, lädt zu opulenten Festen in sein Rokoko-Schloss Leopoldskron, das drei Jahrzehnte später zur Kulisse von *The Sound of Music* wird.

Im Februar 1938 hallt ein krachender Misston durch den Salzburger Festspielbezirk. Arturo Toscanini lässt die Direktion der Festspiele aus New York wissen, er werde seine Mitwirkung in Salzburg endgültig absagen.

Der große Salzburger Kultur-Zirkus wird vom italienischen Impresario Arturo Toscanini (rechts) und Wiens Operndirektor Bruno Walter dirigiert.

Toscanini ist über das Berchtesgadener Abkommen zwischen Kurt Schuschnigg und Adolf Hitler verärgert. Salzburg liegt für den italienischen Weltbürger im Frühjahr 1938 eindeutig zu nahe am Deutschen Reich und seiner Kulturpolitik. Und diese Nähe ist nicht bloß geografisch bestimmt. Die österreichische Kulturpolitik muss Toscaninis Absage als schweren Rückschlag empfinden. Der Dirigent ist das internationale Aushängeschild der Salzburger Festspiele. Seine Mitwirkung an dem von der Bundesregierung als bewusstes Symbol für einen anderen „deutschen" Staat inszenierte Weihefest der Hochkultur ist zentral. Toscanini ist ein Symbol für die Freiheit der Kunst, für den Widerstand gegen die NS-Kulturpolitik eines Joseph Goebbels, und er ist ein Publikumsmagnet für betuchte internationale Gäste, die nach Salzburg kommen. Der *Maestro assoluto* hat einige Jahre als Dirigent, mehr noch als „Spiritus rector" die Festspiele geprägt. Toscanini ist kein einfacher Charakter. Der Italiener wird von Orchestern geliebt und gehasst. Er gilt als cholerisch, launisch und divenhaft. Er kann Musiker anschreien, seinen überlangen Dirigentenstab zerbrechen, cholerisch toben. Aber: Viele seiner Interpretationen gelten noch heute als beispielgebend, unübertroffen. In Salzburg hat Arturo Toscanini Richard Wagners *Meistersinger von Nürnberg* geleitet und damit bewusst einen modernen Kontrapunkt zur Hitler'schen Wagnerverehrung am grünen Hügel von Bayreuth gesetzt.

Die Festspiele in Salzburg sind ein politisches Ausrufungszeichen der kleinen, von Hitlerdeutschland bedrängten Alpenrepublik. Seit 1933 wandelt sich das sommerliche Kulturfest im autoritären Ständestaat unter Bundeskanzler Engelbert Dollfuß zu einem kulturellen Widerstandsnest gegen die Ideologie des „Dritten Reichs".

Künstler, nicht nur jüdische, die in Deutschland keine Auftrittsmöglichkeiten mehr haben, die vom NS-Regime verfolgt sind, nützen Salzburgs Bühnen für glanzvolle Auftritte. Bei dem Festival geht es nicht nur um (Welt-)Theater, um Konzerte und Opern in Höchstform. Das kleine Alpenland hat ja wenig, mit dem es dem mächtigen nördlichen Nachbarn Paroli bieten kann. Und daher unterstützt Toscanini die Österreicher, wo er kann. Er hat 1931 mit dem Faschismus endgültig gebrochen.

Die Absage Toscaninis für den Sommer 1938 ist ein deutliches Warnsignal. Und es wird zwischen den Zeilen auch als solches wahrgenommen. „In den letzten Wochen stand nicht bloß Österreich, sondern ganz Europa im Wirbel großen Geschehens. Wir haben Geschichte miterlebt, die sonst Jahrzehnte zu ihrem Abrollen benötigte. Gerade der Zwischenfall Toscanini beweist dies. Es kann nicht deutlich und klar genug in die Welt hinausgerufen werden: Österreich will Österreich bleiben", schreibt die Wiener *Neue Freie Presse.*

Schon seit Februar hat Toscanini angedeutet, er werde Salzburg absagen. Diesmal ist es mehr als die Laune eines cholerischen Dirigenten. Für die Saison 1938 wollen die Festspiele alles bisher Gebotene übertreffen. Maestro Toscanini sollte nicht nur bei der Einweihung des neuen Festspielhauses Beethovens *Missa Solemnis* dirigieren. Bei insgesamt fünf Opern wollte der Superstar hinterm Dirigentenpult stehen. Richard Wagners *Tannhäuser* ist mit dem niederländischen Tenor Henk Noort sowie mit Set Svanholm und Lotte Lehmann prominent besetzt.

Das internationale Publikum ist vom geplanten Programm angetan. Schon am Beginn des Jahres sind knapp 400.000 Kartenvorbestellungen in Salzburg eingelangt. Rund um die Uhr arbeiten Hunderte an der Fertigstellung des Festspielhauses. Im Februar wird der schwere eiserne Vorhang eingebaut. Clemens Holzmeister hat das Bühnenhaus verschwenkt. Die Maße der Bühne sind gleich groß wie jene der Wiener Staatsoper. So können die Bühnendekorationen in Wien und Salzburg gleichermaßen genützt werden. Das Bauvorhaben gilt als wichtiges Programm zur Bekämpfung der Arbeitslosigkeit. Das Sozialministerium in Wien subventioniert den Kulturbau mit einer neuerlichen Beihilfe von 200.000 Schilling.

Die Salzburger Landesregierung reagiert auf Toscaninis Signale aus New York. Landeshauptmann Franz Rehrl telefoniert mit dem österreichischen Generalkonsul in New York, um das Unmögliche abzuwenden. Der Dirigent Bruno Walter telegrafiert seinem Freund Toscanini am 4. Februar nach New York, die Sängerin Lotte Lehmann ebenso. Bruno Walter bringt als vermeintlich schlagkräftigstes Argument Toscaninis deutschen Gegenspieler aufs Tapet. „Bisher herrscht in Salzburg der reine Geist künstlerischer Arbeit. Aber Furtwängler hat nur einen einzigen Gedanken: sich selbst, seinen Ruhm, seinen Erfolg. Er ist ein Mann von Begabung, von persönlichem Gewicht, aber er hat ein böses Herz, was sich selbst in seiner Art zu musizieren ausdrückt. Warten Sie, lieber Freund, bis die Entwicklung der Ereignisse klar zeigt, wohin der Kurs Österreichs führt. Kehren Sie bitte nach Salzburg zurück, das ohne Sie nicht leben kann."

Gäste auf Max Reinhardts Schloss Leopoldskron sind eingetroffen: Die Auffahrt von Luxuswagen und die Zurschaustellung des Reichtums der internationalen Festspielgäste wird von der Nazi-Propaganda gehässig kommentiert.

Furtwängler will im Sommer 1938 unbedingt in Salzburg dirigieren, so groß ist die Strahlkraft dieses europäischen Kunstfestes. Eine Nähe zum NS-Regime leugnet er: „Wenn ich große Musik dirigiere, und dies zufällig in einem Land geschieht, das von Hitler beherrscht wird, bin ich deshalb sein Repräsentant? Macht mich die Musik nicht vielmehr zu seinem Gegner, da ja große Musik im stärksten Gegensatz zu dem Ungeist und der Seelenlosigkeit des Nazismus steht?" Doch Toscanini lässt sich nicht mehr umstimmen. Er sagt telegrafisch ab. Die Nachricht schlägt Wellen. Der österreichische Botschafter in Den Haag schreibt über die Reaktion in den Niederlanden und in Belgien. „Die Nachricht hat in den Kreisen, die sich für die Salzburger Festspiele bisher eingesetzt haben, große Beunruhigung ausgelöst."

KAPITEL 9

Erwin Kerber, der Generalsekretär der Salzburger Festspiele, gerät im Frühjahr 1938 unter schweren politischen Druck aus Berlin. Der zwischen Schuschnigg und Hitler vereinbarte „Deutsche Friede" macht auch vor den Besetzungslisten der Opernhäuser nicht Halt. Mit der Absage des Maestros haben die Nationalsozialisten gewonnen, ehe ihre Truppen in Salzburg unter dem Geläute der Kirchenglocken einmarschieren und die Salzburger Festspiele um 180 Grad ideologisch umpolen.

Max Reinhardt, der 1920 die Festspiele mit Hugo von Hofmannsthal, Richard Strauss und dem ehemaligen Wiener Hofoperndirektor Franz Schalk etabliert hat, lädt zu opulenten Festen in sein Rokoko-Schloss Leopoldskron. Er zelebriert den neuen Reichtum und umgibt sich mit den Symbolen aus der Monarchie: Schloss, Park, livrierte Diener und angeblich Hunderte Schwäne im Leopoldskroner Weiher. Neid, Missgunst und politische Agitation: Viele Salzburger sehen den Erfolg der elitären Festspiele mit gemischten Gefühlen. Die illegalen Nationalsozialisten hetzen gegen den „jüdischen Profitkatholizismus". Die Auffahrt von Luxuswagen und die Zurschaustellung des Reichtums der internationalen Festspielgäste wird von der NS-Propaganda weidlich genützt. Unterschwellig polemisieren die Nationalsozialisten nicht nur gegen „die" Juden, gegen die Kulturschickeria, auch gegen die unterstellte „Sittenlosigkeit". Der nationalsozialistische Kulturkampf gegen die Festspiele wird von Hollywood in *The Sound of Music* thematisiert.

Das Bild Österreichs als eines zwar autoritären Staates, der aber mutig gegen den Nationalsozialismus innerhalb und außerhalb der Staatsgrenzen auftritt, war nach 1945 in Österreich zwischen den beiden großen ideologischen Lagern, den „Roten" und den „Schwarzen", umstritten. So ist es nicht ohne Ironie, dass ausgerechnet einer der zehn erfolgreichsten Hollywood-Filme der Welt ein überaus sympathisches und positives Klischee des Landes in der Welt prägt. Eine aufrechte, konservative Familie, die aus Abneigung gegen die NS-Diktatur das Land verlässt und Gesten symbolischen Widerstands setzt. Vielen Österreichern, die mit Begeisterung auf den Einmarsch Hitlers am 12. März 1938 reagiert haben, bleibt die Geschichte der adeligen Familie Trapp fremd, manchen ist sie gar peinlich. Man musste nicht mitjubeln, man konnte sich auch der Kollaboration mit den Nazis entziehen. Diese filmische Botschaft ist auch in den 1960er-Jahren unbeliebt.

„The hills are alive with the sound of music". US-Star Julie Andrews wird sich gleich auf der Wiese von Anni Stocker im bayrischen Berchtesgaden drehen.

Maria heiratet ihren Kapitän. Für den Hollywood-Film wird die Klosterkirche vom Nonnberg nach Mondsee verlegt.

*Im Garten von Schloss Mirabell singen Julie Andrews
und die für den Film deutlich verjüngte Kinderschar.*

*Do-Re-Mi-Fa-So am Brunnenrand: beschwingte
Dreharbeiten für „The Sound of Music" im Sommer 1964.*

Einer der zehn erfolgreichsten Filme aller Zeiten: „The Sound of Music"
in der Regie von Robert Wise. Filmposter, 1965.

← Der Star trägt Blumen am Trachtenhut
und hat sichtlich Spaß: Julie Andrews
nützt eine Drehpause zum Shoppen.

In Deutschland und Österreich wird der erste Film über die Familie Trapp von Wolfgang Liebeneiner (1956) zum Kassenschlager. Ruth Leuwerik als Maria und Hans Holt als Georg von Trapp sind Publikumslieblinge ihrer Zeit.

Antreten der Kinder auf einen Pfiff: Auch der deutsch-österreichische Trapp-Film folgt den 1953 erschienenen Lebenserinnerungen von Maria Augusta.

Die ersten verdienten Dollars werden gezählt: Josef Meinrad spielt in der Fortsetzung „Die Trapp-Familie in Amerika" (1958) den Chorleiter Franz Wasner.

MARIA VON TRAPP
STOWE, VERMONT 05672

Responded 9/20

August 12, 1975.

Dear Mrs. Ford:

You may have noticed what an outrage was raised all over the country by your flippant remark on television.

By way of introduction I want you to know that I am "the real Maria from 'The Sound of Music.'" As such, I am very much in the limelight. All during the summer people come in busloads from around the country to meet me, take my picture and to get my autograph. I only say this that you may understand that I really meet hundreds of people every day, and I can assure you you have done great damage to your husband's political aspirations.

Both of you have lost a great deal of respect and good will among the people of the United States.

But aside from all this, do you realize how much harm you have done to the American family and to the American youth?

I pray that God will give you the necessary insight. Then please, Mrs. Ford, have the courage to step before the camera again and try to undo some of the damage. If it comes from your heart, people will believe you.

Sincerely yours,

Maria von Trapp

Im August 1975 schreibt Maria von Trapp einen bitterbösen Brief an die US-Präsidentengattin Betty Ford. Diese antwortet immerhin vier Wochen später.

Die „Trapp Family Lodge" in den Hügeln von Vermont. Ein Hauch von Salzkammergut soll spürbar sein. Das Hotel ist bis heute im Familienbesitz.

*Die Film-Familie demonstriert einmal mehr Harmonie:
Programmheft zur „Trapp-Familie in Amerika", 1958.*

Und immer noch singen Trapp-Kinder vor Salzburgs Kulisse: Amanda, Sofia, Justin, Melanie von Trapp (von links), die Urenkel Georg von Trapps.

Zu Besuch in Salzburg 2008: Maria von Trapp, Johannes von Trapp und Erika von Trapp, die Witwe Werner von Trapps (von links).

Maria rührt in der „Family Lodge" 1962 kräftig um. Täglich kommen Busladungen voll Fans, die sich mit der ehemaligen Novizin fotografieren lassen.

KAPITEL 10

Deutsche Wehrmachtseinheiten ziehen in Salzburg ein. Am Tag des „Anschlusses" versammelt Georg von Trapp die Familie: „Kinder, wir stehen heute am offenen Grab von Österreich."

10_Begegnung mit Adolf Hitler

Mit dem deutschen Reichskanzler in der Museumskantine

Das Abendessen war einfach himmlisch. Manchmal ist Mutter wirklich reizend. Natürlich ist der 25. Geburtstag etwas ganz Besonderes. Papa hat alle, auch die Kleinen, zum Anstoßen in der Bibliothek zusammengetrommelt. Die ganze Familie hat sich auf der Garnitur vor dem Kamin versammelt. Hans, umsichtig wie immer, hat schon eine Flasche Sekt bereitgestellt. Agathe wirft ihrem Vater einen liebevollen Blick zu. Er sieht gut aus in seinem hellgrauen Lodenanzug, scheint aber den ganzen Tag schon sehr angespannt zu sein. Er raucht noch mehr als sonst und dreht immer wieder die Radio-Nachrichten auf. Sicherlich ist es die politische Lage, die dem Vater Sorgen macht. Agathe weiß, dass die Situation äußerst angespannt ist. Erst vor wenigen Wochen war der österreichische Kanzler bei Reichskanzler Hitler drüben am Obersalzberg oberhalb von Berchtesgaden. Vom Park der Villa Trapp können die Kinder an einem klaren Tag den Untersberg sehen. Dahinter hat Hitler seinen Berghof als zweites Machtzentrum ausgebaut. Erst nach mehreren Tagen berichten die Zeitungen von diesem Besuch und dem neuen Abkommen, das Schuschnigg auf Druck Hitlers unterschreiben musste. Vater sagt, was die beiden wirklich gesprochen haben, wird die Öffentlichkeit wohl nie erfahren. Er mag Hitler

KAPITEL 10

und die Nationalsozialisten nicht. Er hält ihn für gefährlich, das weiß Agathe aus den Bemerkungen des Vaters.

Am Nachmittag wurde im Radio verlautbart, dass die Volksbefragung kommenden Sonntag abgesagt wurde. Vater und Gustl waren entsetzt, schließlich wollten sie unbedingt mit „Ja" für Österreich stimmen. Agathe selbst hätte auch abstimmen dürfen. Das Wahlalter war mit vierundzwanzig Jahren festgelegt worden.

Während der Vater die Sektflasche öffnet, läuft im Hintergrund das Radio. Immer wieder wird das Programm geändert. Kurz vor acht Uhr abends wird eine Ansprache des Kanzlers angekündigt. Papa stellt die Flasche zur Seite und dreht lauter. Kurt von Schuschniggs bekannte Stimme tönt durch die Bibliothek. Alle Anwesenden, selbst Rosemarie und Lorli, folgen atemlos seinen Worten.

„Gott schütze Österreich!" Die Rede des Kanzlers ist zu Ende und die alte Kaiserhymne erklingt. Agathe von Trapp sieht die Tränen in den Augen ihres Vaters. Angst steigt in der jungen Frau auf. Was wird die Zukunft bringen?

Agathes Schwester Johanna erinnert sich an diesen denkwürdigen Abend: „Am Tag des Anschlusses hat mein Vater zu uns gesagt: ‚Kinder, wir stehen heute am offenen Grab von Österreich. Österreich gibt es nicht mehr. Wenn wir wollen, dass wir als Familie weiterleben, müssen wir auswandern!'"

Der 11. März 1938 wird zu einem tiefen Einschnitt in der Familiengeschichte. Für den monarchistisch gesinnten Ritter von Trapp bricht ein zweites Mal seine alte Welt zusammen.

Schon den ganzen Tag über hat Georg von Trapp im Radio die dramatischen Entwicklungen verfolgt. Für den kommenden Sonntag hat die Ständestaatregierung eine Volksbefragung über die Unabhängigkeit Österreichs angesetzt. Mit diesem Überraschungs-Coup versucht Bundeskanzler Kurt von Schuschnigg den politischen und militärischen Druck Nazideutschlands und der in Österreich marschierenden illegalen Nationalsozialisten zu brechen. Es ist – wie der Kanzler ahnt – ein Verzweiflungsakt, ein Angriff in letzter Stunde. Vor aller Welt soll der Selbstbehauptungswille der Alpenrepublik gegen die Aggression Hitlerdeutschlands und die NS-Opposition in Österreich dokumentiert werden. Georg von Trapp ist begeisterter Österreicher und ein Anhänger des autoritär regierenden Katholiken Schuschnigg. An diesem Freitagabend schickt der Kapitän ein Telegramm an den abtretenden Bundeskanzler: „Gott möge Sie stets behüten und beschützen!" Vergebens.

Schon am Nachmittag wurde die Volksbefragung abgesagt. Die Meldung wirkt wie ein Nadelstich in einen Luftballon. Ein Knall. Die mühsam aufgebauten Dämme brechen. Der Umsturz beginnt auf den Straßen. In Salzburg strömen immer mehr Menschen zum Residenzplatz, der 1934 zum „Engelbert-Dollfuß-Platz" gemacht wurde, aber immer Residenzplatz blieb. Die Aufmärsche sind organisiert, die bis vor wenigen Tagen verbotenen Hakenkreuzfahnen tauchen scheinbar aus dem Nichts auf. Gerüchte werden von Ohr zu Ohr weitergegeben. Hitlers Ultimatum an die österreichische Regierung ist über die nahe Grenze bekannt geworden. Die *Salzburger Volkszeitung* verfällt bei der Beschreibung der Szenen in nationalsozialistisches Pathos. „Schon zur Zeit der Dämmerung lag es wie fiebernde Unrast über der Stadt. In wirrem Durcheinander folgte Nachricht auf Nachricht. Schritt für Schritt bewegte sich die Menge dem Residenzplatz entgegen, der um sieben Uhr abends in seiner ganzen Ausdehnung bereits von einem dichten Spalier von Zuschauern umstellt war. Dann begann der Aufmarsch der jubelnden Jugend, der völkischen Vereine und Verbände und all der vielen, vielen Tausende, die mit trotzigen Gesichtern, stürmischen Sieg Heil-Rufen, Hakenkreuzfahnen, unzähligen Fähnchen und Wimpeln herangezogen kamen, um Zeugen des Vorausgeahnten, noch Unbestimmten und Gewaltigen zu sein. Schier endlos war der aufmarschierende Zug, der sich in die Weite des gewaltigen Raumes ergoss. Endlos, gewaltig, unübersehbar, im Fackelschein der beginnenden Nacht."

Um 19 Uhr 42 wird eine Erklärung des Regierungschefs aus dem Wiener Bundeskanzleramt angekündigt. Die bekannte Stimme Schuschniggs tönt durch den Äther: „Wir weichen der Gewalt ... und Gott schütze Österreich." Der Kanzler macht den Weg für die Nationalsozialisten frei. Die Nachricht löst auf dem Residenzplatz Begeisterung aus: „Wie ein einziger Aufschrei gellt aus zehntausenden von Kehlen ein Dithyrambus der Begeisterung und Freude empor", fabuliert das *Salzburger Volksblatt,* das noch am Vortag brav regimetreu geschrieben hat.

KAPITEL 10

In der abgelegenen Trapp-Villa bekommt die Familie den Umsturz nur wie ein fernes Donnergrollen mit. In der Stadt läuten alle Kirchenglocken, ihr Getöse dröhnt bis nach Aigen. Georg von Trapp ist schockiert. Noch am Nachmittag hat er dem Bundeskanzler in Wien ein Telegramm geschickt. Er möge standfest bleiben. Das Telegramm wird Kurt von Schuschnigg im Chaos des 11. März am Ballhausplatz wohl nicht mehr erreicht haben.

Und am nächsten Morgen marschieren Adolf Hitlers Truppen in Österreich ein. Die barocke Stadt Salzburg ist längst nationalsozialistisch geworden. Überall hängen blutrote Hakenkreuzfahnen. Die Villa Trapp verzichtet auf das Aushängen der Hakenkreuzfahne und die Kinder werden in der Schule den „deutschen Gruß" verweigern, auch wenn es in den Tagen der kollektiven Hysterie nicht leichtfällt, Haltung zu zeigen.

Maria Augusta von Trapp will sich der Faszination der Massenhysterie nicht entziehen. Am 6. April, vier Tage vor der Volksbefragung über die „Wiedervereinigung Österreichs mit dem Deutschen Reich", kommt Adolf Hitler in die Festspielstadt. „Ich bin da am Residenzplatz gestanden und habe zugehört und ich habe in meiner Tasche einen Rosenkranz gehabt, den habe ich ganz festgehalten, so fest, dass man nachher noch auf Stunden die Spuren sehen konnte. Die Perlen waren eingedrückt in meine Hand. So fest habe ich den gehalten und es hat mir fast magnetisch den Arm herausgezogen zum Gruß, das war ganz was Unheimliches. Und das hat mir das Urteil für meine Landsleute erleichtert. Ich habe immer an das denken müssen. An diesen Moment, wo ich meinen Arm mit Gewalt zurückhalten musste."

Hugo von Hofmannsthals mystisch-katholisches Weihespiel *Jedermann*, das seit 1920 Herzstück des Festivals ist, wird im Sommer nach dem „Anschluss" vom Spielplan genommen. Der Autor Hugo von Hofmannsthal war Jude. Auch für die *Faust*-Inszenierung von Max Reinhardt kommt das Aus. Der berühmte Theatermann wird schon im April enteignet, sein Schloss Leopoldskron, später Kulisse für den Hollywood-Film *The Sound of Music*, fällt an die Nazis. Der pensionierte Oberst Heinrich Freiherr Puthon wird als Festspielpräsident entlassen, um erst nach 1945 wieder die Festspielleitung zu übernehmen. Noch profitieren die neuen Machthaber von den Vorarbeiten der alten Festspielleitung: Wilhelm Furtwängler eröffnet im Sommer 1938 das umgebaute Festspielhaus mit Wagners *Meistersin-*

gern. Viele Künstler, die den Ruhm der Festspiele mitbegründeten, wollen oder dürfen nicht mehr dabei sein: Max Reinhardt, Bruno Walter und Arturo Toscanini. Dafür sind neue Namen auf den Besetzungslisten zu lesen: Karl Böhm und der Salzburger Herbert von Karajan.

Die Einnahmen der „urdeutschen" neuen Festspiele brachen im Sommer 1938 auf beinahe ein Drittel ein. Auf dem Domplatz sollte Heinrich von Kleists Komödie *Amphitryon* gespielt werden. Die Ideen des Regisseurs Erich Engel, der als Mitarbeiter von Bertold Brecht und Kurt Weill eigentlich im NS-Reich Arbeitsverbot hatte, erwiesen sich als kaum umsetzbar. So wurde *Amphitryon* ins Festspielhaus verlegt. Das Publikumsinteresse sank ins Bodenlose. Die vorwiegend reichsdeutschen Festspielgäste zahlten für *Amphitryon* nur noch 2.400 Reichsmark.

Im Frühsommer 1938 wird Maria Augusta Trapp zum dritten Mal schwanger. Ihr ungeborenes Kind bekommt schon im Mutterleib einen Namen. „Barbara" soll der jüngste Spross der Trapp-Familie heißen. Doch die Schwangerschaft verläuft nicht ohne Komplikationen. Maria hat in den vergangenen Jahren zwei Fehlgeburten erlitten. Ihre Nieren sind angegriffen. Jede Schwangerschaft ist riskant. Georg drängt auf ärztlichen Rat einer „Koryphäe". Das Paar reist im Juli 1938 von Salzburg nach München, um einen bekannten Gynäkologen zu kontaktieren. Der Arzt rät zum Abbruch der Schwangerschaft: „Ihre Frau darf kein Kind mehr bekommen." Mutter und Kind wären gefährdet. Die Diagnose schockiert Maria. Als besonders gläubige Katholikin kommt für sie eine Abtreibung – und sei es aus wohlbegründeten medizinischen Gründen – nicht in Frage. „Barbara" soll auf die Welt kommen. Dafür will Maria strenge Diät halten und sich schonen. Der Rat des Mediziners wird in den Wind geschlagen.

Nach dem eher unerfreulichen Arztbesuch in München will das Ehepaar Trapp das neue „Haus der Deutschen Kunst" besichtigen. Das Prachtgebäude ist vor ziemlich genau einem Jahr von Adolf Hitler eröffnet worden. Der „Führer" hat viel Zeit und neun Millionen Reichsmark, die vor allem von der deutschen Industrie gespendet werden (mussten) in sein Prestigeprojekt investiert. Hitlers Lieblingsarchitekt Paul Ludwig Troost hat den neoklassizistischen, 175 Meter langen und 50 Meter breiten Monumentalbau entworfen, ist aber schon drei Jahre vor der Eröffnung des NS-Kulturpalastes gestorben. Seine Frau Gerdy übernimmt das Architek-

KAPITEL 10

turbüro Troost und führt es weiter. Es ist das erste und für Hitler wichtigste architektonische Vorzeigeprojekt des nationalsozialistischen Staates. Wie im Fokus eines Brennglases sollen sich im Münchner Ausstellungstempel die ästhetischen Leitlinien des neuen Regimes bündeln.

Am 19. Juli 1937 kann Adolf Hitler endlich zur Eröffnung seines Kunstbaues schreiten. An seiner Seite: Gerdy Troost, die Witwe des Planers und Hitlers Innenarchitektin. Die schlanke elegante Architektin begleitet den „Führer" beim Rundgang durch die Ausstellung. Der Reichskanzler hat sich für kaum einen Neubau in München so interessiert wie für das „Haus der Deutschen Kunst". Hitler empfindet sich im tiefsten Inneren als verhinderter Architekt, als Künstler sowieso. Und mit dem Museumsneubau will der oberste Nationalsozialist sein Kulturverständnis in Stein meißeln, auch, wenn das Gebäude eigentlich aus Ziegeln gemauert und nur mit Marmor verkleidet ist. Seit Jahren schon hat Hitler Kunstwerke sammeln und aufkaufen lassen, die seinem Geschmack entsprechen und als „deutsch" gelten. Bei der Eröffnung, die für drei Tage anberaumt ist, verkündet der „Führer" seine Auffassung von völkischer Kunst in höchst martialischen Worten.

Im Juli 1937 eröffnet Adolf Hitler das wichtigste architektonische Vorzeigeprojekt des NS-Staates. Im Restaurant des „Hauses der Deutschen Kunst" will Familie Trapp dem „Führer" begegnet sein.

„Wir werden von jetzt ab einen unerbittlichen Säuberungskrieg führen gegen die letzten Elemente unserer Kulturzersetzung ... Nun aber werden – das will ich Ihnen hier versichern – alle die sich gegenseitig unterstützenden und damit haltenden Cliquen von Schwätzern, Dilettanten und Kunstbetrügern ausgehoben und beseitigt. Diese vorgeschichtlichen prähistorischen Kultur-Steinzeitler und Kunststotterer mögen unseretwegen in die Höhlen ihrer Ahnen zurückkehren, um dort ihre primitiven internationalen Kritzeleien anzubringen. Allein das Haus der Deutschen Kunst zu München ist gebaut vom deutschen Volk für seine deutsche Kunst."

Zeitgleich mit der ersten Ausstellung von Hitlers Geschmack angepasster „deutscher" Kunst eröffnen die NS-Kulturbeamten im nahen Hofgarten die Sammlung sogenannter „entarteter Kunst" und stellen die Werke vieler verfolgter und teils weltberühmter Vertreter der Moderne zur Schau. In manipulativer Hängung und mit zynischen Begleittexten versehen, werden die expressionistischen Kunstwerke und ihre Schöpfer verhöhnt und diffamiert.

Zehntausende Münchner werden Opfer dieser nationalsozialistischen Kunsterziehung. Nach der Betrachtung der „entarteten Kunst" werden zu Tausenden Schulklassen durch Hitlers Ansammlung „reiner" und meist realistischer Malerei und Skulpturen geführt.

Georg und Maria von Trapp besuchen, wie 450.000 andere Kunstinteressierte anno 1938 die Weihestätte nazi-deutscher zeitgenössischer Kunst. Sie bezahlen den für „Volksgenossen" wohlfeilen Eintrittspreis von 50 Pfennig und dürfen dafür, wie es Kunst- und Propagandaminister Joseph Goebbels empfindet, „erhobenen Herzens durch die weiten Räume des Hauses der deutschen Kunst mit einem wahren Glücksgefühl" schreiten. Die Trapps erleben beim Ausstellungsbesuch keine der Goebbel'schen Gefühlsaufwallungen. Maria beschreibt das Erlebnis in ihren – allerdings mehr als zwei Jahrzehnte später erschienenen Lebenserinnerungen eher nüchtern: „Die Ausstellung war alles Mögliche, nur nicht das, wovon der Führer gesprochen hatte. Es war nicht ein einziges Meisterwerk dabei, aber vieles war so realistisch, dass mir das Herz weh tat, wenn ich seh, wie eine Schulklasse nach der anderen, Buben und Mädel, durchgeführt wurden. Schließlich kamen wir zu dem berühmtesten Bild, das allein an einer Wand hing: der Führer in mittelalterlicher Rüstung zu Pferd, mit einem Schwert

KAPITEL 10

in der Hand. Während man an diesem Bild vorbeiging, musste man die Hand heben und ‚Heil Hitler!' sagen. Georg wollte nicht vorbeigehen, er wollte nichts mehr sehen."

Tatsächlich ist die Darstellung Hitlers in mittelalterlicher Rüstung durch den Tiroler Künstler Hubert Lanzinger das zentrale Werk der Ausstellung. Der Reichskanzler wird wie eine nationalsozialistische „Jeanne d'Arc" zu Pferde in strahlender Rüstung mit der Hakenkreuzfahne im rechten Arm präsentiert: Hitler als Bannerträger und Ritter der nationalsozialistischen Ideologie. Hubert Lanzinger ist einer der Lieblingsmaler Hitlers und der Tiroler ist kein Dilettant. In den 1920er-Jahren zählt der Maler zum Umfeld des Weimarer Bauhauses. Noch heute wird sein 1928 als Dependance zum Hotel Bad Dreikirchen in Südtirol erbautes Gasthaus „Briol" in Architekturführern gezeigt. Auf 1.300 Meter Seehöhe hat der Maler und Architekt einen modern anmutenden Gasthof mit Blick auf die Dolomiten entworfen. Mit dem Aufstieg der Nazis biedert sich Lanzinger den Nazis und ihrem völkischen Kulturgeschmack an und wird damit äußerst erfolgreich. Er malt Auftragswerke für NS-Bonzen, aber auch Porträts für die großbürgerliche Gesellschaft, die seinen „sauberen" Realismus schätzen.

Abgesehen vom Hitler in Ritterrüstung dürfte der ehemaligen Beinahe-Klosterschwester Maria von Trapp auch ein weiteres ausgestelltes Werk nicht gefallen haben. Paul Mathias Padua hat für die Leistungsschau „deutscher" Kunst eine rothaarige Leda, die sich mit Perlenkette und roten wülstigen Lippen dem lüsternen Schwan hingibt, auf die Leinwand gebracht. Das sehr vordergründig erotische Mach-

„Georg wollte nicht vorbeigehen, er wollte nichts mehr sehen": Die Darstellung Hitlers in mittelalterlicher Rüstung durch den Tiroler Künstler Hubert Lanzinger ist das zentrale Werk der Ausstellung im „Haus der Deutschen Kunst".

werk war für manche NS-Größe allzu drastisch. Der Münchner Gauleiter Adolf Wagner hielt die schwülstige Leda unter ihrem Schwan für sittlich untragbar. Adolf Hitler war freilich anderer Ansicht: „Halten Sie endlich den Mund!", soll der „Führer" seinem Gauleiter im Angesicht der sodomistischen Szenerie beschieden haben. Der in Salzburg geborene Paul Mathias Padua hat schon vor der Machtübernahme der Nazis Erfolge mit seiner realistischen Malerei. In der völkischen Zeit wird seine Malerei stilbildend. Den Schwan für Leda kauft Padua für 25 Reichsmark im Münchner Tierpark und lässt ihn nach dessen unfreiwilligem Hinscheiden in brünftiger Haltung ausstopfen. Nach Fertigstellung des Bildes befestigt der Maler das Objekt von Ledas Begierde an der Decke seines Arbeitszimmers am Tegernsee. Der Schwan wird so das Wappentier seines Wirkens. Hitler gefällt, was er in der Ausstellung sieht. Er lässt das mythologisch-anregende Bild gar für 3.700 Reichsmark kaufen und auf seinen Berghof bei Berchtesgaden bringen. Der Reichskanzler nutzte die Ausstellungen im Haus der Deutschen Kunst als Verkaufsschau und wurde zum größten Sammler des Reichs. Mehr als sechs Millionen Reichsmark investierte Hitler für den Ankauf von – mehr oder minder – qualitätsvollen Werken arischer Maler und Bildhauer. Hitler will auch als Reichsmäzen der größte aller Zeiten sein. Die massenweise angekauften Kunstwerke schmücken seine Wohnung in München, den Berghof bei Berchtesgaden und die Berliner Reichskanzlei. Die meisten Bilder und Skulpturen werden aber nicht einmal ausgepackt. Sie lagern in diversen Kellern und später in den Salzbergwerken von Altaussee im steirischen Salzkammergut. „Leda und ihr Schwan" entgehen diesem Schicksal. Der ölige „Schinken" landet nach 1945 nach kurzer Beschlagnahme durch amerikanische Truppen im Hause eines prominenten deutschen Parfumherstellers. Nach dem Ende des Nazi-Regimes muss Hitlers Protegé einen kleinen Karriereknick hinnehmen. Seine Bilder werden in den Galerien abgehängt. Doch bald erkennt die deutsche Schickeria des Wirtschaftswunders Herrn Paduas Qualitäten. Herbert von Karajan lässt sich ebenso porträtieren wie Bayerns Ministerpräsident Franz Joseph Strauß.

Einmal noch hat ihm das Tier als mythologisches Modell dienen müssen, denn das Bild vom Berghof, das nach kurzer Beschlagnahme im Hause eines deutschen Parfumherstellers gelandet ist, malte der Meister noch einmal, für den Eigengebrauch, delikater als zuvor. Er schmückte damit sein Schlafzimmer in der Villa am Tegernsee.

Auf das Ehepaar Trapp machen Hitlers Lieblingsbilder nur wenig Eindruck. Die schwangere Maria dürstet nach Erholung. „Georg", mahnt sie ihren Mann, „ich rieche Frankfurter und Bier oder doch eher Kaffee und Kuchen." Das „Haus der Deutschen Kunst" bietet den Volksgenossen auch leibliche Genüsse. Museumscafés sind in den späten 1930er-Jahren weitgehend unbekannt, aber in Hitlers Prestigebau gibt es ein elegantes Restaurant. Der „Führer" selbst speist bei seinen häufigen München-Aufenthalten immer wieder im Haus der Kunst. Maria Trapp erinnert sich an eine Begegnung: „Wir schlüpften rasch ins Restaurant und wurden zu einem Tisch geleitet. Es war sehr elegant, ziemlich voll, aber erstaunlicherweise rauchte niemand. Und alle Besucher unterhielten sich im gedämpften Ton. Als der Kellner kam, um unsere Wünsche entgegenzunehmen, flüsterte er: ‚Haben Sie ihn gesehen?' – ‚Nein' – ‚Wen?' – ‚Den Führer. Am Nebentisch'. Und richtig. Da saß der ‚Führer' des deutschen Volkes, umringt von SS-Männern. Sie tranken alle Bier, Hitler aber nippte an einer Limonade, denn eine seiner vielen Tugenden war, dass er keinen Alkohol anrührte. Während der nächsten vierzig Minuten konnten wir den Messias des Dritten Reichs aus nächster Nähe beobachten. Einer seiner Leibgarde muss ein sehr witziger Mann gewesen sein, denn alle paar Minuten brüllten sie vor Lachen in einer Art, die eigentlich in guter Gesellschaft unmöglich ist. Der Lustigste war von allen ‚er'. Er schlug sich aufs Knie und lachte so heftig, dass er sich zweimal verschluckt hat. Er stand auf, nur um mit Gelächter wieder in den Sessel zurückzufallen. Sein schütteres Haar fiel über seine Stirn, er fuchtelte mit den Armen in der Luft herum, sein berühmter winziger Schnurrbart zitterte. Es war kein erhebender Anblick. Er schien ein sehr gewöhnlicher Mensch, nicht sonderlich gebildet – gar keine Ähnlichkeit mit dem Helden in der silbernen Rüstung auf dem Bild. Wir hatten die seltene Gelegenheit, ihn von so nahe zu sehen, wie er ganz ungeniert war. Aber man konnte es nicht lange ertragen, es wirkte bedrückend."

Die in ihren Lebenserinnerungen beschriebene Begegnung mit Adolf Hitler – und seine Charakterisierung – passt exakt in das Bild, das die Trapp-Familie im amerikanischen Exil und in den kommerziell erfolgreichen Jahren danach von sich zeichnet. Ob Georg und Maria Trapp Adolf Hitler tatsächlich begegnet sind? Nicht unwahrscheinlich, obwohl Maria Augustas Angaben eher diffus bleiben. Immerhin gibt es einige Anhaltspunkte: Johannes Georg kommt als das dritte gemeinsame Kind von Georg von Trapp und seiner zweiten Frau am 17. Jänner 1939 in Philadelphia zur Welt. Entgegen der ärztlichen Diagnose bleiben sowohl Mutter als auch Kind wohlauf. Die erwartete „Barbara" entpuppt sich allerdings als kleiner schwarzhaariger „Johannes". Ausgehend vom Geburtsdatum kann rückgerechnet werden. Maria schreibt, der Arztbesuch in München habe nach Beginn der Sommerferien stattgefunden. Im Juli 1938 war Maria demnach am Beginn des dritten Schwangerschaftsmonats.

Adolf Hitler hält sich Anfang Juli 1938 mehrfach in München auf. Mindestens fünf Mal visitiert er binnen weniger Tage das „Haus der Deutschen Kunst" und besucht das Restaurant, zum späten Mittagessen, zum nachmittäglichen Kaffee. Am 2. Juli etwa plaudert er mehrere Stunden mit seiner Innenarchitektin Gerdy Troost in deren Atelier, ehe er um 14 Uhr zum Mittagessen in sein Stammlokal „Osteria Bavaria" fährt. Schon eineinhalb Stunden später ist er wieder im Ausstellungstempel. Sein Terminkalender vermerkt: „17.00 Kaffee im Haus der Deutschen Kunst – 18.00 Besichtigung – 21.10 Essen im Haus der Deutschen Kunst." Danach empfängt der Reichskanzler noch einen englischen Emissär und diskutiert mit ihm die Frage der Tschechoslowakei. Auch am 6., 14. und 17. Juli ist Hitler im „Haus der Deutschen Kunst". An all diesen Tagen war eine Begegnung mit dem Ehepaar Trapp möglich.

Nach Kaffee und Kuchen in Tisch-Nachbarschaft zum „Führer" spaziert das Paar durch den „Englischen Garten". Georg von Trapp soll dabei einen offiziellen Brief mit dem Reichsadler geöffnet und gelesen haben. Die Deutsche Marine bietet dem 58-jährigen ehemaligen k. u. k. U-Boot-Kapitän das Kommando über ein neues deutsches Unterseeboot an. Die späte Karriere bei der reichsdeutschen Marine endet, ehe sie begonnen hat. Der pensionierte kaiserliche Offizier will – nach eigenen Angaben – nicht für Hitlers Kriegsmarine zur See fahren und lehnt ab. Aller Wahrscheinlichkeit nach war das Angebot, so es ein solches gegeben hat, nur als Propaganda-Coup gedacht. Männer mit dem Geburtsjahrgang 1880 wurden nicht mehr zur Wehrmacht einberufen.

KAPITEL 11

Für das NS-Regime gilt der katholische Priester Franz Wasner als politisch unzuverlässig. Ein nach dem „Anschluss" 1938 ausgestellter Reisepass ermöglicht die Emigration.

11_Flucht oder der Beginn einer Tournee

Im Herbst 1938 verlässt die Familie ihr Haus in Salzburg

Wieder einmal ist die gesamte Familie in der Bibliothek versammelt. Papa möchte etwas Wichtiges mit uns besprechen, hat es geheißen. Bestimmt hat das mit Politik zu tun, denkt Agathe. Die Eltern sind in letzter Zeit so bedrückt, dass man es ihnen direkt ansieht. Oft stecken sie die Köpfe zusammen und unterhalten sich leise mit ernsten Mienen. Wenn Hans, der Diener, den Raum betritt, verstummen sie. Mutter sagt, er ist ein Nazi und man muss aufpassen, was vor ihm gesprochen wird. Dabei war Hans doch immer so nett mit uns Kindern. Die niedergedrückte Atmosphäre im Haus steht in seltsamem Kontrast zur Stimmung in der Stadt. Andauernd gibt es irgendwelche Umzüge und Aufmärsche, überall Fahnen und Musik. Plötzlich scheint es so, als ob es in Salzburg immer schon viele Nazis gegeben habe.

Papa räuspert sich. Alle Augen sind auf ihn gerichtet.

„Ihr wisst, wir können einen Vertrag für Amerika unterschreiben. Ich werde jetzt jeden von euch fragen, wer fahren will. Wenn einer nicht fahren will, fährt niemand. Wir bleiben zusammen."

Agathes Magen krampft sich zusammen. Wie werden sich die Geschwister entscheiden? Ihr Blick wandert von einem zum anderen. Ihre Gesichter sind ernst. Die Spannung ist mit Händen zu greifen.

KAPITEL 11

> *„Ich will fahren!", hört Agathe.*
> *„Ich auch!"*
> *Eine nach der anderen meldet sich zu Wort. Alle wollen fahren.*
> *Der Vater nickt. „Gut. Und jetzt wollen wir gemeinsam den Willen Gottes ergründen."*

Noch über siebzig Jahre später erinnert sich Maria von Trapp an diese Szene: „Dann hat er die Bibel hergenommen. Papa wollte unbedingt wissen, ob das auch der Wille Gottes war. Er wollte den Schutz Gottes haben. Da haben wir so eine dicke Bibel gehabt und da war ein Bleistift am Tisch. Er hat die Augen zugemacht und die Bibel aufgeschlagen. Dann ist er mit dem Bleistift in eine Seite hineingefahren. Ich habe mir gedacht, wie kann er das herausfinden? Und wo ist er steckengeblieben mit dem Bleistift? Wo Gott zu Abraham sagt: Take your family and go. Der Rest war gleichgültig. Go!"

Irgendwann im Sommer 1938, in dem Jahre, „wo das Unheil, von vielen Landsleuten als Heil schreiend begrüßt, sich auch in unserem Vaterlande niedergelassen hatte" (*Wiener Bühne,* 1946), entscheidet sich die Familie fürs Fortgehen. Noch ist keine Emigration für immer geplant. Für den Spätherbst haben die „Trapp Family Singers" einen Vertrag über vierzehn Konzerte in den Vereinigten Staaten unterschrieben. Sie verlassen das zur „Ostmark" des Deutschen Reichs gewordene Österreich allenfalls ein paar Wochen früher. Vor dieser Entscheidung soll die Familie eine offizielle Einladung erhalten haben, anlässlich von Adolf Hitlers Geburtstag am 20. April im Münchner Radio ein Ständchen für den „Führer" zu singen. Das lehnt der Familienrat ab. Georg von Trapp wird von seiner Frau so zitiert: „Das wird jetzt das dritte Mal sein, dass wir ein hervorragendes Angebot ablehnen. Kinder, wollen wir das behalten, was wir noch an irdischen Gütern besitzen, unser Haus, unsere schöne alte Einrichtung, unsere Freunde, unsere kleinen Liebhabereien? Dann müssen wir unsere geistige Einstellung aufgeben, unseren Glauben, unsere Ehre. Wir können beides nicht vereinen. Wir könnten jetzt ein Vermögen verdienen. Die Frage ist nur, würde uns das glücklich machen? Ich möchte euch lieber arm, aber ehrlich sehen. Und wenn wir uns jetzt dagegen entscheiden, dann müssen wir fort."

FLUCHT ODER DER BEGINN EINER TOURNEE

Der 50. Geburtstag Hitlers am 20. April 1939 wurde im Deutschen Reich tatsächlich mit einem einmaligen Feiertag besonders intensiv begangen. Ob die Vorbereitungen für die musikalische Gestaltung des Geburtstagsständchens dazu schon acht Monate vor dem Ereignis begonnen haben? Die Verordnung zur Anordnung eines staatlichen Feiertags wurde jedenfalls erst am 17. April, drei Tage vorm Geburtstag, erlassen. Sei es, wie es sei.

Unwahrscheinlich ist die Haltung der Familie Trapp nicht, auch wenn es dafür keine historischen Belege gibt. Sie gehörten zur Oberschicht des katholisch-konservativen „Ständestaats", waren Anhänger von Bundeskanzler Kurt von Schuschnigg, im Herzen der alten Monarchie und der katholischen Kirche verbunden. Adolf Hitler und seine nationalsozialistische Rassenreligion lehnten Georg von Trapp und auch seine zweite Frau Maria ab. Für Hitler zu singen, wäre ihnen nicht in den Sinn gekommen. Auch, wenn eine brave, deutsche, kinderreiche Familie in alpenländischer Tracht und mit militärischem Hintergrund perfekt in das NS-Propaganda-Klischee gepasst hätte.

„Die neuen Machthaber hatten sein eigentliches Wesen nicht erkannt, er aber desto besser ihres. Nationalsozialismus ist Krieg, sagte er an jenem Abend, und er verweigerte jede Teilnahme daran, sowohl die Erfahrung seines abgelegten Berufes als auch die Stimmen seines Chors." Die posthume Widerstandslegende wird von der Wiener Kunstzeitschrift *Bühne* 1946, also nach dem Ende der Nazi-Herrschaft, geschrieben. Das Nachkriegs-Österreich beruft sich wieder auf jene – wenigen – Landsleute, die sieben Jahre zuvor nicht ins Heil-Geschrei der Massen eingestimmt haben. Neue Vorbilder braucht das aus den Ruinen des Krieges und der geistigen Zerstörung entstehende Österreich. Dafür werden die Trapps politisch benutzt, nicht missbraucht.

Denn: Inmitten der hysterischen Anschluss-Begeisterung vieler ihrer Landsleute bleiben die Trapps im März 1938 (und danach) Österreicher. So gesehen macht auch die Schlussszene von *The Sound of Music* Sinn, auch wenn sie für Hollywood erfunden ist. Georg von Trapp beginnt sein – nur von ihm auf der Gitarre begleitetes – Lied „Edelweiss" in der Salzburger Felsenreitschule mit einer kurzen Ansprache: *My Fellow Austrians,* also „meine österreichischen Landsleute". Im Film, im Publikum, sitzen Nazi-Bonzen, Parteifunktionäre und der „Gauleiter". Zu diesem Zeitpunkt gibt es

KAPITEL 11

kein Österreich mehr, nur noch eine „Ostmark" des Deutschen Reichs. Die „Landsleute" sind schon „Volksgenossen". Und die Verszeile *God bless my Homeland* ist ein Adieu.

„Der Abend vor der Kirche in Maria Plain war ein Abschied, nicht nur von lieben Menschen, sondern auch von Österreich, dem die Treue zu halten er fest entschlossen war, heimlich und in der Ferne, da er es in der Öffentlichkeit und daheim nicht mehr konnte. Was er Geliebtes und an Sorge für dieses zurückließ, mochte ausgesprochen sein im Kreuz, das er beim Abschied den verbleibenden Freunden an die Stirne zeichnete", schreibt die *Wiener Bühne* acht Jahre später.

Georg von Trapp und seine Frau Maria entscheiden sich jedenfalls für eine vorzeitige Abreise zur Tournee. Kapitän Trapp erhält eine Audienz beim Salzburger Fürsterzbischof Alois Rohracher. Er bittet um die Erlaubnis, Monsignore Franz Wasner auf die geplante Reise, die keine Wiederkehr haben wird, mitnehmen zu dürfen. Der Bischof erteilt seinen Segen. „Suchet also zuerst das Reich Gottes und seine Gerechtigkeit. Und dies alles wird euch dazugegeben werden." Georg von Trapp und ein Teil seiner Familie haben aufgrund ihres ehemaligen Wohnsitzes in Pula, der verwaltungstechnisch zu Triest gehört, nur einen italienischen Pass. Das erleichtert nun die Emigration. Den Antrag auf Ausstellung eines österreichischen Passes hat Georg von Trapp 1935 zurückgezogen. Die Passgebühr von 500 Schilling für die Familie war dem k. u. k. Offizier nach Verlust seines Vermögens zu teuer gewesen. Die Mitglieder der Großfamilie sind also teils italienische, teils österreichische Staatsbürger.

Offiziell bereitet sich der Familienchor im August 1938 auf eine Konzertreise durch die Vereinigten Staaten vor. In der Villa Trapp wird gepackt. In der großen Halle warten bald 56 Koffer, Kisten und Kassetten mit den Musikinstrumenten auf die Reise. Auch das Spinett wird zerlegt und verstaut. Neben dem Privatgepäck kommen auch die Konzertkostüme in einem großen Schrank mit. Packen ist Routine. Maria von Trapp, geborene Kutschera aus Wien, erinnert sich in einem Gespräch: „Wir sind eben ganz friedlich mit gepacktem Rucksack wieder einmal auf eine unserer großen Wanderungen gegangen und von der sind wir halt nicht mehr zurückgekommen."

Die erste Etappe der „Flucht" führt die Trapp-Familie und den Priester Franz Wasner mit der Eisenbahn von der Bahnstation Aigen nach Südtirol. Keine Rede von einer überstürzten Wanderung über den Untersberg in die Schweiz, wie das der amerikanische Regisseur Robert Wise in *The Sound of Music* in Szene setzt. Da wäre die Großfamilie schnurstracks ins „Altreich" praktisch in den Vorgarten von Hitlers Berghof oberhalb von Berchtesgaden gelangt, keinesfalls aber in die neutrale Eidgenossenschaft. Robert Wise verfilmt in *The Sound of Music* eben keine Lebensgeschichte, er verfilmt einen Musicalstoff. Historische Genauigkeit und geografische Kenntnisse sind dabei unerheblich, obwohl das Filmteam aus Hollywood die örtlichen und historischen Gegebenheiten gründlich recherchiert. Wenn es um die Verfilmung eines Märchenstoffs geht, ist die historische Wahrheit kaum relevant. Tochter Maria von Trapp stellt die Filmszene später richtig: Wir sind nicht geflohen, weil wir nicht fliehen mussten. Wir sind gegangen, weil wir einen Vertrag gehabt haben mit Amerika und nicht unter Hitler leben wollten."

Kein Singen des Heimatlieds „Edelweiss" und kein wehmütiger Abschied von den grünen Hügeln der Heimat. *Edelweiss, Edelweiss. Bless my homeland forever … Small and white, clean and bright. You look happy to meet me. Blossom of snow may you bloom and grow.* In der deutschsprachigen Textversion, fehlt die „Segnung der Heimat" und damit der politische Kontext. Absicht? Oder dem Versmaß geschuldet?

Die Trapp-Familie hat in den vergangenen vier Jahren Dutzende Konzerte in Italien, Skandinavien und in London gegeben. Der Aufbruch zu einer Konzertreise ist Routine. Die Koffer werden gepackt, die Instrumente versorgt. Vom Spinett müssen die Beine abgeschraubt werden. Jedes Musikgerät hat einen passenden Reisekoffer. Die Hausbediensteten haben zu tun.

Die Abreise verschiebt sich. Georg von Trapp erleidet einen „Hexenschuss" und kann sich eine Woche lang nicht aus dem Bett erheben. Er ist bei den Reisevorbereitungen keine große Hilfe. Ein paar Tage zuvor muss „Lorli", die jüngste Tochter aus der zweiten Ehe, akut wegen eines Blinddarms operiert werden. Das Kind übersteht den Routineeingriff ohne Probleme, muss sich aber schonen, die Narbe schmerzt gelegentlich. Die Übergabe der Villa an das „Boromaeum" verzögert sich. Die Familie muss alle

KAPITEL 11

Zimmer räumen und näher zusammenrücken. Die Möbel werden in den dritten Stock geschleppt, wo das Hauswartspaar Hans und Louise Stiegler gewohnt hat. Immerhin sind noch die zwei Wäscherinnen in der Villa. Franziska Hlavka wird sich während der Abwesenheit der Trapp um die in Salzburg verbliebenen Einrichtungsgegenstände kümmern.

Im Herbst 1941 beschlagnahmt die SS die Villa in Aigen ohne irgendeinen Rechtstitel. Die Theologiestudenten des Boromaeum müssen ausziehen. Das prächtige Anwesen soll für den Reichsführer-SS Heinrich Himmler umgebaut werden, falls er nach Salzburg kommen sollte. Eine direkte Richtfunkverbindung zu Hitlers Berghof bei Berchtesgaden wird eingerichtet. Der SS-Führer lässt um den Park eine hohe Mauer bauen und im Garten einen Bunker graben. Noch erreichen die britischen und amerikanischen Bomber Salzburg nicht, aber um ihre persönliche Sicherheit sind die Nazi-Bonzen sehr besorgt.

Die Trapp-Villa muss bis 26. Oktober 1941 geräumt übergeben werden. Alles Inventar wird bei einer Spedition gelagert.

Die Familie Trapp erfährt nichts vom Schicksal ihres Heims. Sie haben das Anwesen bereits drei Jahre zuvor im August 1938 verlassen. Abschied von Salzburg haben die „von Trapps" an einem symbolischen Ort genommen. Mit zwei Taxis lässt sich die Großfamilie zur Marienwallfahrtskirche von Maria Plain bringen. Der Mesner öffnet ihnen den barocken Kirchenraum. Sie beten und singen. Nach dem Krieg wird dieser Abend in einem Nachruf auf Georg von Trapp in der *Wiener Bühne* höchst poetisch beschrieben. „Die Stille des Abends war wie Seide und darin, eingestickt als ein zartes Ornament, erklang zuweilen in gedämpftem Farbton der Ruf eines Vogels, bevor er mit der übrigen Welt im Schlaf versank. Die Stille in der Landschaft war, eingehüllt vom fließenden Dunkel der werdenden Nacht, minutenlang vollständig; das leise Geseufz des Windes in den Büschen machte sie nur vollkommener. Die Türme und das Mauerwerk von Maria Plain verdämmerten, aber ihr Inneres tat sich plötzlich vor uns auf, golden strahlend im Licht eines guten Glaubens. Denn die Mädchen begannen auf ein unbemerktes Zeichen ihres Vaters ein Lied zu singen. Die süßen Stimmen trugen das Bild der heiligen Frau an uns vorüber in die willig aufgeschlossene Weite der Nacht. Da man das Lied hörte, begriff man plötzlich die Gnade, die dem Menschen mit seiner Stimme gegeben worden war, und auch das Heiligende und den Trost, die von seinem Gesang ausgehen können."

Für den Tag der Abreise sind die Zugfahrkarten gekauft. Vom alten Bahnhof Aigen, der ans Grundstück der Familie Trapp grenzt, geht die Zugreise übers Salzachtal nach Innsbruck und dann weiter in den Süden nach Sankt Georgen bei Bruneck. In der idyllischen Landschaft des Pustertals und in der Sicherheit Italiens will die Familie auf die Einreisepapiere für Amerika warten. Die Trapps verbringen den gesamten September in Südtirol. Es geht ihnen gut.

Das Warten in Südtirol hat einen angenehmen Nebeneffekt. Georg von Trapp ist zwar pensionierter k. u. k. Offizier, aber italienischer Staatsbürger. Und er hat als Beamter Pensionsansprüche. Italien zahlt die Pension aber nicht ins Ausland aus. Jetzt in Südtirol kann der Kapitän außer Dienst seine bisher aufgelaufenen Ansprüche geltend machen. Es ist nicht viel, was Trapp vom ehemaligen Feindstaat kassiert, es reicht aber, um die Flucht oder Ausreise der Familie zu finanzieren.

Franz Wasner schreibt aus San Giorgio di Brunico an seine Eltern: „Nach den ersten zwei Wochen mit wechselndem Wetter haben wir nun schon längere Zeit herrliche Tage, sonnig und warm ... Die Bergtüchtigen haben bereits einige längere Touren in die Dolomiten gemacht. Auch sonst ist hier ein sehr friedliches Leben ... Die Bevölkerung ist sehr freundlich und eher konservativ eingestellt. Alte Bauern mit langen Bärten nach der Art von Andreas Hofer sind nicht selten."

Der Familienchor tritt auch in Südtirol auf. Die Trapps verdienen so Geld für ihren Aufenthalt im Gasthaus Mutschlechner. Nicht alle in Bruneck begegnen der Familie freilich mit voller Sympathie. Hinter ihrem Rücken wird getuschelt und gemunkelt. Warum verlässt eine nichtjüdische deutsche Familie ihre Heimat? Sie hätten ja nicht emigrieren müssen. Und ein böses Gerücht wird verbreitet. Die Trapps seien verkappte Nazi-Spitzel. Maria Trapp erlebt „fürchterliches Herzweh". Aber der Aufenthalt in Südtirol ist ohnehin nur für ein paar Wochen geplant. Und auch in den schönsten landschaftlichen Winkel der Dolomiten dringt die weit weniger schöne Politik.

Monsignore Wasner beschreibt nicht nur ländliches Bergidyll. Südtirol gehört seit zwei Jahrzehnten zu Italien. Die Bevölkerung leidet unter der fa-

KAPITEL 11

Franz Wasner schreibt seinem Bruder an Bord der „American →
Farmer". Im Salon des Schiffes liest der Priester die heilige Messe.

schistischen Zwangs-Italienisierung. „Den Menschen ist jede Betätigung in der Muttersprache verboten. Alle Straßennamen, Anschriften, Geschäftsschilder, sogar die Grabsteine auf den Friedhöfen müssen in italienischer Sprache sein. Kein deutscher Film in den Städten, kein deutsches Theater auf den Dörfern, kein einheimischer Bürgermeister und kein deutscher Lehrer: Die Kinder haben vom ersten Tag an Italienisch zu lernen und da sie zu Hause nur deutsch sprechen, lernen sie weder das eine noch das andere ... Sogar wegen des Tragens der alten Tirolerkleidung wurden noch heuer im Frühjahr Leute eingesperrt!"

Die weltpolitische Lage spitzt sich im Sommer 1938 zu. Hitler droht nach der Annexion Österreichs im März mit dem Einmarsch in der Tschechoslowakei. Ein Dominostein nach dem anderen soll ihm zufallen. Wieder liegt Krieg in der Luft. Bei der Münchner Konferenz geben die Westmächte dem Druck von Nazideutschland ein weiteres Mal nach. Die unabhängige Tschechoslowakei wird an Hitler verschachert. Der britische Premierminister Neville Chamberlain und sein französischer Amtskollege Edouard Daladier hoffen, durch eine nachgiebige Politik einen neuen verheerenden Krieg in Europa vermeiden zu können. Sie irren.

Aber im Herbst 1938 scheinen sich die dunklen Wolken noch einmal zu verziehen. Franz Wasner: „In den letzten Tagen haben wir uns mit Hilfe in- und ausländischer Zeitungen ein leidliches Bild der internationalen Lage machen können. Der Aufregungen gab es genug. Nun scheint es doch noch ohne Krieg – wenigstens vorläufig zu gehen."

In Bruneck erhalten die Trapps Nachricht von ihrem Agenten, der die Schiffspassage für den Chor organisiert. Sie sollen am 5. Oktober in London sein. Von dort geht zwei Tage später ein Dampfer nach New York. „The American Farmer" ist kein beeindruckendes Luxusschiff und mit 7.500 Tonnen ein eher kleiner Atlantikkreuzer. Auf der Passagierliste stehen gerade 73 Namen, elfmal Trapp und Wasner, Dr. Franz. Um sechs Uhr legt der Dampfer in der Abenddämmerung von Southampton ab. Agathe von Trapp: „Wir sahen die Felsenküste bei Land's End im späten Licht. Ein Gedanke kam mir in den Sinn. Wir lassen Europa und unser bisheriges Leben zurück."

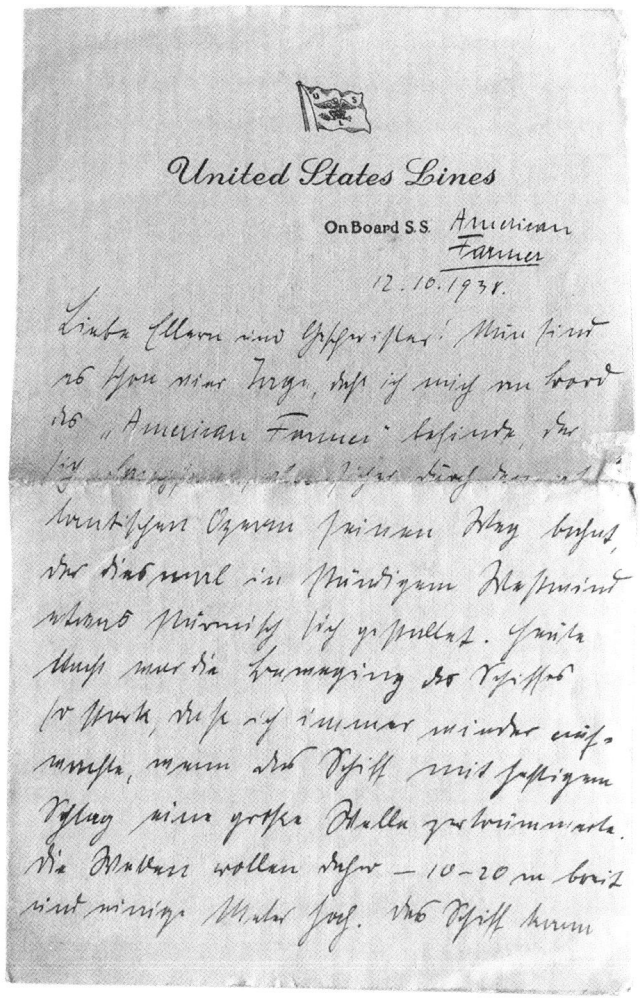

Franz Wasner schreibt seinem Bruder einen Brief über die Erlebnisse auf der Atlantik-Passage, zur Post gebracht werden kann er erst nach der Ankunft in New York. Es ist Mitte Oktober 1938. „Nun sind es schon vier Tage, dass ich mich an Bord des ‚American Farmer' befinde, der sich langsam aber sicher durch den atlantischen Ozean seinen Weg bahnt, der diesmal in ständigem Westwind etwas stürmisch sich gestaltet. Heute Nacht war die Bewegung des Schiffes so stark, dass ich immer wieder aufwachte, wenn das Schiff mit heftigem Schlag eine große Welle zertrümmerte. Die Wellen rollen daher – zehn bis zwanzig Meter breit und einige Meter hoch. Das Schiff kann deshalb seine normale Geschwindigkeit nicht beibehalten, und wir rechnen bereits mit einer Verspätung von ein bis zwei Tagen. An Bord sind 73 Passagiere, die meisten sind Amerikaner, aber auch mehrere Deutschsprechende sind vorhanden. Viele waren bereits seekrank, auch einige von uns haben darunter gelitten. Heute sind aber wieder fast alle zum Mittagessen erschienen. Damit wären wir beim Essen! Es ist, wie auf Schiffen üblich, sehr reichhaltig, doch ist vieles aus Konserven zubereitet. Am Abend ist für allerhand Unterhaltung gesorgt: Spiele, Kino usw. Kapelle ist keine eigene vorhanden, doch sind alle Sachen hier, um im Salon die Heilige Messe zu lesen.

Wir sind vier Herren in einer Kabine, haben daneben einen Kasten mit Waschgelegenheit, fließendem Wasser warm und kalt, Klosett und ein Duschbad. Alle haben elektrisches Licht, fließendes Wasser und Zentralheizung. Zweimal am Tag singen wir, um uns in Übung zu erhalten. Das Interesse der übrigen Passagiere ist mächtig groß und wir sind bereits gebeten worden, an einem der Abende für alle zu singen. So vergehen die Tage eigentlich sehr rasch. Im Übrigen geht es mir sehr gut. Die Seekrankheit kann mir anscheinend nicht an."

Trotz rauer See dampft die „American Farmer" am Nachmittag des 12. Oktober bei der Freiheitsstatue im Hafen von New York vorbei. Zehntausende Emigranten aus Europa grüßen in diesen Wochen das Symbol der Freiheit. Franz Wasner schreibt am gleichen Tag nüchtern: „Alles gut vorbei. Herzl. Grüße. Franz."

Für Nelly Wagner, die Trapp die Amerika-Tournee ermöglicht hat, ist noch nicht „alles gut". Nach Hitlers Einmarsch in Österreich flieht die Musikkennerin nach Prag. Dort sind ihr nur wenige Monate Atempause gegönnt. Dann muss die jüdische Künstleragentin vor den Nazis weiter nach Paris und schließlich 1940 vor den anrückenden Wehrmachtstruppen nach Marseille fliehen. Nelly Wagner wird verhaftet und in ein Lager gesteckt. Sie kann knapp vor der Invasion flüchten und sich in die Hände der vorrückenden Amerikaner retten, wo sie im „Quartermaster Corps" als einzige Frau und Ausländerin arbeitet. Der Dank für ihr Engagement ist ein begehrtes Visum für die USA. Dank ihrer Erfahrung und ihrer exzellenten persönlichen Kontakte in die europäische Musikszene kann sie nach 1945 in New York bei den „Columbia Artists, Inc." anheuern und ihren Beruf fast nahtlos weiter ausüben. Frau Wagner beweist – nicht nur bei den Trapp-Singern G'spür für den Erfolg. Sie betreut einen aufstrebenden Künstler: Leonard Bernstein.

Die singende Familie wird von den amerikanischen Veranstaltern im Mittelklassehotel „Wellington" Ecke 7. Avenue und 55. Straße einquartiert. Das Hotel liegt unweit der berühmten New Yorker Konzerthalle, der Carnegie Hall, und nahe dem Büro ihres neuen Konzertagenten.

Der finanzielle Erfolg der ersten Amerika-Tournee bleibt hingegen – jedenfalls in der brieflichen Abrechnung von Franz Wasner – eher bescheiden. Statt der erhofften vierzig Konzerte kommen nur zwei Dutzend zustande. Das Publikumsinteresse bleibt hinter den Erwartungen des Konzertmanagers zurück. Eine deutsch sprechende Familie, die in eher schlichten Trachtenkostümen und ohne jede Bühnenshow religiöse Madrigale aus dem 17. und 18. Jahrhundert zu Gehör bringt, stellt an das Publikum hohe Ansprüche. Und die Amerikaner unterscheiden nicht so genau zwischen Österreich, das es auf der Landkarte gar nicht mehr gibt, und dem deutschen Reich. Außerdem haben „Deutsche" im Herbst 1938 ein gehöriges Imageproblem. Während die von Trapps in Amerika auf Tournee sind, besetzt Adolf Hitler nach dem Münchner Abkommen weite Teile der Tschechoslowakei. Die US-Presse verschärft ihren kritischen Ton gegen Deutschland. Franz Wasner beklagt das weltpolitische Umfeld: „Durch die gewaltige Propaganda, die in den USA gegen alles aus Deutschland kommende herrschte, war es unserem Manager nicht möglich, die Zahl der Konzerte einzuhalten. Viele Städte, die bereits zugesagt hatten, zogen ihre Zusage nach den Ereignissen des März 1938 zurück. Wir erfuhren dies erst nach unserer Ankunft in New York."

Franz Wasner rechtfertigt offenbar in diesem Schreiben an den Fürsterzbischof, warum der Trapp'sche Chor keinerlei Spenden für die Salzburger Diözese lukrieren konnte. „Der errechnete Reinertrag konnte nicht zustande kommen und die Einnahmen konnten gerade die Auslagen decken."

KAPITEL 11

Die Konzerttour wird auch etwas früher abgebrochen. Maria von Trapp ist mit ihrem dritten Kind schwanger. Eine Weile lässt sich diese gegenüber dem Konzertmanager Wagner verschwiegene Tatsache durch ausladende Dirndln und breite Schürzen verbergen. Schon in Salzburg hat Maria für diesen Fall vorgesorgt. Ihre Näherin kennt die Tricks: „Sie müssen oben immer voller aussehen wie unten, dann glaubt man nur, dass sie eine starke Dame sind." Bei Kleidergröße 3 funktioniert auch diese Tarnung nicht mehr. Eine schwangere Frau auf der Bühne, das geht im prüden Amerika der 1940er-Jahre nicht. Der Konzertimpresario nützt diese vertragswidrigen „anderen Umstände", um die Tour abzukürzen. Die Familie will aber keineswegs vor Ablauf ihres Visums im März 1940 nach Europa zurückkehren. Eine Zufallsbekanntschaft im Hotel „Wellington" stellt die Weichen für die Zukunft. Die Mutter der im gleichen Jahr wie Maria Augusta geborenen Wienerin Yella Pessl, die eigentlich Gabriella Pessl-Sobotka hieß, war schon 1931 nach Amerika ausgewandert. Sie hatte an der Wiener Musikakademie Harfe und Klavier studiert und galt als absolute Bach-Kennerin. In den USA spielte sie mit großen Orchestern und weltberühmten Dirigenten, wie Arturo Toscanini und Bruno Walter. Pessls Mutter hörte sich die Geschichte ihrer Landsleute an und riet ihnen, auf eigene Rechnung ein Town Hall-Konzert zu organisieren. „Jeder Künstler, der hier seinen Weg machen will, muß das tun." Die Town Hall wurde ironischerweise in den 1920er-Jahren von Feministinnen (The League for Political Education) gegründet, um ihren Kampf fürs Frauenwahlrecht zu unterstützen, das es – auch das eine Ironie – im konservativen Österreich bereits seit 1918 gab. Die Architektur der Town Hall sollte den egalitären politischen Anspruch unterstreichen, alle Sitzplätze boten „demokratisch" die gleiche Sicht aufs Podium.

Die Town Hall in New York ließ sich für vergleichsweise günstige 700 Dollar mieten und Edith Behrens, die erfahrene Pressebetreuerin der Wiener Harfenistin, kümmerte sich um die Werbung. Sie ließ die Trapps in Salzburger Tracht vor dem Rockefeller Center und vor Auslagen in der Fifth Avenue posieren. Die Geschichte war schnell geschrieben. Eine singende Großfamilie aus einem exotischen Alpenland auf der Flucht vor Adolf Hitler bestaunt die Wunder New Yorks.

Das Konzert war kein durchschlagender Publikumserfolg. Immerhin war die Town Hall zwischen Broadway und Sixth Avenue zu zwei Dritteln gefüllt, allerdings verließen schon etliche Besucher das Konzert in der Pause. Der Salzburger Kammerchor hatte sein New Yorker Publikum mit drei Madrigalen vor der Pause und der drei viertel Stunden langen Motette „Jesus, meine Freunde" doch etwas überfordert. Die Kritiken am nächsten Tag fielen jedoch besser, ja begeistert aus. „Ein unvergleichlicher Chor, musikalisch durch und durch." Über diesen Auftritt in der Town Hall lernt die Familie Professor Otto Albrecht von der Pennsylvania-Universität in Philadelphia kennen. Er bietet der Familie ein Haus in Germantown von Philadelphia an. Es wird für die kommenden drei Monate ihr Heim und der Geburtsort des jüngsten Kindes. Johannes Trapp wird in Germantown geboren. Die Wochen in Philadelphia werden von der einen Hoffnung bestrahlt. Nach Weihnachten 1938 sucht die gesamte Familie um eine Verlängerung der Besucher-Visa an, eine reine Formalität.

Franz Wasner, der mit Mutter Maria die Finanzen verwaltet, kalkuliert, dass das Geld der Familie längstens bis zum Sommer reichen würde. Bis dahin müsste eine neue Konzertsaison vereinbart sein. Tatsächlich präsentiert Charles Wagner dem Trapp-Chor einen neuen Vertrag für bis zu vierzig Konzerte. Beginnend ab September 1939.

Und dann verdunkelt sich die Hoffnung. Die Einwanderungsbehörde lehnt eine Verlängerung der Besucher-Visa ab. Die Trapps müssen bis 4. März die Vereinigten Staaten verlassen. Und sie nutzen die Aufenthaltsgenehmigung bis zum letzten Tag. Georg von Trapp gelingt es, auf dem französischen Schiff „Normandie" zwölf Passage-Tickets dritter Klasse nach Southampton zu kaufen. Damit ist das Budget der Familie beinahe aufgebraucht. Nach Salzburg, ins nunmehrige Hitlerdeutschland, wollen sie nicht zurück. Die beiden Söhne Rupert und Werner wären zum Wehrdienst verpflichtet worden.

Als letzten Rettungsanker erinnert sich der Chor an ein Angebot eines dänischen Impresarios, der eine kleine Skandinavien-Konzertreise angeboten hatte. Er wird „per Kabel" kontaktiert. Die Hoffnung sinkt beim Warten auf die Antwort Tag für Tag. Und dann – Maria Augusta von Trapp wird die Zusage für ein Engagement als Gottes Fügung und als Ergebnis kollektiver Gebete erleben. „Alles bereit für erstes Konzert am zwölften März in Kopenhagen".

KAPITEL 11

Die Emigrantenfamilie hat Europa auf der „American Farmer" verlassen und kommt auf der „Normandie" zurück. Die Wolkenkratzer verlieren sich im Nebel, wieder passiert ein Schiff die Freiheitsstatue, diesmal über den Atlantik Richtung Osten. Die „Normandie" ist ein Luxusliner, mehr noch: Mit einer Länge von mehr als dreihundert Metern ist es das größte und modernste Schiff der Zeit. Die „Normandie" erhält das „blaue Band" für die schnellste Atlantiküberquerung. Und die Dritte-Klasse-Passagiere werden wie Erste-Klasse-Gäste behandelt. Die Familie darf mit Passierscheinen an Deck gehen und in der Art-dèco-Pracht des maritimen französischen Meisterwerks wandeln. Als Gegenleistung gibt der Chor ein Konzert mit dem französischen Flötisten René Le Roy im einzigartigen Konzertsaal des Schiffs. Danach wird Champagner serviert. Mutter Trapp ist begeistert. „Welch edles Schiff und welch wunderbare Besatzung!" Es ist der letzte Luxus. Die Familie ist zurück in Europa am Vorabend eines neuen Krieges.

Die strahlend schöne „Normandie" wird ein „Opfer" des Krieges. Das französische Schiff wird nach der deutschen Besetzung Frankreichs von den Amerikanern als „Kriegsbeute" requiriert und soll zum Truppentransporter umgebaut werden. Bei den Arbeiten bricht im Februar 1942 am New Yorker Pier 88 ein Brand aus. Schlamperei und Unvermögen behindern die Brandlöschung. Das Schiff sinkt. Der Luxus des alten Europa liegt im Schlamm des New Yorker Hafenbeckens.

Franz Wasner schreibt am 1. April aus Kopenhagen an den „hochwürdigsten Herrn Fürsterzbischof" eine Art Bilanz der ersten Amerikareise des „Trapp Family Choirs" und verzichtet nicht auf Superlative. „Die amerikanische Tournee war ein gewaltiger künstlerischer Erfolg, all überall empfand man das Auftreten des Chores als etwas völlig Neues, nie da gewesenes nach Inhalt und Form. Fast überall wurde die religiöse Grundlage dieser Art Singens mit zwingender Notwendigkeit empfunden." Die dreizehnköpfige Reisegesellschaft ist mit dem Atlantikliner von New York nach Southampton gekommen und wird dort am 8. März vom britischen Immigration-Officer registriert. Den Trapps war vom britischen Vize-Konsul Jim Walsh ein Transitvisum für die Weiterreise nach Dänemark ausgestellt worden. Dort kommt der Familienchor am 10. März an, rechtzeitig zum ersten Konzert der Skandinavienreise. Nur zwei Tage vor der Abreise aus Kopenhagen, wo die Großfamilie in einem Hotel wohnt, schreibt Franz

Wasner an den Salzburger Fürsterzbischof. Der zum Chorleiter mutierte Priester sieht offenbar die zwingende Notwendigkeit, seinem „hochfürstlichen" Dienstherren gegenüber den religiösen Charakter der Konzertreise zu begründen. Die von Trapps singen nicht, sie missionieren: „Ich fasse das als Bestätigung der von mir immer geführten Auffassung auf, dass die Arbeit des Chores vom Standpunkt des Priesters aus als missionarisch oder zumindest als Missionshilfe zu gelten hat. In Amerika und in Skandinavien hat die Tatsache, dass Katholiken und ein katholischer Priester solch hochkünstlerische Arbeit leisten, verzichtend auf jedes Raffinement und jede Spekulation auf weniger künstlerische Seiten der menschlichen Natur, fast apologetischen Wert."

Immerhin macht der Priester seinem Erzbischof Hoffnung. Ein neuer Vertrag ab Herbst 1939 soll einen „finanziellen Ertrag" versprechen. Die politischen Vorurteile, den von Trapps wird unterstellt, heimlich im Dienst der Nationalsozialisten durch Amerika zu reisen, hofft der Priester durch „persönliche Eindrücke" zerstreuen zu können. Franz Wasner hat Interessen und die Salzburger Diözese hat Interessen. Offenkundig konnte der Priester die Freistellung von seelsorglichen Verpflichtungen in Salzburg durch das Versprechen, Spenden in Amerika zu keilen, erreichen. Wasner bittet den Erzbischof um „ein warmes persönliches Empfehlungsschreiben" des Inhalts „dass meine Tätigkeit die Gutheißung und Empfehlung von hochfürstlichen Gnaden besitzt und dass ich berechtigt bin, Spenden für die in Frage stehenden Zwecke entgegenzunehmen". Das Schreiben des Bischofs sollte durch „Siegel oder Stempel" deutlich als authentisch erkennbar sein.

Tatsächlich hat die Salzburger Diözese existenzielles Interesse an Hilfe aus dem westlichen Ausland. Die nationalsozialistische Kirchenpolitik und die Repression werden als drückend empfunden. Am 12. Juli 1939 antwortet der Fürsterzbischof seinem Priester und liefert in einem außer Landes geschmuggelten Brief die gewünschte Empfehlung. „Die gegenwärtige Lage in Österreich macht es unmöglich, Sie im Wege der Presse oder durch das Radio über die Zustände in Österreich besonders bezüglich der katholischen Kirche zu informieren. Presse und Radio liegen gänzlich in der Macht des Staates, der in dieser Hinsicht Veröffentlichungen nicht duldet. Außerdem steht die gesamte Post unter strenger Kontrolle. In Österreich wurden alle katholischen Schulen und Institute, ja auch die kirchlichen Knabenseminare zur Herausbildung von Priestern unterdrückt, die theologische Fakultät in Salzburg aufgehoben und die theologische Fakultät in Graz mit jener von Wien zusammengelegt, was praktisch einer Aufhebung gleichkommt. Vielen Priestern ist die Erteilung des Religionsunterrichts in den Staatsschulen aus nichtigen Gründen verboten worden; allen Seelsorgern, die in den Staatsschulen Religionsunterricht erteilen wurde die Remuneration, die bisher dafür geleistet wurde, entzogen."

„Diese Lage der katholischen Kirche in Österreich, besonders in Salzburg, nötigt geradezu, um Hilfe umzusehen. Es wird daher der hochwürdigste Herr Dr. Franz Wasner und die Familie Trapp zur Entgegennahme von Beträgen in jedweder Höhe zu obigem Zwecke bevollmächtigt. Die Gaben werden verwendet für die Ausbildung von Priesteramtskandidaten, für die Erhaltung unserer Seelsorger, für den Religionsunterricht und für die sonstigen Diözesanbedürfnisse."

Dem Spenden-Empfehlungsschreiben schließt der neue Fürsterzbischöfliche Bischof von Salzburg, Sigismund Waitz, eine besondere Empfehlung für die Familie Trapp an. Ihnen soll Gelegenheit gegeben werden, bei Kirchenkonzerten zu singen und bei Messen als „gemischter Chor" aufzutreten. „Die Familie Trapp ist samt ihrem musikalischen Leiter Dr. Franz Wasner ihres Vertrauens würdig."

Das protestantisch geprägte Skandinavien stellt die katholischen Trapps vor eine besondere Herausforderung. Es mangelt an geweihten katholischen Kirchen. Die tägliche heilige Messe ist aber Pflicht. So bittet Pater Wasner den apostolischen Vikar für Schweden um eine Ausnahme. Johannes Evangelist Erik Müller gibt seinen Segen. „Ja, ich gebe Ihnen die Erlaubnis zur Feier der heiligen Messe für den Zeitraum der Konzerttournee auch für jene Orte, an denen sich keine katholische Kirche befindet." Der päpstliche Vikar schließt allerdings eine unmissverständliche Mahnung an. „An und für sich widerspricht es ja den kirchlichen Bestimmungen, das heilige Messopfer in einem Zimmer, das auch als Schlafzimmer benützt wird, zu feiern. Doch mag auch dieses in solchen Fällen angehen, wenn kein anderes Zimmer zur Verfügung ist unter der Voraussetzung, dass nichts der Ehrfurcht vor dem Heiligen Geheimnisse widerspricht." Die Skandinavien-Tournee wird improvisiert, es erfolgen Einladungen zu Auftritten in Kirchen, Klöstern, kleinen Gemeindesälen. In Norwegen wird der Chor vom langen Arm der nationalsozialistischen Politik erreicht. Die deutsche Botschaft warnt Veranstalter, einer antideutsch eingestellten Familie buchstäblich eine Bühne zu bieten. Die Drohung wirkt. In einigen Orten bleiben die Säle leer. Immerhin kann die Familie Trapp mit ihrem Gesang den Aufenthalt in Skandinavien finanzieren. Einige weibliche Familienmitglieder nützen den Sommer, um in die alte Heimat zurückzukehren, Verwandte zu besuchen. Sie sind erstaunt, mehr noch entsetzt, wie sich die Stimmung gewandelt, das alte Österreich zur „Ostmark" des Nazi-Reichs geworden ist. Die Männer bleiben in Skandinavien. Die Söhne Rupert und Werner wären sonst wohl zur deutschen Wehrmacht eingezogen worden.

Zwei Wochen nach dem Überfall von Hitlerdeutschland auf Polen und dem Beginn des Zweiten Weltkriegs kann die Familie endlich Europa verlassen. An Bord der „S.S. Bergenfjord" der „Norske Amerikalinje" lassen die Trapps und ihr musikalischer Begleiter den in Brand gesteckten Kontinent zurück. Noch herrscht Friede in Norwegen. Der Angriff der deutschen Wehrmacht unter dem Decknamen „Weserübung" auf den strategisch bedeutsamen skandinavischen Staat wird erst im April 1940 beginnen. Franz Wasner schreibt in seiner engen Kajüte an Bord der „S.S. Bergensfjord" am 17. September 1939 einen Brief nach Salzburg: „Lieber Bruder! Vor zwei Stunden sind wir aus Oslo ausgelaufen und fahren nun der norwegischen Küste entlang hinauf nach Bergen, wo wir acht Stunden Aufenthalt haben, die Stadt anschauen und Briefe aufgeben können. Das Schiff hat 16.000 Tonnen, ist also keine ‚Normandie', auch nicht besonders schön, dafür fahren wir aber jetzt in herrlicher Landschaft. Leider ist es schon empfindlich kalt, heute nachts hatten wir -10 °Celsius. Wenn nichts Weiteres geschieht, sind wir am 9. Oktober in New York. Am 20. haben wir das erste Konzert und vorher singen wir Schallplatten ... Wie mag alles weitergehen?!

Ich lege ein Testament bei, das du vollstrecken mögest für den Fall, dass mir auf dieser Reise etwas zustoßen sollte. Für alle Fälle! Hoffentlich kommen wir alle gut an in U.S.A."

KAPITEL 12

Eine Familie im Tischgebet vereint. 1940 touren die „Trapp Family Singers" schon erfolgreich durch Amerika.

12_Auf dem Weg zum Weltruhm

Zwischen 1939 und 1956 singt der Familienchor für drei Millionen Menschen

Die Lifttüre öffnet sich mit einem leisen Geräusch. Eine Frau, sie mag Mitte Dreißig sein, tritt heraus und sieht sich unsicher um. Sie mag die Blicke nicht, die ihr die Leute hier zuwerfen. Ob es an ihrer europäischen Kleidung liegt oder den mangelnden Englischkenntnissen? „Die Baronin", die zu Hause immer die Selbstsicherheit in Person war, ist eingeschüchtert. Was für ein seltsames Land dieses Amerika ist. Menschen aus aller Welt scheinen hier zu leben. Schwarze, Asiaten, Juden. Riesige Autos, die einen unglaublichen Verkehr produzieren. Fahrende Treppen, damit die dicken Leute hier ja nicht einen Schritt zu viel tun müssen. Und Häuser, die buchstäblich in den Himmel ragen. Maria von Trapp blickt aus dem fünfzehnten Stock eines Bürogebäudes, 113 West 57. Straße. Ihr ist gar nicht wohl. Sie vermeidet es, lange aus dem Fenster zu sehen. Wie Ameisen stehen die Menschen von hier oben aus. Am liebsten würde sie sofort umkehren und mit dem Lift wieder nach unten fahren. Aber zuerst muss sie mit diesem Freddy Schang, dem Manager, sprechen. Was hat die junge Sekretärin gesagt? „Die Baronin hat gar keinen Sex-Appeal! Sie können nie eine Attraktion werden!" Was immer das bedeuten mag, Freddy Schang soll es ihr ins Gesicht sagen.

KAPITEL 12

Wenige Minuten später sitzt Maria von Trapp dem Amerikaner gegenüber.

„Warum uns nicht nehmen?", fragt sie in gebrochenem Englisch.

Freddy Schang denkt ein wenig nach, dann nimmt er seine Zigarre aus dem Mund und legt los. Erst lästert er über das Programm, ja sogar über die Instrumente. Dann kommt der Ami richtig zur Sache.

„Aber das Ärgste ist ihr Aussehen, feierlich und ernst kommen und gehen sie, wie ein Leichenkondukt. Kein freundliches Lächeln, nichts Anmutiges. Diese langen Röcke, die hochgeschlossenen Blusen, das Haar in der Mitte gescheitelt, auf dem Rücken lange Zöpfe ..." Sein Gesicht verzieht sich vor Abscheu. „Können Sie nicht einfach in ein Geschäft gehen und sich anständige Kleider kaufen?"

Nein, denkt Maria von Trapp trotzig. Das können wir nicht.

„Ist das Ihr letztes Wort?"

Freddy Schang nickt. Amerika, das Land der unbegrenzten Möglichkeiten. Das Land, in dem man tun kann, was man will. Sich kleiden kann, wie man will. Alles Schwindel. Zorn steigt in der Besucherin auf. Sie schnappt ein dickes Buch und knallt es vor dem verdutzten Manager auf den Tisch.

„Ich denke: Amerika freies Land. Ist nicht!"

Dann hat es die Baronin eilig, das Büro zu verlassen. Der Manager soll ihre Tränen nicht sehen. Sie geht zum Lift. Nichts wie raus aus diesem entsetzlichen Hochhaus. Die junge Sekretärin mit den hohen Schuhen und der aufgesteckten Frisur versperrt ihr den Weg zum Lift.

„Kommen Sie bitte noch einmal zurück, Frau Trapp! Herr Schang möchte noch etwas mit Ihnen besprechen."

Die Konzertkarriere in Amerika gestaltet sich anfangs eher zäh. Nach zwei Konzertreisen, die von Charles Wagners Künstleragentur organisiert waren, schaut sich die Familie nach einem neuen Management um. Der erhoffte große Durchbruch ist ausgeblieben. Die Kritiken sind gut und das Publikum lobt die hohe Musikalität, aber die von Trapps sind im großen

Amerika weitgehend unbekannt. Die Einspielergebnisse bleiben auch in der zweiten Saison bescheiden. Oft decken die Karteneinnahmen kaum die Ausgaben von Reise und Quartier. So soll es nicht weitergehen. Maria von Trapp ergreift die Initiative. Sie meldet den Familienchor zu einer „Audition" bei der renommierten Konzertagentur „Columbia Concerts, Inc." in New York an. Sie werden akzeptiert und dürfen im Headquarter von „Columbia" auf der 57th Street gegenüber der berühmten Carnegie Hall singen. Die Manager von Amerikas bedeutendster Konzertagentur sind zwar von der Musikalität der Familie angetan, glauben aber nicht an einen Erfolg beim amerikanischen Publikum. Ihr Vortrag sei zu pathetisch und anspruchsvoll, ihre Bühnenpräsenz bescheiden, Humor? Fehlanzeige. Sie werden nicht engagiert.

Diese nicht ganz unbegründete Begründung will Maria von Trapp nicht hinnehmen. Die resolute, laute und polternde Wienerin überwindet alle Sekretariatsschranken und gelangt ins Büro des „Columbia Concerts"-Managers Frederick Christian Schang, Jr. Der als „gerissen" beschriebene „Freddy" hat bei der „Audition" immerhin professionelles Interesse für den in seltsamer Tracht auftretenden Familienchor gezeigt. Sie können singen und sind eine Kuriosität für Amerika. Die „Baronin" und der clevere Konzertmanager. Nach langem Hin und Her lässt sich F. C. Schang breitschlagen. Der Musikmanager wagt das Wagnis und engagiert eine unbekannte österreichische Emigrantenfamilie für Columbia Concerts. Die Trapps müssen freilich beträchtliche Konzessionen machen. Freddy Schang verordnet der Sangesrunde einen neuen Namen – *The Trapp Family Singers* – und er verlangt 5.000 Dollar zur Finanzierung einer Werbekampagne.

Maria Trapp muss das Geld von Freunden borgen und Columbia vorstrecken. So verlagert Frederick Christian „Freddy" Schang, Jr. das finanzielle Risiko auf seine Künstler. Der Manager ist deutlich älter als Maria von Trapp, geborene Kutschera. Und er hat einen gänzlich anderen beruflichen Hintergrund. Der in New York aufgewachsene Schang absolviert die „Columbia Graduate School of Journalism". Er arbeitet als Reporter bei der nicht überaus seriösen *New York Tribune*, ehe er seine geschäftliche Liebe zur Musik entdeckt. Der Journalist hat einen „Riecher" für den Erfolg. Zu seinen künstlerischen Klienten zählen wirklich Große: Enrico Caruso, Grace Moore, and Lily Pons. Mit dem späteren Erfolg von *The Trapp Family*

Singers macht auch der Ex-Journalist Karriere. 1948 wird Schang zum Chef der „Columbia Artists".

Seit dem Ende der 1920er-Jahre werden die sogenannten „Community Concerts" zum Erfolgsrezept. Die Idee: Klassische Musik wird mit einem günstigen Abonnement-System aufs „flache Land" gebracht. Die Menschen im *Heartland* Amerikas sollen die Chance haben, viele das erste Mal in ihrem Leben, klassische Musik in einem – wenn auch kleinen – Konzertsaal zu erleben. Nach manchen Auftritten bleibt es still im Saal, kein Applaus. War der Vortrag so schlecht? Nein, im Publikum sitzen Menschen, die noch nie in ihrem Leben in einem Konzert waren, sie wissen einfach nicht, was sie tun sollen, wie sie ihre Anerkennung ausdrücken sollen. Die Trapps lernen, das Publikum lernt.

Die Idee der „Community Concerts" wird in Verbindung mit einer mächtigen Konzertagentur zu einem echten Massenphänomen. In Hunderten Kleinstädten Nordamerikas finden klassische Konzerte statt. Das Monopol einiger Metropolen auf „ernste" Musik wird gebrochen. *The Trapp Family Singers* werden zu Stars der „Community Concerts" und treten bis zu 140-mal pro Jahr auf. Das durchaus volksbildnerische Kulturprogramm läuft unter dem Motto „Carnegie Hall in Every Town". Im Laufe ihrer Karriere werden sie praktisch für jede „Community Concerts"-Organisation singen. Während der Saison, beginnend im Herbst, touren sie mit ihrem Autobus, der zum Markenzeichen wird, durch ganz Amerika. Wenn sie Bach, Monteverdi oder österreichische Volkslieder singen, erschließen sie für Amerikas *Midwest* akustisches Neuland.

Mit dem Engagement bei „Columbia Concerts" hat sich auch das musikalische Repertoire der *Family Singers* geändert. Der behäbige Vortrag von zwanzigminütigen geistlichen Madrigalen aus dem 16. Jahrhundert war wohl künstlerisch wertvoll, aber fürs amerikanische Publikum doch ein wenig anstrengend. Das Konzertprogramm muss also „eingängiger" gestaltet werden. Amerikanische und englische Volkslieder werden geübt und ins Programm aufgenommen. Pater Franz Wasner wird zum Verbündeten des Konzertmanagers. Vier bis sechs Stunden pro Tag probt die Familie in ihrem gemieteten Haus in Merion, einem Vorort von Philadelphia. Der A-cappella-Chor verstärkt sich mit Instrumenten. Franz Wasner begleitet und dirigiert am Spinett, Werner spielt die Viola da gamba, die Mädchen

Maria von Trapp mit den Töchtern aus erster Ehe: Nicht immer stimmt das Bild lächelnder Harmonie.

blasen Blockflöten. Pater Wasner zieht die Zügel an. „Ich musste das Unmögliche verlangen, um das Mögliche zu erreichen." Zum Unmöglichen gehört auch Schminke. Auf Drängen der amerikanischen Manager malen die Töchter ihre Lippen rot an, verwenden Puder – ohnehin dezent – und präsentieren sich als weibliche Wesen.

Die Konzertsaison 1940 ist die erste Trapp-Tour unter den Fittichen von „Freddy" Schang und der großen Columbia-Organisation. *The Trapp Family Singers* werden ein professionelles Ensemble. Sie lernen rasch, dass in den USA auch ernste Musik unterhaltend dargebracht werden muss. Die aus Europa über den Atlantik importierte Attitüde, schweigend in strengen Kostümen die Bühne zu betreten, sich zu verbeugen und dann für zwei Stunden Kirchenlieder zu singen, wird durch eine – ohnehin minimalistische – Dramaturgie ergänzt. Ausgerechnet eine lästige Fliege in Denver beflügelt die Bühnenpräsenz der *Family Singers*. Das Insekt umschwirrt Maria Augusta, die die Fliege durch backenblähendes Pusten hinwegblasen wollte. Dabei verschluckt die „Mutter" die Fliege, versucht sie durch kräftiges Husten aus dem Rachen zu bringen, bringt den harmonischen Chorgesang durcheinander und entschuldigt sich beim Publikum: „Was noch nie passiert ist, passierte jetzt. Ich habe eine Fliege verschluckt."

Applaus und Heiterkeit waren die Antwort des Publikums. Maria von Trapp lernt aus dem Vorfall, beginnt die Lieder mit Geschichten zu begleiten und erfindet für sich und ihre Stieftöchter die Moderation des

KAPITEL 12

Konzerts. Während die Mädchen, die ja längst erwachsene Frauen sind, in weißen Seidenkleidern mit schwarzen und goldenen Brokatstickereien auftreten, hebt sich die „Mutter" durch ein schwarzes Festtagsdirndl optisch von den jüngeren Chorsängern ab. Die beiden Brüder Rupert und Werner tragen Trachtenanzüge und Pater Wasner setzt sich im schwarzen Priesterhabit ans Spinett. Das amerikanische Publikum ist ob des für sie exotischen Auftritts zuerst verblüfft und dann begeistert. Auch der österreichische Akzent von Maria Augusta gefällt dem Publikum. Die „Mutter" entwickelt rasch einen feinen Instinkt dafür, wie sie mit den Menschen in den Vortragssälen der Kleinstädte kommunizieren kann. Der Anblick einer singenden Familie mit einem für Amerikaner gewohnten Hintergrund als Einwanderer schafft spontane Sympathien. Eleonore von Trapp, die erst später einen Bühnenpart übernimmt, spürt den Atem Gottes bei ihren Auftritten: „Wenn wir zu singen begannen, konnten wir spüren, wie sich Friede über das Publikum legte, bei jedem Auftritt. Gott zeigte seine Wirkung *(God was simply working!)*."

Während vor der Pause Musik italienischer und englischer Komponisten des 15. und 16. Jahrhunderts, wie etwa von Orlando di Lassus, Bach oder Gastoldi, dominiert, wechselt der Familienchor in der Pause die Kostüme. Die jungen Männer müssen in Lederhosen, farbenprächtigen Stutzen und Haferlschuhen auftreten, während sich die Frauen in schwarzen „Festtagsdirndln" mit bunten Schürzen und Häkelschals präsentieren. *The Trapp Family Singers* machen jedenfalls in ihrer österreichischen Kostümierung, die in manchen Zeitungkritiken als „bajuwarian" geschildert wird, mächtigen Eindruck auf das amerikanische Publikum. Nach der Pause singen die Trapps Jagd- und Volkslieder, ehe als Höhepunkt zum Gaudium des Publikums gejodelt wird. Werner von Trapp hat in diesem musikalischen Genre eine gewisse Meisterschaft erworben und für den obligaten „Echo-Jodler" zieht sich Hedwig hinter einen Vorhang zurück und besorgt den erwünschten Nachhall-Effekt, der in alpenländischen Regionen gerne vor einer aufragenden Felswand demonstriert wird.

Mit einem Potpourri internationaler Volkslieder gipfelt das Konzert, ehe als Zugabe sehr oft Brahms' „Wiegenlied", das im angloamerikanischen Raum als „Lullabye" beliebt ist, intoniert wird.

Nach einer oft kurzen Nacht kletterte die Familie am nächsten Morgen wieder in ihren Tourneebus, und rollte dem nächsten Town-Hall-Konzert entgegen. Das Familien- und Chorleben fand auf zwei Achsen statt. Der Bus wird zur eigentlichen Heimat. Jedes Familienmitglied durfte eine Doppelreihe belegen. Auf der hinteren Sitzbank wurden die jüngeren Kinder unterrichtet. Während der Fahrt auf den amerikanischen Highways finden Chorproben im Bus statt, werden Handarbeiten gefertigt und Bücher studiert. Auf den oft Hunderte Meilen langen Fahrten stoppt der Bus vor Kirchen und Klöstern, wo die Familie eine Sangespause fürs Kirchenvolk einlegt. Das rollende Heim der *Trapp Family Singers* wird zum Markenzeichen und zum Werbeträger. In der Saison 1942/43 bricht der Chor den Rekord von „Columbia Concerts". In nur wenigen Monaten geben die „von Trapps" 93-mal ein Konzert. Die als Startkapital eingesetzten 5.000 Dollar sind bald verdient. Popularität macht populär. Bald steigt die Abendgage auf tausend Dollar pro Konzert, das würde heute etwa dem 18- bis 20-fachen des damaligen Dollarwerts entsprechen. Statt geplanter 60 Konzerte treten die *Trapp Family Singers* hundertmal und im besten Jahr an 125 Abenden auf.

Nach heutigen Geldbegriffen wären sie Dollarmillionäre gewesen. Die zu Stars aufgestiegene Familie führt freilich weiter ein eher bescheidenes Tour-Leben. Gegessen wird gemeinsam und es soll vorgekommen sein, dass die gesamte Familie kollektiv ein Lokal verließ, wenn das billigste Gericht teurer als ein Dollar war.

Die Gage wird vom Dirigenten, Arrangeur und geistlichen Leiter des Chores, Franz Wasner, verwaltet. Die längst dem Kindesalter entwachsenen Kinder bekommen kaum ein Taschengeld. Das eigentliche Familienoberhaupt, in den 1940er-Jahren gibt es diesen Begriff noch, bleibt im Hintergrund. Georg von Trapp singt und spielt auf der Bühne nicht mehr mit. Er erscheint erst beim Schlussapplaus auf der Bühne, verbeugt sich im Trachtenanzug und geht ab. Dennoch ist er immer dabei, fügt sich scheinbar in eine Nebenrolle. Aber hinter den Kulissen ebnet er ruhig Widerstände, kümmert sich um große und viele kleine Probleme. Erst nach seinem relativ frühen Tod infolge einer nicht erkannten Lungenkrebserkrankung wird den „Kindern" bewusst, welche Lücke er hinterlässt. Die Familie ist alles. Ihr Chorgesang bleibt immer mit tiefen religiösen Gefühlen verbun-

KAPITEL 12

Die Lodge in Stowe 1946: ein Abbild der österreichischen Heimat.

den. Eleonore von Trapp: „Gott hatte mit unserem Gesang ein Ziel. Darum machten wir weiter. Wir hatten das Gefühl einer Mission."

Im Jänner 1947 erreicht ein brieflicher Hilferuf die „singende Familie Trapp" aus ihrer alten Heimat. Könnten die erfolgreichen Emigranten angesichts der großen Not während ihrer Tourneen nicht etwas für Österreich tun? Die Emigranten lassen sich nicht lange bitten. Die „Trapp Family Austrian Relief, Inc." wird gegründet und man schreitet zur Tat. Die Baronin hält bei jedem Konzert eine Rede, in der sie die Situation in Österreich dramatisch schildert und zu Spenden aufruft. Aufrufe werden gedruckt und verteilt. In einem davon heißt es: „Das Land, das der Welt einen Haydn, Mozart, Schubert und die ‚Stille Nacht' geschenkt hat, wird zugrunde gehen, wenn wir nicht alle miteinander helfen!" Erbeten werden Sach- oder Geldspenden. Letztere sind von der Einkommenssteuer absetzbar. Gutes tun und gleichzeitig die eigene Steuerlast drücken ist immer schon praktisch gewesen. Die Amerikaner helfen: Die Trapps sammeln große Mengen an Kleidern, Gebrauchsartikeln und haltbaren Lebensmitteln, verpacken sie auf ihrer Lodge in Stowe und schicken die Pakete über eine katholische Hilfsorganisation nach Österreich. Als die Trapps Anfang der Fünfzigerjahre ihre alte Heimat besuchen, werden sich die Salzburger an diese Hilfe erinnern und der Familie einen freundlichen Empfang bereiten. Im Februar 1947 berichtet der *Kurier*, dass die *Trapp Family Singers* schon zu Weihnachten 60 Care-Pakete nach Österreich geschickt hätten. Weiters hätte die Familie „eine Hilfsgesellschaft gegründet, durch die verarmten, verschleppten und unbemittelten Personen jeder Nationalität und jedes Glaubensbekenntnisses in Österreich Hilfe gebracht werden soll. Das Hauptbüro der Gesellschaft wird sich auf dem Besitz Barons Georg von Trapp in Stowe, Vermont, befinden."

Nur vier Monate später, am 3. Juni, ist in einem *Kurier*-Artikel anlässlich der Beerdigung des Kapitäns zu lesen, dass die „Trapp Family Austrian Relief Inc." bereits 26.000 Pakete nach Österreich geschickt hat. Eine stolze Bilanz.

Aber in der erweiterten Familie wird auch die „Trapp Family Austrian Relief, Inc." zwiespältig bewertet. Schwiegersohn Ernst Florian Winter schreibt an den Bruder von Franz Wasner: „Die Österreichhilfe. Schön und gut. Aber von Caritas („Nächstenliebe", Anm. d. Verf.) erholt sich ein Volk nicht. Es bedarf tieferer Hilfe. Und wer hat den die Hilfe bekommen von den Trapps? Hab selbst eingesehen im Kataster. Nur zu viele Neuländer, Nazis und

Der Wiener KURIER berichtet im Juni 1947: Die „Trapp Family Austrian Relief Inc." will „armen verschleppten Personen" helfen.

KAPITEL 12

reaktionär Schwarze waren dabei, sowie führende Persönlichkeiten (Bestechung nenn ich das) und die Leute von der Presse. Auch so etwas sollte ein Ende bereitet werden." Vielleicht urteilt der Ehemann von Johanna von Trapp ein wenig harsch, aber hinter fast jedem Mythos steckt ein Stück weniger glänzende Wahrheit.

Der Familie geht es nach der schwierigen Anfangszeit in der Fremde gut. Ein altes, weitgehend verlottertes Anwesen in Stowe in den Hügeln von Vermont wird erworben und Schritt für Schritt ausgebaut. Während der tourneelosen Zeit organisieren Maria von Trapp und Franz Wasner Feriencamps mit Gesangsunterricht. Es ist eine Mission fürs gemeinsame Sin-

Trapp Family Singers
DISTRIBUTION OF NET INCOME
For the Period from January 1, 1941 to December 31, 1947

	Gross Amount	Georg 1	Maria Augusta 2	Rupert 3	Werner 4	Agatha 5	Maria 6	Hedwig 7	Johanna 8	Martina 9	Rosemarie 10	Elen 11
11 to all except 10,11 /11 to 12	$9,790.88	$890.08	$890.08	$890.08	$890.08	$890.08	$890.08	$890.08	$890.08	$890.08		
11 to all except 10,11 /11 to 12	9,751.98	886.55	886.54	886.54	886.55	886.54	886.54	886.55	886.54	886.54		
except 10,11 /11 to 12 /12 to all	5,142.80	467.52	467.53	467.53	467.52	467.53	467.53	467.52	467.53	467.53		
except 3 /6 to 12 /12 to all	11,329.74	944.15	944.14		944.15	944.14	944.15	944.14	944.15	944.14	$944.15	$944
except 3 /6 to 12 /12 to all	31,285.79	2,607.15	2,607.15	2,607.15	2,607.15	2,607.15	2,607.15	2,607.15	2,607.15	2,607.15	2,607.15	2,607.
except 3 /6 to 12	25,744.37	2,145.36	2,145.37		2,145.36	2,145.37	2,145.36	2,145.37	2,145.36	2,145.37	2,145.36	2,145.
11 except 3 1/6 to 12 /12-1/11 to 11 except ,3 2/11 to 12	28,438.84	987.46	2,495.58		2,495.58	2,495.58	2,495.58	2,495.58	2,495.58	2,495.58	2,495.58	2,495.
Income	$121,484.40	$8,928.27	$10,436.39	$2,244.15	$10,436.39	$10,436.39	$10,436.39	$10,436.39	$10,436.39	$10,436.39	$8,192.24	$8,192.
Living expenses	85,400.34	5,360.87	7,809.53	2,244.15	7,809.53	7,809.53	7,809.53	7,809.53	7,809.53	7,809.53	5,565.38	5,565.
assets retained	$ 36,084.06	$2,567.40	$ 2,626.86		$ 2,626.86	$2,626.86	$ 2,626.86	$ 2,626.86	$ 2,626.86	$2,626.86	$2,626.86	$2,626.8
Ibution of e of Georg Trapp		2,567.40%	1,026.96	$ 171.16		171.16	171.16	171.16	171.16	171.16	171.16	171.1
erty of Salzburg	75,000.00		30,000.00	5,000.00								
nt to Rupert Trapp	5,000.00*			5,000.00	5,000.00	5,000.00	5,000.00	5,000.00	5,000.00	5,000.00	5,000.00	5,000.0
assets Remaining	$106,084.06		$33,653.82	$ 171.16	$ 7,798.02	$7,798.02	$7,798.02	$7,798.02	$7,798.02	$7,798.02	$7,798.02	$7,798.02
icates deduction.						$7,798.02	$7,798.02	$7,798.02				

gen, aber auch für religiösen Zusammenhalt. Es ist die Transformation der katholischen „Neuland"-Bewegung aus Maria Kutscheras Jugendzeit in die Bergwelt von Vermont.

In einer Einkommensauflistung aus dem Jahr 1948 wird die Aufteilung der Nettoeinkünfte detailliert aufgeschlüsselt – offenbar anlässlich des Todes von Georg von Trapp. Demnach hat die singende Familie im erfolgreichsten Karrierejahr 1945 exakt 31.285,79 Dollar eingenommen. Demgegenüber sind die Honorareinnahmen aus dem Jahr 1943 mit etwas mehr als 5.000 Dollar höchst bescheiden. Innerhalb der Familie werden die Gagen – zumindest in der Abrechnung – gleich verteilt. Auch der nicht singende Kapitän Georg von Trapp erhielt fürs Jahr 1941 exakt 890,06 Dollar. Nur einer bekommt jeweils das doppelte Honorar: der Dirigent und Chorleiter Franz Wasner.

Der Wert der Salzburger Villa in Aigen wird übrigens mit 75.000 Dollar, also heute – grob gerechnet – mit etwa 1,5 Millionen Euro bemessen, ein Schnäppchen für die Steuererklärung. Die Familie wird die Villa in Aigen an einen katholischen Orden verkaufen, der sie heute noch besitzt. Nicht um Gottes Lohn. Mit dem Erlös des Hausverkaufs in Salzburg finanziert die Familie den Wiederaufbau und Ausbau ihrer Lodge in Stowe, der nach einem verheerenden Brand notwendig geworden ist. Nach dem Tod Georg von Trapps im Mai 1947 erhält die Witwe Maria Augusta 30.000 Dollar. Jedes der Kinder bekommt einen Anteil von 5.000 Dollar. Nur Johannes von Trapp geht leer aus. Warum wird er in der Erbfolge übergangen? Sollten Gerüchte stimmen, dass der jüngste Sohn eigentlich kein Trapp, viel eher ein Wasner ist?

← *Vermögensaufstellung für die Steuererklärung nach dem Tod von Georg von Trapp. Der Wert der Salzburger Villa wird mit 75.000 Dollar bemessen – eine Okkasion.*

KAPITEL 13

*Der Mythos, den „The Sound of Music"
schafft, wird größer als die Wirklichkeit.*

13_The Sound of Music

Ein Musical und drei Kinofilme begründen einen Mythos – größer als die Wirklichkeit

Anni Stocker lässt ihren Blick durch die Bauernstube streifen. Der Boden ist blitzblank geputzt, die Vorhänge gewaschen, ein buntes Sträußchen Alpenblumen ziert den Herrgottswinkel. Die Bäuerin nickt zufrieden. Alles ist bereit, die Amis können kommen. Die junge Mutter will es dem US-Filmteam so angenehm wie möglich machen, schließlich zahlen sie ja gut. Das war eine Aufregung, als dieser Amerikaner zum ersten Mal hier aufgetaucht ist. „Wonderful!" oder so etwas Ähnliches hat er gemurmelt und gefragt, ob man die Wiese mieten kann. Zuerst hat ihn Anni gar nicht verstanden, zu dumm, dass sie nicht Englisch spricht. Zum Glück hatte der Amerikaner einen Dolmetscher dabei. Sie wollen hier einen Film drehen, hat er übersetzt, weil der Ausblick von der Wiese so schön sei. Wonderful eben. Es hat gar nicht lang gedauert und man war sich einig. Das Geld kann man natürlich gut gebrauchen, in einem so alten Haus ist schließlich immer etwas zu reparieren. Von draußen dringen Motorengeräusche in den alten Hof. Anni schiebt den Spitzenvorhang ein wenig zur Seite. Gerade fährt ein großer Wagen vor, eine Tür geht auf und ein schlankes Bein wird schwungvoll herausgeschoben. Anni lächelt, mit solchen Absätzen wird das amerikanische Fräulein hier in der Wiese versinken.

KAPITEL 13

Julie Andrews dreht sich auf einer österreichischen Bergwiese mit weit ausgebreiteten Armen um die eigene Achse und singt das Lied „The Sound of Music". Die Szene ist weltberühmt, kaum jemand weiß jedoch, dass sie nicht in Österreich, sondern im bayrischen Berchtesgaden gedreht wurde. Im März 1964 bereisen einige amerikanische Herren in feschen Anzügen das Berchtesgadener Land auf der Suche nach geeigneten Filmmotiven. Sie lassen ihren Wagen auf der Straße stehen und gehen zu Fuß zum Stocker-Hof. Ob sie eine bestimmte Wiese besichtigen dürften? Sie dürfen und sind begeistert. Ein solches Panorama haben sie gesucht. Anni Stockers Schwiegermutter ist entsetzt. „Wenn ihr da filmen lasst's, dann häng' ich mich auf." Doch die Kinder bleiben ungerührt. Viertausend Mark sind 1964 viel Geld. Man wird also rasch handelseins. Ein Feldweg wird verbreitert, damit die Crew im Wagen hinaufgebracht werden kann. Während der Dreharbeiten bringt Annis Nachbar die Verpflegung mit seinem Heuwagen auf die Bergwiese. Als sich herausstellt, dass für den Hubschrauberflug einige Bäume im Weg sind, werden sie kurzerhand geschlägert, auch dafür gibt es eine überaus angemessene finanzielle Entschädigung. Es ist alles ganz gut abgelaufen, sagt Anni Stocker heute. Julie Andrews habe sich in ihrer Bauernstube umgezogen. „Die Amerikaner haben sogar ein mobiles WC aufgestellt, weil wir damals nur ein Plumpsklo hatten!", erinnert sich die alte Bäuerin. Schließlich datiert der Hof ins Jahr 1609, da habe sie sich schon Sorgen gemacht, ob die Umgebung dem berühmten Filmstar zusagen würde. Unbegründet. Die Leute aus Hollywood fotografieren die alte Bauernstube mit Begeisterung. Julie Andrews sei sehr nett gewesen. „Ganz prima war die. Schade, dass wir uns nicht unterhalten konnten!"

Die berühmte Eröffnungsszene des Hollywood-Films wird nicht in Salzburg, sondern auf einer Bergwiese im bayrischen Berchtesgaden gedreht.

Ein Schnappschuss während der Dreharbeiten: Die Bäuerin Anni Stocker knipst Julie Andrews auf ihrer Wiese.

Maria von Trapps Lebenserinnerungen *The Story of The Trapp Family Singers* erscheint 1949 bei J. B. Lippincott in Philadelphia und New York und wird ein Verkaufserfolg in den Buchläden. Die Geschichte einer Nonne, die ins Leben eines Witwers mit vielen Kindern tritt, sich verliebt, selbst Mutter wird und die Familie zu Starruhm in der Fremde führt, schien maßgeschneidert für ein Filmdrehbuch. Hollywood meldet sich. Doch erste Versuche scheitern. Maria von Trapp will die Rolle ihres Lebens auch auf der „Silver Screen" selbst spielen. Diese Perspektive schreckt Hollywood ab. Sechs Jahre später, nach der Veröffentlichung der deutschen Ausgabe der Autobiografie, meldet sich die deutsche Divina-Film. Maria von Trapp braucht Geld. Für im Rückblick eher lächerliche 9.000 Dollar (dafür in bar) verkaufte „die Baronin" ihre Filmrechte an den Produzenten Wolfgang Reinhardt, den Sohn des Salzburger Festspielgründers Max Reinhardt. Das war damals gar nicht wenig Geld, allerdings versäumt die doch eher geschäftstüchtige Witwe, sich einen Prozentsatz an allfälligen Einspielergebnissen zu sichern. Reinhardt redet Maria von Trapp ein, sie könne als amerikanische Staatsbürgerin aus deutschen Produktionen keine Tantiemen erhalten.

KAPITEL 13

Die Trapp-Familie in der Regie von Wolfgang Liebeneiner wird einer der erfolgreichsten deutschen Heimatfilme der 1950er-Jahre. Liebeneiner und seine Drehbuchautoren Herbert Reinecker und George Hurdalek folgen dabei weitgehend der Vorlage der als Buch erfolgreichen Erinnerungen von Maria Augusta von Trapp: *Vom Kloster zum Welterfolg* (Originaltitel: *The Story of the Trapp Family Singers*). Rund zwei Millionen Kinobesucher in Deutschland und Österreich sehen die Koproduktion mit den Publikumslieblingen Ruth Leuwerik, Hans Holt und Josef Meinrad. Die Kassen klingeln. Die Kritiker geben sich milde, aber nicht begeistert: „Gefühlsbetonte Unterhaltung mit einem Schuss Rührseligkeit (Wertung: 2½ Sterne = überdurchschnittlich)". Ein Kassenerfolg schreit nach einer Fortsetzung. Zwei Jahre später kommt Die *Trapp-Familie in Amerika* in die deutschen Lichtspieltheater. Wieder hält sich das Drehbuch sehr nahe an der Wirklichkeit, wenn auch in den Straßenaufnahmen von New York die Cadillacs der 1950er-Jahre fahren und nicht die Straßenkreuzer der 40er-Jahre. Da zu diesem Zeitpunkt ohnehin kaum ein Deutscher oder Österreicher nach New York reisen kann, fällt das nicht weiter auf. Das Wiesbadener *Filmecho* lobt die Fortsetzung im Oktober 1958: „Genau vor zwei Jahren erschien die wider Erwarten so erfolgreiche ‚Trapp-Familie' in unseren Filmtheatern. Man hat sich Zeit gelassen für eine Fortsetzung, und das Ergebnis ist jetzt die sorgsam gearbeitete, ausgereifte ‚Trapp-Familie in Amerika'. Der zweite Teil ist – wider alle Regel – besser als der erste. Vor allem die Fotografie ist seine Hauptstärke. Das amerikanische Milieu und die Stadtlandschaft New Yorks sind attraktive und publikumswirksame Objekte, die Werner Krien mit seiner Farbka-

Traumpaar des deutschen Heimatfilms: Ruth Leuwerik und Hans Holt in „Die Trapp-Familie".

mera ausgezeichnet eingefangen hat. Die Reise zu Außenaufnahmen in Amerika hat sich unbedingt gelohnt. Man tat aber auch vor allem gut daran, bei dem neuen Film wieder Wolfgang Liebeneiner Regie führen zu lassen. Liebeneiner hat das richtige Gespür für den menschlich warmen, versöhnlichen und dabei doch unsentimentalen Ton; er versteht, die Schauspieler sicher zu führen und die klare Linie der Inszenierung durchzuhalten; er hat vor allem Geschmack und Takt, auf die es bei der Verfilmung dieser Lesebuchgeschichte von der singenden Trapp-Familie so sehr ankam."

Der Erfolg von zwei deutschsprachigen Filmen über die musikalische Familie bleibt auch in Hollywood nicht unbemerkt. Die große Paramount-Film sichert sich eine Option auf das Material und plant eine englische Version des Stoffes. Audrey Hepburn hat gerade in Fred Zinnemanns Film *The Nun's Story* einschlägige Erfahrungen gemacht. Sie soll Maria spielen. Doch Frau Hepburn sagt der Stoff nicht zu. Paramount lässt die Option verfallen. Dennoch entscheidet sich das Schicksal des Mythos Trapp in den Paramount-Studios. Regisseur Vincent J. Donehue sieht den deutschen Trapp-Film und ist überzeugt, der Stoff könnte für seine Freundin Mary Martin eine perfekte Musical-Rolle ergeben. Die 46-Jährige ist die „Königin des Broadway". Sie spielt die Hauptrolle in Produktionen wie *Peter Pan*, *Annie Get Your Gun* und *South Pacific*.

Die 1950er-Jahre sind überhaupt die Blütezeit fürs Musical. Shows wie *My Fair Lady* oder *Guys and Dolls* füllen die Theater am Broadway. Die Nachfrage nach immer neuem Stoff boomt. Die in den USA erschienenen Memoiren von Maria Trapp bieten sich an. Es gibt freilich ein zehnfaches

Maria von Trapp trifft ihre Filmdarstellerin Ruth Leuwerik.

KAPITEL 13

Problem. Die Produzenten müssen das Einverständnis der gesamten Familie einholen und Maria von Trapp ist mit zwei Töchtern gerade auf Missionsreise auf unzugänglichen Inseln des Südpazifiks. Internet und Mobiltelefone werden erst Jahrzehnte später erfunden, es bleibt die Briefpost. Nachdem die „Mutter" zwei Jahrzehnte lang den Familienchor als „Mission" gesehen hat, widmet sie sich jetzt der katholischen Missionierung von Südpazifik-Inselbewohnern. Ihr jüngster Sohn Johannes: „Meine Mutter hatte ein bisschen einen Messias-Komplex. Nachdem die musikalische Mission vorbei war, dachte sie die christliche Mission würde das ersetzen. Und so war es auch."

Versuche mit der Rechteinhaberin per Brief oder Telegramm in Kontakt zu treten, scheitern wiederholt. Ehe die Briefe auf einer Südsee-Insel einlangen, sind die „Missionare" schon wieder weiter. Auch ein Treffen in San Francisco nach der Rückkehr von Papua-Neuguinea bringt keine ersehnte Unterschrift unter einen Vertrag. Erst in Innsbruck unterzeichnet Maria von Trapp. In der Tiroler Klinik wird sie wegen ihrer Malaria-Erkrankung behandelt, die sie sich in Papua-Neuguinea zugezogen hat. Mit ihrem Einverständnis geht es schneller. Bis zum Jahresende 1957 haben alle Familienmitglieder dem Vertrag zugestimmt. Produzent Hayward sichert Maria drei Achtel eines Prozents aller Einnahmen zu. Dieser Aufteilungsschlüssel wird später auch für die Filmrechte gelten und er gilt bis heute. Mehr als fünfzig Jahre nach der Premiere von *The Sound of Music* erhalten die Nachkommen der Trapps noch immer geschätzte hunderttausend Dollar pro Jahr an Tantiemen. Die Verhandlungen mit der deutschen Divina-Film sind nicht so kompliziert, aber für die Amerikaner kostspieliger. Die Münchner verlangen für die Rechte stolze 200.000 Dollar, die sie schließlich über eine komplizierte Konstruktion auch bekommen. Jetzt endlich im Jahr 1958 beginnt das legendäre Duo Rodgers & Hammerstein an den Arbeiten für ein Musical. Es wird ihre letzte gemeinsame Produktion sein.

Zuerst skizziert Richard Rogers jr. die Melodien, dann schreibt Oscar Hammerstein an den Texten, ironischerweise arbeitet er nicht in kühler Bergluft, sondern in seinem Ferienhaus auf der Karibik-Insel Jamaika. Er beginnt mit der Textzeile *The hillside is sweet* – und verwirft die Idee, ersetzt sie durch: *The hills are alive* – und weiter – *Today the air is sweet with summer music.* Hammerstein streicht *summer music* und ersetzt die Phrase durch *the sound of music*. Jetzt stehen die ersten zwei Liedzeilen: *The hills are alive. With the sound of music.*

Das ist der Titelsong. Der Filmtitel. Der Welterfolg.

Schon ein Jahr später, am 16. November 1959, feiert *The Sound of Music* eine umjubelte Premiere im Lunt-Fontanne Theatre am Broadway. Es wird in der Regie von Vincent J. Donehue ohne Pause drei Jahre lang in 1.443 Aufführungen gezeigt. Wieder einmal sind die Kritiker der *New York Times* streng, liegen aber wieder einmal falsch. Dem Musical fehle das Hochgefühl, das den Unterschied zwischen einem Meisterwerk und einer nur gut produzierten Show ausmache. Das Publikum lässt sich auch nicht von der als *sticky* (also „süßlich-klebrigen") beschriebenen Handlung abschrecken. Nur eine Woche nach der Premiere kommen die Songs des Musicals auf Schallplatte der „Columbia" in die „Record-Stores". Mehr als drei Millionen Alben werden weltweit verkauft. Lieder wie „Do-Re-Mi" und „Climb Every Mountain" setzen sich als Ohrwürmer fest und sind bald Klassiker des amerikanischen Liedguts. Es ist die große Zeit des Broadways, der Musicals und der populären Musikkultur. Nach dem Zweiten Weltkrieg ist Amerika unbestritten die Weltmacht Nummer eins. *The American Way of Life* führt mit Straßenkreuzern direkt in die bürgerliche Mittelstandswelt von Suburbia. Und Musicals sind der Soundtrack einer Zeit und ihres Lebensgefühls. An Salzburg und an Österreich geht dieser Hype vorbei. Hierorts blüht kein „Edelweiss".

Die Adaption des Musical-Erfolgs für den Film wird einer der größten Kinoerfolge aller Zeiten. Er lebt – wie der gestaltete Mythos – von der Umkehr der Rollenbilder innerhalb der Großfamilie. Aus der körperlich und seelisch doch eher robusten Maria Kutschera (später von Trapp) wird ein tänzelndes, eher liebenswert linkisches Aschenputtel, das eine von einem strengen Ex-Offizier per Pfiff kommandierte Familie mit ihrer Musik aus der Vergangenheit in eine lebendige Gegenwart begleitet.

Der Film traf in den USA genau den Nerv der Zeit, der längst schmerzte – das Stück heile Familie kam gerade recht in Zeiten, da Rock 'n' Roll und Beatniks die Forderung nach freier Liebe erhoben und an den christlich-puritanischen Traditionen des Landes rüttelten und der Krieg in Vietnam eskalierte. Zehntausende junge Männer werden in einem Lotteriesys-

KAPITEL 13

tem zum Kriegsdienst eingezogen. Es ist eine Zeit für stürmische Proteste, aber auch für die Sehnsucht nach einer heilen Welt.

Mehr als eine Milliarde Dollar spülte der Streifen in die Kassen des finanziell angeschlagenen Filmstudios 20th Century Fox. Gerade weil er nicht mehr in die Zeit passte, konnten sich viele an das Märchen klammern, das außerhalb der Kinopaläste längst ausgeträumt war. Der Straßensänger Robert Zimmermann alias Bob Dylan quengelte im Jahr der Premiere des alpenländischen Märchens seine Version von „The Times They Are Changing":

Der Engländer Christoph Plummer und die Amerikanerin Julie Andrews als Georg und Maria. Plummer kritisiert „The Sound of Music" als „klebrigen Film".

> *There's a battle outside*
> *And it is ragin'.*
> *It'll soon shake your windows*
> *And rattle your walls*
> *For the times they are a-changin'.*

Und eine englische Band wird ihr erstes Album in den USA veröffentlichen: „The Rolling Stones". Fürwahr die Zeiten ändern sich. Statt der Trapp'schen Religiosität besingen Mick Jagger & Co. ihre „Sympathy for the Devil". Der Film und die Songs mit Julie Andrews wirken da wie der konservative Kontrapunkt zur Bewegung, die in England und in den USA entsteht. Mitte der 1960er-Jahre zeigen sich gravierende Veränderungen in der Jugendkultur und vor allem im Zeitgeist. Die erste nach dem Krieg geborene Generation bricht mit der Tradition und der verordneten heilen Welt. Das Bild der Maria entspricht eher einem typisch amerikanischen Frauenbild aus der Vorkriegszeit. Feminismus ist noch ein Fremdwort. Die sexuelle Revolution der 1968er-Generation wird erst beginnen und da vor allem in den Städten an der amerikanischen Ost- und vor allem Westküste. Dazwischen ist ein weites – ein konservatives Land, das sich seine (amerikanischen) Träume nicht nehmen lassen will. Der Korvettenkapitän, den der kanadische Oscar-Preisträger Christopher Plummer darstellt, wirkt eher britisch als österreichisch – was kaum verwundern kann. Amerikanische Filmkritiker sehen in *The Sound of Music* denn auch mehr die Abbildung einer konservativen amerikanischen Ideologie in den Zeiten des „Kalten Krieges". Das „reine" ländliche Leben wird idealisiert und romantisiert, es siegt eine Art protestantische Arbeitsethik (obwohl Maria eine katholische Ordensangehörige ist) und der Film transportiert das Bild einer „heilen" Großfamilie mit vielen Kindern. Die Flüchtlingsfamilie von Trapp erlebt den amerikanischen Mythos der erfolgreichen Immigranten, die es durch eigene Kraft und starken Glauben in der neuen Heimat schaffen. Wie die von Trapps in den 1930er-Jahren als Musterfamilie des katholisch-konservativen „Ständestaats" passen, erfüllen sie dreißig Jahre später eine ähnliche Rolle in der Bestätigung eines verblassenden amerikanischen Mythos.

KAPITEL 13

Wie haben die Trapps selbst den Film aufgenommen? Maria schickt nach der privaten Vorführung des Films in New York für die Familie und enge Freunde ein Telegramm an Robert Wise. „Sie sind ein viel größerer Künstler als ich je gedacht habe. Im Namen meiner Familie und mir selbst sage ich Danke. Ihre Freundin Maria Trapp"

Umkehr ist einem der jährlichen Rundschreiben der „Baronin" an die Freunde der *Trapp Family* zu entnehmen, dass sie mit der Darstellung des Kapitäns als strenger Übervater nicht einverstanden war und auch, allerdings erfolglos, versucht hat, das Drehbuch zu beeinflussen. Sie schreibt: „Ganz flüchtig haben wir den Produzenten und die Hauptdarsteller kennengelernt, und als ich scherzhaft sagte, jetzt möchte ich am liebsten vor der Kamera über die Straße gehen, haben sie mich beim Wort genommen und Barbara, Rosmarie und ich können im Film gesehen werden, wie wir über den Domplatz gehen. Was den Film anbelangt gestehe ich, da ist mir gar nicht geheuer zumute. Ich habe immer wieder auf alle mögliche Weise versucht mit den verantwortlichen Leuten zusammen zu kommen, weil ich ihnen den Kapitän von Trapp erklären wollte, der auf der Bühne nicht sehr gut dargestellt ist. Es war leider ganz ausgeschlossen. Sie sind einfach nicht an der Wahrheit interessiert. Sie wollten ihre eigene Version drehen, haben sie gesagt und jetzt zittern wir, was Hollywood wohl aus der Familie Trapp machen wird."

Die erwachsenen Kinder sollen übrigens in Tränen ausgebrochen sein, als sie den Film zum ersten Mal sahen. Johannes war der Einzige, der bei der Vorführung nicht anwesend hätte sein können, weil er zur Grundausbildung bei der U.S. Armee in Fort Dix, New Jersey, war und nicht freigestellt wurde. Aber er „desertierte" für den Abend. Ein Freund borgte ihm sein Auto, ein anderer schlief in seinem Bett, damit die Abwesenheit nicht auffallen würde. Er fuhr den ganzen Weg auf der Route 1, weil er kein Geld für die Maut durch den Holland-Tunnel nach Manhattan hatte. Im Hotel „Wellington" checkte er ein und ließ das Dinner aufs Zimmer schreiben. Nach der Premiere fuhr er wieder nach Fort Dix. Sein nächtlicher Ausflug blieb unentdeckt.

Tochter Johanna über die Diskrepanz zwischen Film und Realität: „Sie haben sich die Rosinen von einem Kuchen genommen und einen neuen Teig gemacht. Und so stimmen einige Sachen nicht, aber es ist trotzdem ein schöner Film. Mein Vater ist anders gewesen, er war ein richtiger Vater."

Werner von Trapp zeigt sich versöhnlich: „Ein Film, der so vielen Menschen so lange so viel Freude macht, egal wie wahr er ist, kann nicht schlecht sein."

Ernest Lehman schreibt für sein Drehbuch die Lebensgeschichte der Maria von Trapp in einigen Passagen um, verkürzt, dramatisiert, lässt entscheidende Personen verschwinden, ändert Namen und Alter der Kinder und bedient sich an Klischees aus den Heimatfilmen der 1930er- bis 1960er-Jahre. Im Kern bleibt der Hollywood-Film nach dem Broadway-Musical aber an der historischen Wahrheit. Noch näher ist der deutsche Heimatfilm *Die Trapp-Familie*, der als Erster die einige Jahre zuvor erschie-

Die Landschaft in der Umgebung der Trapp Family Lodge in Stowe, Vermont.

nene Autobiografie der Maria von Trapp in die Kinos bringt. In diesem Gloria-Film spielt Prälat Franz Wasner eine ihm zukommende Hauptrolle. Der Publikumsliebling Josef Meinrad verkörpert im Film den jungen katholischen Geistlichen, der die singende Familie mit professioneller Härte zu einem echten Chor formt. Schon im Broadway-Musical, das 1962 uraufgeführt wird, fehlt der entscheidende Part von Franz Wasner. Die Librettisten Howard Lindsay und Russel Crouse sind nicht an einer komplizierten Dreiecksgeschichte interessiert, das hätte die Liebesgeschichte zwischen dem älteren Kapitän und der jungen Beinahe-Nonne geschwächt und Marias Rolle als musikalische Erweckerin des Kinderchors reduziert. Franz Wasner ist ein historisches Opfer der Musical-Dramaturgie. Obwohl er den Chor erfunden und geformt hat, wird er nicht Teil des Mythos. So ungerecht kann Geschichte sein.

Dabei ist es die Achse zwischen dem Priester und der gleichaltrigen Maria, die den späteren Welterfolg ausmachen wird. Der Pater bildet mit der gleichaltrigen Hauslehrerin ein „Power-Paar". Er kümmert sich um die musikalische Ausbildung, fordert extreme Disziplin bei den Proben und Maria übernimmt die Rolle der Geschäftsfrau, die sich ums Marketing des Familienunternehmens kümmert. Für Vater Georg, den die Kinder zärtlich immer Papa mit französischem Akzent nennen, bleibt eine Rolle im Hintergrund. Es ist allerdings keine Nebenrolle. Maria von Trapps Tochter „Lorli" beschreibt das Verhältnis ihrer Eltern zueinander: „Meine Mutter war ein Energiebündel. In der Beziehung zu meinem Vater war sie der Motor und er der Lenker, der ihre Energie gelenkt und kontrolliert hat. Da haben sie gut zueinander gepasst. Meine Mutter hat definitiv jemanden gebraucht, der sie gelegentlich wieder auf den Boden geholt hat."

In einem psychoanalytischen Deutungsversuch von Renate Langer aus dem Jahre 2001 wird Georg von Trapp als „depotenziert" – also entmachtet, gar entmannt – beschrieben. Ob er das tatsächlich war? Maria beschreibt den Mann, der ins Leben der Familie tritt, mehrfach als „der junge Priester" und stellt damit einen Gegensatz zum fünfundzwanzig Jahre älteren Baron her.

Für die Psychoanalytikerin Renate Langer formt Franz Wasner „aus dilettierenden Sängern und Sängerinnen einen professionellen Chor, der von seinen Darbietungen leben kann". Damit sei die „Entkräftigung" des

Barons endgültig besiegelt. Wasner und Maria von Trapp übernehmen das Kommando. Die Familie bildet eine verschworene Wohn- und Erwerbsgemeinschaft, die wie eine konservativ-katholische Kommune aufgebaut ist. Als Chor müssen sie zusammenbleiben, zusammenleben, zusammen singen. Während der Konzertreisen – von September bis Mai jeden Jahres – verbringen sie täglich Stunden um Stunden auf engstem Raum in ihrem dunkelblauen Autobus, der sie durch die USA kurvt. In den ersten Jahren hat die Familie praktisch keinen festen Wohnsitz. Ihr Daheim ist der Bus, die Fahrer werden zu Familienmitgliedern. Alle leben „aus dem Koffer", monatelang. Ein Sommerferienaufenthalt führt die von Trapps schließlich 1941 nach Stowe in Vermont. Die weitgehend unberührte, harmonische, aber nicht sehr spektakuläre Landschaft erinnert die Familie ans Salzkammergut, nur ohne Seen.

Ein altes, abgewirtschaftetes Bauernhaus steht zum Verkauf. Die „Mutter" ist beim ersten Besuch in Stowe gar nicht dabei. Sie verhandelt in New York mit Manager Freddy Schang. Der Familienrat beschließt den Kauf. „Mein Vater sah das Haus, meine Mutter sah den Blick auf die umliegenden Berge." Die Familie verbringt den Sommer mit dem Umbau des Farmhauses zu einem alpenländischen Landsitz. Salzburg wird nach Vermont verpflanzt. Sie geben dem Hof den biblischen Namen *Cor unum* – „Ein Herz". Es ist nicht der Wappenspruch der adeligen Familie Trapp.

Es fehlt an vielem, die ersten Jahre gibt es nicht einmal elektrisches Licht in Stowe. Wieder wird die gesamte Familie „eingespannt". Die erwachsenen Töchter pflanzen Bäume, graben die Erde für Gemüsegärten um, nähen, stricken, kochen, waschen, zeichnen und basteln Handarbeiten, die bald verkauft werden. Aus dem devastierten Bauernhof wird eine formidable „Lodge", die im Winter auch bald Gäste beherbergt. Maria von Trapp lässt eine

Die Trapp Family Lodge: Ein Hauch von „The Sound of Music" ist immer noch gegenwärtig.

KAPITEL 13

*Turbulente Drehtage: Das Filmteam mit Regisseur Robert
Wise hat den Hof der Anni Stocker in Beschlag genommen.*

Langlaufloipe anlegen und bringt damit diese bis dato unbekannte Sportart in die Hügel von Vermont. Immer bleibt die Familie in gemeinsamer Arbeit, auf gemeinsamen Reisen, beim gemeinsamen Singen aufs Engste verbunden. Renate Langer bewertet diese Familienaufstellung sechs Jahrzehnte später und aus großer Distanz sehr kritisch: „Autonomiebestrebungen der Töchter werden unterdrückt. Ein symbiotischer Zusammenhalt einer ans Zusammenspiel fixierten Familie ist das Ideal, das mit drakonischen Mitteln durchgesetzt wird."

Das Zusammenspiel ist in der Familie jedenfalls auch musikalisch zu verstehen.

Die beiden Söhne hingegen, Rupert und Werner, können sich früher der familiären Umklammerung entziehen. Rupert studiert erfolgreich Medizin in Innsbruck, Werner macht außerhalb des Familienkreises eine landwirtschaftliche Ausbildung, aber sie bleiben auch nach der Heirat Mitglieder des Familienchors. Und nach der Verleihung der amerikanischen Staatsbürgerschaft treten die beiden Trapp-Söhne in die US-Armee ein und wollen auf Seiten der Alliierten gegen die Nazis kämpfen.

Für die – dann meist schon erwachsenen – Kinder übernimmt der Vater die Rolle eines ruhenden Pols, der im Hintergrund Probleme aus dem

Weg räumt und den strengen Chorleiter und die gelegentlich jähzornige und aufbrausende „Mutter" – sie wird nie wie die eigentliche Kindsmutter „Mama" (auch Französisch ausgesprochen) genannt – austariert.

Das Verhältnis des Priesters zur ehemals angehenden Nonne ist sehr eng. Gleich alt, gleich am Erfolg ihres Projekts engagiert, katholisch und gläubig. Hat die Beziehung auch eine erotische Komponente?

Im Jahr 1935 schreiben Maria und Franz gemeinsam ein Liebeslied: „Zwei Menschen". Wasner komponiert, Frau Trapp textet: „Zwei Menschen gehen still im Sternenlicht. Der jungen Liebe Wunder im Gesicht."

Für den Klatsch ist es klar. Der jüngste Sohn Johannes von Trapp, der 1939 in den USA zur Welt kommt, habe eigentlich den Priester zum Vater. Das Familienunternehmen Trapp wird diese pikanten Gerüchte, die selbst von renommierten Zeitungen wie der deutschen *Zeit* gedruckt werden, nie bestätigen. Seine Heimat Vormoos hatte der Prälat im Alter von 25 Jahren verlassen. Als 35 Jahre später Johannes von Trapp zu Besuch in die Salzburger Gemeinde kommt, ist er ebenfalls 25 Jahre alt. Die Nachbarn sind erstaunt. „Alle haben gedacht, der Wasner ist wieder da. Er hat sich gar nicht verändert."

Der Ehemann von Tochter Johanna Trapp, Ernst Florian Winter, äußert sich hingegen durchaus despektierlich, gar feindselig über seine Schwiegermutter. In Wahrheit sei die Geschichte der Trapp-Familie ein „griechisches Drama, mit Sex, Psychologie und allem Drum und Dran".

Das mag nun auch wieder ein wenig der Antipathie gegen die resolute Maria von Trapp geschuldet

Schon etwas abgegriffen: die deutsche Ausgabe der Lebenserinnerungen von Maria Trapp.

sein. Denn die selbstbewusste Tochter Johanna verlässt bereits 1948, ein Jahr nach dem Krebstod ihres Vaters, die Truppe und heiratet Ernst Florian Winter, den Sohn des seinerzeitigen Wiener Vizebürgermeisters Ernst Karl Winter, der wenige Tage vor dem „Anschluss" im März 1938 nach einem Hinweis des Verfassungsrechtlers Hans Kelsen Österreich verlassen konnte. Johanna gilt als „beste Stimme" des Chores. Mit dem Tod von Georg von Trapp und dem Ausscheiden Johannas ist der ursprüngliche „Familienchor" eigentlich Geschichte. Doch mittlerweile sind die *Family Singers* so gut im Geschäft, dass weitergemacht werden muss. „Es hätte schon längst aus sein müssen, die meisten werden bald alt." In den späteren Jahren nach dem Zweiten Weltkrieg springen immer wieder „Ersatzsängerinnen" ein. Der Familienchor wird zum Unternehmen. Familie ist eben ein weiter Begriff.

Die Abnabelung von der „Überfamilie" ist von schweren Konflikten geprägt. Johannas Ehemann Ernst Florian Winter beschwert sich gegenüber dem Bruder von Franz Wasner in einem Brief. „Ihr ganzes Bestreben ist es die schon zu alten Kinder noch länger zusammen zu halten und ihr Bruder gibt Trapp dafür die theologische Wand."

Ihre eigenen Bedürfnisse müssen die „Kinder" im Dienste der erklärten Familienmission hintanstellen, was zu ständigen Spannungen führt. Der Chor besteht noch bis 1956, dann wollen die älteren Geschwister endlich ihr eigenes Leben führen.

Noch heute bewirtschaftet Martin von Trapp, ein Stiefenkel von Maria Trapp, den Hof in Stowe, erzeugt biologischen Käse aus Rohmilch und lässt die Kühe frei auf der Weide grasen. Die Familien-Saga nervt den Landwirt. Das Familienleben sei verkitscht dargestellt worden. Maria Augusta von Trapp sei durchaus ehrgeizig und dominant gewesen. Maria Augusta Trapp, die ihr Leben und das ihrer Familie zu einem weltweiten Mythos gemacht hatte, stirbt 1987 in Morrisville. Ihre Lebensgeschichte oder besser gesagt, was Robert Wise und die 20th Century Fox daraus gemacht haben, lebt heute noch in den Köpfen von Millionen Menschen fort.

Für ein Foto immer im Dirndl: →
Maria von Trapp in Vermont, 1977.

KAPITEL 14

„Edelweiß, Edelweiß, Du grüßt mich jeden Morgen": Heimkehr in die an einen katholischen Orden verkaufte einstige Trapp-Villa im Jahr 1957.

14_Der in der Heimat ignorierte Heimatfilm

„The Sound of Music" prägt seit fünf Jahrzehnten Österreichs Bild in der Welt

Edelweiß, Edelweiß
Du grüßt mich jeden Morgen
Sehe ich dich
Freue ich mich
Und vergess' meine Sorgen
Schmücke das Heimatland
Schön und weiß
Blühest wie die Sterne
Edelweiß, Edelweiß
Ach, ich hab' dich so gerne.

„Edelweiss" – bis heute gilt das Lied aus dem Musical *The Sound of Music* beim angloamerikanischen Publikum als Österreichs Nationalhymne: Dabei waren Richard Rodgers und Oscar Hammerstein – Texter und Komponist – niemals in den Alpen, sie haben auch nie ein Edelweiß in freier Bergwelt gesehen. Trotzdem glauben viele Menschen, dass der Song „Edelweiss" ein österreichisches Volkslied sei oder gar, wie Ronald Reagan einst annahm, als er den österreichischen Bundespräsidenten Rudolf Kirchschläger mit diesem Lied empfing, die österreichische Nationalhymne.

KAPITEL 14

1965. Zwanzig Jahre nach dem Ende des Zweiten Weltkriegs hatten viele Österreicher eine erstaunliche Distanz zu dem Bild, das gerade in der Welt von Österreich entsteht.

Georg von Trapp verließ das Land – wenn schon nicht im Widerstand gegen Hitler – so doch freiwillig in Ablehnung des Nationalsozialismus. Der k. u. k. Offizier blieb österreichischer Patriot, in einer Zeit, da viele seiner Landsleute ihr Heil im größeren Deutschland suchten. Vielleicht erklärt das auch den geringen Erfolg des Films in Österreich. Es fehlten Identifikationsfiguren. „Dass das Land damals schon vier Jahre lang eine Diktatur war, hat niemand so deutlich gesagt, in diesem zeitgeistmäßig angenehmen Sinn konnte auch der Heimatfilm mit Holt, Meinrad und Leuwerik darauf Bezug nehmen." Der US-Film rüttelte überhaupt nicht an diesem Konstrukt der Nachkriegszeit, als sich die meisten Österreicher als Opfer des „Anschlusses" sahen bzw. sehen wollten. Es handelt sich also keinesfalls um eine böse Geschichtslektion, die die Österreicher nicht annehmen wollten. Auch die Hollywood-Version transportierte ein im Grunde positives Bild von Österreich und verankert es bei Milliarden Zusehern in der Welt.

Signifikant ist beispielsweise eine „Anschluss"-Szene, in der ein Trupp Wehrmachtssoldaten (unbewaffnet) über den Residenzplatz marschiert. Ein Regieassistent erinnert sich daran, dass sich Dreharbeiten zu dieser Szene schwierig gestaltet haben. Der Stadtverwaltung waren die Nazi-Flaggen unangenehm, schließlich lag das Kriegsende erst zwanzig Jahre zurück. Man bestand darauf, dass die deutschen Soldaten keine Waffen tragen und die Salzburger (anders als in der Realität) nicht jubeln, sondern unbeteiligt herumstehen. Dem Vernehmen nach soll erst die Drohung, echtes Archivmaterial aus den Märztagen zu verwenden, die Drehgenehmigung erwirkt haben.

Als der Film 1965 im Salzburger Mozartkino anläuft, wird er bereits nach drei Tagen abgesetzt. Niemand interessiert sich für den Film. Die Salzburgerinnen und Salzburger bringen gegenüber ihrer Stadt als Kulisse einer Liebesgeschichte nur absolutes Desinteresse auf.

Franz Wasner, der Neffe des Chorleiters, hat dazu eine eigene Auffassung: „Ich kann mir vorstellen, warum der Film in den Vereinigten Staaten so ein Erfolg ist und in Österreich weniger: Weil er eine typisch amerikanische Geschichte erzählt. Es geht dabei um Einwanderer und praktisch jeder Amerikaner hat irgendwo in seiner Vergangenheit in der zweiten, dritten Generation selbst die Geschichte zugewandert zu sein, während die Österreicher sich weniger mit dem Film identifizieren können. Wieviel Prozent ist es denn gelungen vor den Nationalsozialisten auch wegzukommen? Ganz wenigen."

Peter Husty, der Leiter des Salzburg Museums, sieht auch eine andere Ursache für die ursprüngliche Ablehnung des Films: „Was die Salzburger noch immens gestört hat, ist der Zusammenschnitt der Szenen, also diese unterschiedlichen Locations, die ins Bild gesetzt wurden."

Der Film ist dennoch eine Sternstunde für Österreich. Er prägt das Image – wunderbar tourismustauglich – und taucht Österreichs Landschaft und Kultur in die denkbar schönsten Farben von Technicolor. Da-

„Eine Legende ist gestorben": Der KURIER berichtet über den Tod Maria von Trapps am 28. März 1987.

KAPITEL 14

für kommen Jahr für Jahr geschätzte 340.000 Touristen an die Salzach, um etwas von der Atmosphäre von *The Sound of Music* zu erhaschen. Von Jahr zu Jahr werden es eher mehr. Der Film hat längst ein Eigenleben entwickelt. Die Geschichte der Nonne mit den sieben Kindern eines Witwers oszilliert zwischen den Kontinenten. Sie funktioniert im 21. Jahrhundert vor allem in Südostasien als Cinderella-Märchen. *The Sound of Music* wird immer wieder für neue Zielgruppen wiedergeboren. In London werden regelmäßig „Sing-along"-Abende in großen Kinos veranstaltet, bei denen das Publikum die Hits des Musicals mitsingen kann. Auch die Homosexuellen-Community hat den rosaroten Zuckerguss des Musicalfilms entdeckt. Von der Oscar-Zeremonie über das Motto für den Wiener „Lifeball" im Jahr 2018 bis zur Avantgarde-Performance der slowenischen Rockband „Laibach" beim „Steirischen Herbst" wird auf den Mythos der Trapp-Familie zurückgegriffen.

Der Mythos hat in den Jahrzehnten längst von der wahren Geschichte abgehoben und schafft jeden Tag eine neue Wirklichkeit. Es ist der Traum von Liebe und Harmonie, von Wahrheit und Überwindung einer lebensbedrohlichen Gefahr durch den engen Zusammenhalt einer großen Familie. Und Kitsch pur.

Das trifft zum Beispiel auf den Titelsong aus der beeindruckenden Eröffnungsszene zu, in der sich Julie Andrews in ihrer Rolle als Maria in einem Dirndl durch die idyllische Landschaft des Salzkammerguts dreht und dabei *The hills are alive with the sound of music* trällert. Oder auf jenen anderen, in dem Andrews ein Stück Apfelstrudel und *Schnitzel with noodle* als ihre Lieblingsgerichte besingt. Oder auch auf die Schnulze „Edelweiss", die Christopher Plummer in der Rolle als Georg von Trapp als patriotische Hommage zum Abschied an seine Heimat anstimmt.

Aber warum blieb der Film hierzulande weitgehend unbekannt, obwohl er ein eindeutig positives, ja idyllisch verklärtes und antinationalsozialistisches Bild Österreichs malt, das jenem zahlreicher inländischer Heimatfilme – den politischen Inhalt ausgenommen – nicht unähnlich ist?

Filmexperte Alexander Horwath nennt mehrere Gründe, die eine Rolle spielen könnten. Ein populäres Argument sei, „dass die Menschen den Kitsch- und Fantasy-Charakter der Story fernab der Realität hierzulande viel schneller durchschauen oder eher eine Distanz dazu einnehmen. Auch der Kulturbetrieb und Journalisten halten sich beim Gedanken an ‚The Sound of Music' ein bisschen empört die Nase zu. Nach dem Motto: So stellt sich Hollywood halt Salzburg, das Salzkammergut und die österreichische Zeitgeschichte vor."

Der fünffach oscargekrönte Film hatte in den österreichischen Kinos keinen Erfolg. Auch das erfolgreiche Broadway-Musical von Rodgers und Hammerstein, das dem Fox-Klassiker zugrunde liegt, war damals in Österreich kaum bekannt. „In den USA hingegen war bereits die Musicalversion extrem beliebt und Julie Andrews schon ein Superstar. Es kommt natürlich auch eine Fantasievorstellung von Mitteleuropa dazu, und die Amerikaner als Gewinner des Krieges, die eine glücklich ausgegangene Auswanderergeschichte rund um die beginnende Nazizeit positiv wahrnehmen konnten."

An dem Stoff selbst liegt es aber nicht, dass der Film hierzulande ein kommerzieller Flop war. Die wahre Geschichte der Trapp-Familie, in die eine angehende Nonne einheiratete, die letztlich mit dem verwitweten Baron von Trapp und dessen sieben Kindern in die USA emigrierte und dort große Erfolge feierte, ist in den 1950er-Jahren in Deutschland und in Österreich durchaus mehrheitsfähig.

Letztlich sind es vielleicht auch simple ökonomische Gründe, die einen Erfolg von *The Sound of Music* in Österreich verhindert haben. Mitte der 1960er-Jahre beginnen die Lichtspieltheater auch in Österreich den Aufstieg des Fernsehens zum bestimmenden Massenmedium zu spüren. Die Zahl der Kinobesucher geht drastisch zurück. Die Zeitungen schreiben vom „Kinosterben". Die goldene Zeit des Spielfilms verblasst gegenüber der Sensation des neuen „Patschenkinos". Und Julie Andrews oder Christopher Plummer haben im Vergleich zu heimischen Stars wie Ruth Leuwerik, Hans Holt oder Josef Meinrad das Nachsehen.

The Sound Of Music bleibt nach dem kurzen Kinoeinsatz für die Österreicher in der Folge unsichtbar. Das Fernsehen zeigt den Film nicht oder erst Jahrzehnte nach seiner Premiere, während in den USA der Hollywood-Blockbuster zur Routine des Weihnachtsfernsehprogramms zählt und Jahr für Jahr zu den Festtagen gezeigt wird – ein typischer Weihnachtsschinken. Dass der Film im österreichischen Fernsehen nicht berücksichtigt wurde, hat vor allem einen kommerziellen Aspekt. Die Filmrechtehändler verkaufen ganze Pakete der Studios für bis zu zehn, zwanzig Jahre an die Sender im deutschen Sprachraum. Ist da ein bestimmter Film nicht enthalten, kann das länger so bleiben. Der in den USA von Millionen so geliebte Titel, der einer der ikonischen Filme der eigenen Studiogeschichte war, wird von der 20th Century Fox mit einem teuren Preisschild versehen, die Rechte am Film werden eisern verteidigt. Sie sind noch immer viele Dollar wert. Da man in Deutschland und Österreich an den Kinokassen andere Erfahrungen machte, war man möglicherweise nicht bereit, das zu bezahlen.

Mit gehöriger Verspätung ist das Interesse an der Story im deutschsprachigen Raum wieder gewachsen. Es gibt Dokumentarfilme und Neuverfilmungen. Das *The Sound of Music*-Originalmusical wurde – mit schlechten Kritiken zwar – an der Wiener Volksoper gezeigt, 2011 schaffte die Bühnenversion sogar erstmals den Sprung nach Salzburg.

Spätestens zu diesem Zeitpunkt hat man den Werbewert der Geschichte von Maria von Trapp auch in der anspruchsvollen Festspielstadt erkannt. Im Marionettentheater wird *The Sound of Music* nicht nur zur Freude vieler Kinder aufgeführt. Es gibt mittlerweile eine „Sound of Music World" in der Getreidegasse und seit einigen Jahren entsprechend gut gebuchte „Sound of Music"-Touren zu den berühmten Schauplätzen des Films in und um Salzburg. Ein „Sound of Music"-Trail führt filmbegeisterte Wanderer aus Übersee auf jene Bergwiese bei Werfen, wo die Picknickszene mit Maria Trapp

Ehrung in der alten Heimat: 1957 wird „Frau Maria Trapp" mit dem Goldenen Ehrenzeichen für Verdienste um die Republik ausgezeichnet.

und den Kindern spielt. Wenn man allerdings an jenem Ort stehen will, wo einst Julie Andrews 1964 ihre Arme ausgebreitet hat, muss man ein paar Kilometer hinüber nach Bayern fahren. Die ikonische Anfangsszene wurde auf dem Mehlweg bei Marktschellenberg gedreht. Trotzdem wurde *The Sound of Music* zu einem Film, der seit fünf Jahrzehnten wunderbare Bilder aus Österreich in die ganze Welt projiziert und so Millionen Touristen ins Land bringt, ein Film, der das Bild Österreichs in der Welt geprägt hat und immer noch prägt wie kein anderer: ein Phänomen. Was Hunderten Millionen Menschen über Generationen hinweg Freude bereitet, kann so falsch nicht sein. Der Wiener Universalpoet André Heller pflegte zum Thema Kitsch zu spötteln: „Sonnenuntergänge in den Alpen gibt es. Und damit basta."

Der Nachruf in der „Kleinen Zeitung" würdigt Maria von Trapp als die „wohl bekannteste ‚Botschafterin' Österreichs in den Vereinigten Staaten".

Rupert und Werner von Trapp in Uniformen der U.S. Army beim Durchblättern einer Partitur. Foto von Conrad Poirier.

Was wurde aus ...

Am **26. Jänner 1956** findet in Concord, New Hampshire, nach zweiundzwanzig Jahren gemeinsamer Auftritte das letzte Konzert der *Trapp Family Singers* statt. Mehr als drei Millionen Menschen dürften die *Trapp Family Singers* auf der Bühne gesehen haben. Während ihrer aktiven Zeit haben die Trapps kein einziges Lied aus dem Film *The Sound of Music* gesungen. Sie waren noch nicht einmal komponiert.

Georg von Trapp stirbt 1947 an den Folgen einer Krebserkrankung. Trapp hat jahrzehntelang geraucht. Er wird auf der „Family Lodge" in Stowe beigesetzt.

Agathe von Trapp, geb. Withehead, stirbt schon im Jahr 1922 an den Spätfolgen einer Scharlachinfektion im Martinschlössel in Klosterneuburg bei Wien. Sie ist am Martinsfriedhof in unmittelbarer Nähe ihres letzten Wohnsitzes begraben.

Maria Augusta von Trapp, geb. Kutschera, geht für zwei Jahre als Missionarin in den Südpazifik, dann kehrt sie auf die „Trapp Family Lodge" zurück. Sie leitet das Hotel bis zu ihrem Tod 1986. Im Hollywood-Film *The Sound of Music* ist sie für wenige Sekunden als Statistin zu sehen, wie sie im Dirndl über den Residenzplatz geht.

Franz Wasner arbeitet nach dem Ende der *Trapp Family Singers* sieben Jahre lang als Missionar auf den Fidschi-Inseln, 1966 kehrt er nach Salzburg zurück. Prälat Dr. Franz Wasner wird nur ein Jahr nach seiner Heimkehr als Rektor an die „Anima" in Rom berufen. Er leitet das Studienheim deutschsprachiger Priester in Rom fünfzehn Jahre lang. Der ehemalige Chorleiter und musikalische Entdecker des „Trapp-Familienchors" wird zum „päpstlichen Hausprälaten" und später zum „Kanonikus" des Metropolitankapitels Salzburgs ernannt. Er stirbt 1992 im 87. Lebensjahr und wird in der Hagenauergruft des Domkapitels beigesetzt.

Agathe von Trapp wird noch im österreichischen Zell am See als zweites Kind in die Familie geboren. Nach der Übersiedlung der Familie nach Salzburg-Aigen besucht sie mit der jüngeren Schwester Hedwig das Privatgymnasium St. Ursula. Nach der Auflösung des Chores gründet sie mit einer Freundin einen Kindergarten bei Baltimore, Maryland. Sie bleibt unverheiratet und kinderlos. Agathe singt den „ersten" Sopran, spielt Violine und zeichnet. 2003 erscheint ihre Autobiografie *Memories Before and After the Sound of Music*. Sie stirbt 2010 in Baltimore.

Werner von Trapp ist der zweitälteste Sohn von Georg von Trapp und seiner ersten Frau Agathe. Er wird nach Kriegsbeginn im Dezember 1915 am Erlhof in Zell am See geboren. Werner singt den Tenor-Part und studiert am Mozarteum in Salzburg Cello und später Kompositionslehre und Arrangement. Während des Zweiten Weltkriegs kämpft Werner als eingebürgerter amerikanischer Staatsbürger mit der 10th Mountain Division in Italien gegen die deutsche Wehrmacht. 1948 heiratet er eine Salzburger Kindheitsfreundin seiner Schwester Martina. Später unterrichtet er zunächst drei Jahre lang Musik in Pennsylvania, ehe er einen Bauernhof in Vermont bewirtschaftet. Seine vier Enkel versuchen die Chortradition der Familie Trapp unter dem Namen *The von Trapp Children* aufrechtzuerhalten. Er stirbt im Oktober 2007 in Waitsfield, Vermont.

Hedwig (Maria Adolphine) von Trapp, das fünfte Kind aus der Ehe mit Agathe Whitehead, bleibt bis zur Auflösung des Chores 1956 bei der Familie. Sie zieht dann nach Hawaii, gründet einen Jugendchor und unterrichtet in einem katholischen Jugendzentrum als Lehrerin. Hedwig lehrt auch an einer kleinen Volksschule im Ötztal. Vom Bergklima erhofft sich die Trapp-Tochter eine Heilung oder Linderung ihres schweren Asthmaleidens. Vergeblich. 1972 stirbt Hedwig von Trapp bei einem Besuch in Zell am See an einem schweren Asthma-Anfall. Sie wird nach Vermont überführt und auf dem Friedhof der Lodge beigesetzt.

Maria Franziska von Trapp lebt dreißig Jahre lang in New Guinea als Missionarin und adoptiert einen Sohn. Die Missionarin kehrt immer wieder auf Besuch nach Österreich zurück und besichtigt ihr ehemaliges Heim, die Trapp-Villa in Aigen. 2007 erhält die Trapp-Familie den Egon-Ranshofen-Wertheimer Preis, den sie entgegennimmt. Maria von Trapp stirbt im 100. Lebensjahr 2014 auf der Family Lodge in Stowe.

Johannes von Trapp wird als erstes und einziges Trapp-Kind 1939 in den USA geboren. Er studiert Geschichte und Biologie am Dartmouth College und Forstwissenschaft in Yale. Später führt er die Trapp Family Lodge in Stowe, Vermont. Er ist mit der Amerikanerin Lynne Peterson verheiratet und hat zwei Kinder.

Danke

Am Beginn des Erfolges und des Mythos von *The Sound of Music* steht ein Buch. Dann erst kamen Musical und Filme. Am Anfang dieses Buches steht eine TV-Dokumentation, die Birgit Mosser-Schuöcker und Gerhard Jelinek für den ORF gestaltet haben. Daraus hat sich „Die wahre Geschichte der Trapp-Familie" entwickelt. Johannes Sachslehner vom Wiener Molden Verlag überzeugte die Autoren, der Familiengeschichte auf den Grund zu gehen. Dafür – und dem gesamten Verlagsteam – gebührt der erste Dank. Bei den Recherchen, die immer umfangreicher wurden, haben die Historikerinnen des Wiener Stadt- und Landesarchivs, des Archivs des Wiener Musikvereins und der Wiener Philharmoniker und Wiener Sängerknaben entscheidende Hinweise geliefert. Die Dokumente über die Marinekarriere von Georg von Trapp sind im Staatsarchiv – leider nicht vollständig – aufbewahrt. Die Historie des Martinschlössels in Klosterneuburg wurde von Gerda und Heinz Köfinger aufgezeichnet. Dem hervorragenden Online-Zeitungsarchiv „anno" der Österreichischen Nationalbibliothek verdanken die Autoren einige Entdeckungen, die die Geschichte der singenden Trapp-Familie in einem neuen Licht zeigen. Auch das Online-Archiv „matricula" der katholischen Kirche erleichtert die genealogische Recherche. Besonderer Dank gilt dem Diözesanarchiv in Salzburg, Peter Hrusty vom Salzburg Museum und der Familie Unterkofler, die heute die Tradition der Villa Trapp in Aigen fortführt. Ohne die Mitwirkung von Franz Wasner, Neffe des seinerzeitigen gleichnamigen Chorleiters, der uns uneigennützig Zugang zu bisher unveröffentlichten Briefen und Dokumenten seines Onkels gewährt hat, wäre dieses Buch nicht möglich geworden.

Recherche

http://www.militarian.com/threads/the-sinking-of-the-leon-gambetta.7289/

http://forum.supremacy1914.com/showthread.php?101356-Georg-Ludwig-Ritter-von-Trapp&langid=16

Georg & Agathe Foundation

http://www.heeresgeschichten.at/marine/u_boote/holland_boote/holland_1.htm

http://www.textundkommentar.at/pdf/sn/2007/einelegende.pdf

https://www.archives.gov/publications/prologue/2005/winter/von-trapps.html

http://deacademic.com/dic.nsf/dewiki/1212690

https://www.archives.gov/publications/prologue/2005/winter/von-trapps.html

http://www.salzburgmuseum.at/index.php?id=665

https://www.geni.com/people/Augusta-Kutschera/6000000017757285807

https://www.matrikula.eu

https://www.bibelpedia.com/index.php?title=Dillersberger,_Josef

https://de.wikipedia.org/wiki/Otto_Müller_(Verleger)

https://www.bibelpedia.com/index.php?title=Dillersberger,_Josef

https://de.wikipedia.org/wiki/Otto_Müller_(Verleger)

http://www.salzburgmuseum.at/trappfamilie.

http://www.songlyrics.com/sound-of-music/edelweisslyrics/#OXEQuezD1r7VFguR.99

http://www.schloss-leopoldskron.com/ueber-das-schloss-leopoldskron/the-sound-of-music.html

http://vontrappfarmstead.com

http://www.salzburgmuseum.at/trappfamilie.

http://www.songlyrics.com/sound-of-music/edelweiss-lyrics/#OXEQuezD1r7VFguR.99

http://www.schloss-leopoldskron.com/ueber-das-schloss-leopoldskron/the-sound-of-music.html

http://vontrappfarmstead.com

http://www.bach-cantatas.com/Bio/index.htm

http://www.kirchen.net/dommuseum/ausstellen/frueheres/sonderausstellungen/jedermann/

http://www.in2013dollars.com/1940-dollars-in-2018?amount=1-

Verwendete Literatur

Josef Georg Dillersberger, Der neue Gott. Ein biblisch-theologischer Versuch über den Epheserbrief. Salzburg 1935.

Josef Georg Dillersberger, Das Wort vom Logos. Vorlesungen über den Johannes-Prolog (Bücherei der Salzburger Hochschulwochen Nr. 6). Salzburg 1936.

Murray G. Hall: Österreichische Verlagsgeschichte 1918–1938. Böhlau Verlag, Wien/Köln/Graz 1985.

Martin Gschwandtner, Auguste Caroline Lammer (1885–1937). Die bisher einzige Bankgründerin Österreichs. Ihre turbulente Geschichte in einer krisenhaften Zeit., Norderstedt, München 2010.

Gerhard Jelinek, „Der reine Geist künstlerischer Arbeit", Vortrag im Rahmen des Symposiums 1918–1938 der Salzburger Festspielgemeinde, August 2018

Katja Kwastek, Kölner Museums-Bulletin, Heft 2/1999, Berichte und Forschungen aus den Museen der Stadt Köln, Köln 1999.

Franz M. Kapfhammer: Neuland, Erlebnis einer Jugendbewegung. Verlag Styria, Graz/Wien/Köln 1987.

Gerda und Heinz Köfinger, Das Martinschlössel, Klosterneuburger Kulturgesellschaft, Klosterneuburg 2013.

Ulrike Kammerhofer-Aggermann und Alexander G. Keul (Hg.), „The Sound of Music zwischen Mythos und Marketing". Salzburger Landesinstitut für Volkskunde, Salzburg 2000.

Georg Lüttke , „Leonardo da Vinci". Wesselbrunner Verlag, 1940.

Paul Silas Peterson, The Early Hans Urs von Balthasar, Walter de Gruyter, 2015.

Georg von Trapp, „Bis zum letzten Flaggenschuß", Lincoln & London 2007.

Agathe von Trapp, Memories before and after The Sound Of Music, HarperCollins, New York 2010.

Maria Augusta von Trapp, Vom Kloster zum Welterfolg. Deutscher Bücherbund, 1960.

Maria Augusta von Trapp, Von Welterfolg zu Welterfolg. Bertelsmann Lesering, 1964.

P. H. Vogel: „Wörtliche oder sinngemäße Bibelübersetzung?" (in: Revue internationale de Théologie Nr. 32, 1942)

Bild- und Quellennachweis

Anni Stocker, Berchtesgaden:
222, 223, 234
Anonym/Imagno/picturedesk.com:
126/127, 148, 155
Anonymous/AP/picturedesk.com:
177
Archiv Franz Wasner:
70, 122, 123 (oben), 125 (oben),
135, 139, 190, 199
Archiv Setzer-Tschiedel/Imagno/
picturedesk.com: 133
Austrian Archives/Imagno/picture-
desk.com: 208, 216
Bundesarchiv Berlin: 178
C20TH FOX/Mary Evans/picture-
desk.com: 161
Courtesy Everett Collection/Everett
Collection/picturedesk.com: 8
Courtesy of the Trapp Family:
90, 120
Erich Lessing/picturedesk.com:
162/163, 165
Foto bzw. Sammlung Catharina
Rosenauer:
56, 121, 235, 241, 244, 245
Franz Neumayr/picturedesk.com: 96
Franz Xaver Setzer/Imagno/picture-
desk.com: 157

Friedrich/Interfoto/picturedesk.
com: 170, 171, 224
Harkányi, Isidor/ÖNB-Bildarchiv/
picturedesk.com: 1, 30
Historische Sammlung Styria:
48, 131
Imagno/picturedesk.com: 237
k. A./Imagno/picturedesk.com: 159
Library of Congress, Prints and
Photographs Division:
113, 114/115, 116 (beide Bilder),
118 (unten), 119, 141 (Foto: Bain),
173 (Foto: Carol M. Highsmith),
220 (Foto: Toni Frissell),
231 (Foto: Carol M. Highsmith)
Mander & Mitchenson/TopFoto/
picturedesk.com: 128
Martin Schalk/AP/picturedesk.com:
175
ÖNB-Bildarchiv/picturedesk.com:
109
Österreichisches Staatsarchiv,
Kriegsarchiv: 64
Österreich Werbung/ÖNB-Bild-
archiv/picturedesk.com: 238
Pius-Parsch-Institut, Stift Klosterneuburg: 65
Privat: 76, 123 (unten)

Rauchwetter/dpa/picturedesk.com: 225
Ronald Grant Archive/Mary Evans/picturedesk.com: 164
Salzburg Museum/OTS: 2, 144
Sammlung Mosser-Schuöcker: 83
Sammlung Sachslehner: 170
Stadtarchiv Klosterneuburg: 66/67, 73
Sterbebuch der Pfarre Klosterneuburg: 60
TopFoto.co.uk/TopFoto/picturedesk.com: 184
ullstein bild/Ullstein Bild/picturedesk.com: 78, 186
U. S. National Archives: 124, 125 (unten), 172, 218
Wiener Stadt- und Landesarchiv: 81
Wikimedia Commons: 12, 16, 29, 33, 36, 39, 40, 59, 65, 117, 118 (oben), 228 (Foto: 20th Century Fox), 233 (Foto: Royalbroil), 246 (Foto: Conrad Poirier)
Wild & Team/picturedesk.com: 176
www.akon.onb.ac.at: 110
www.anno.onb.ac.at: 20, 25 (aus: Interessantes Blatt, 1915), 103, 106

Aus: Bis zum letzten Flaggenschuß (Salzburg: Pustet 1935): 47, 52
Harald Eggenberger, Österreichs U-Boot-Kommandanten 1914–1918 (Wien: Edition Winkler-Hermaden 2013): 74
Martin Gschwandtner, Die Macht des Geldes (Salzburg 2003): 101 (Quelle: Peter Lammer, Abingdon bei Oxford)

STYRIA
BUCHVERLAGE

Wien – Graz – Klagenfurt
© 2018 by Molden Verlag
in der Verlagsgruppe Styria GmbH & Co KG
Alle Rechte vorbehalten.
ISBN 978-3-222-15026-5

Bücher aus der Verlagsgruppe Styria gibt es
in jeder Buchhandlung und im Online-Shop
www.styriabooks.at

Coverfotos: dpa von Trapp | dpa | picturedesk.com
Getty Images/Tanaonte (Skyline New York)
Getty Images/wingmar (Berge)
Covergestaltung: Emanuel Mauthe
Buchgestaltung und Layout: KettnerVogl – GrafikDesign
Lektorat: Johannes Sachslehner

Druck und Bindung: Finidr
Printed in the EU

7 6 5 4 3 2 1